東南亞國家
華語文教育專論

定位、發展、政策與前瞻

楊聰榮　著

■ 國家圖書館出版品預行編目（CIP）資料

東南亞國家華語文教育專論：定位、發展、政策與前瞻／楊聰榮 著--初版. --高雄市：巨流圖書股份有限公司, 2021.08

　面；　公分

ISBN 978-957-732-628-7（平裝）

1.僑民教育　2.漢語教學　3.東南亞

529.3　　　　　　　　　　　　　　　110013552

東南亞國家華語文教育專論

定位、發展、政策與前瞻

作　　者	楊聰榮
編　　輯	盧秀鳳
封面設計	方筱文
發 行 人	楊曉華
總 編 輯	蔡國彬
出 版 者	巨流圖書股份有限公司
地　　址	80252 高雄市苓雅區五福一路 57 號 2 樓之 2

電　　話	07-2265267	傳　　真	07-2264697
網　　址	www.liwen.com.tw	電子信箱	liwen@liwen.com.tw
劃撥帳號	41423894	購書專線	07-2265267 轉 236
臺北分公司	100003 台北市中正區重慶南路一段 57 號 10 樓之 12		
電　　話	02-29222396	傳　　真	02-29220464
法律顧問	林廷隆律師	電　　話	02-29658212

行政院新聞局出版事業登記證局版台業字第 1045 號

ISBN：978-957-732-628-7
初版一刷・2021 年 8 月

定價 300 元

目錄

推薦序

本人一生都在教育領域工作，接觸過國內許多優秀而且研究能力很強的專家學者，但是大部分都是來自美、日及歐洲等知名國家，極少數像國立師範大學楊聰榮博士的學經歷背景，屬於當今疫情混亂之際，凸顯台灣國際地位，特別在第一島鏈的重要戰略位置上，國家及時非常需要的印太連線及東協 10 國研究的專業人才，因此，這個時候特別希望把有用的國家人才的著作與論述，作一拋磚引玉的引介，希望獲得更多後繼者研究的迴響，帶動台灣整體的關注，這樣也是國家之幸，人民之福。

楊聰榮博士 2003 年獲得澳洲國立大學 (ANU)哲學博士回國後，任教於國立師範大學國際與社會科學學院華語系，長期對於東南亞區域及國家政策的研究上有著深入的著墨。有多本相關著作問世，例如「太平洋國家研究新論」、「東南亞國家研究引論」等等重要代表性論述的作品。現在又將其在東南亞教育研究方面的成果，集結成冊，出版這一本「東南亞國家華語文教育專論」。這本書有各別國家華語文教育的研究，也有以國家語言政策與華語文教育的整體論述，最後還提出了一個未來發展東南亞華語文教育的方向。在此推介這本專論，在教育的領域推展新南向的發展，值得特別的關注。

　　東協十國、南亞六國中最大經濟體印度，土地總面積各四四五、三二八萬平方公里，人口六‧三、十三‧三億，GDP 二‧六、二‧二兆美元，近五年平均成長率皆超過五％，高於全球平均成長率三‧九六％。台灣是一個海島國家，經濟發展需要仰賴出口，政府近年來推動新南向政策，帶動各方面的蓬勃發展，東南亞各國近年來經濟快速成長，吸引全世界各國爭相搶進該區市場，我國極力在推動「新南向政策」，希望廣泛與東協 10 國、南亞 6 國與紐澳 2 國連結，達成互惠互利。台灣的對外拓商業基因，從歷史的傳承看，都是非常具有挑戰性和冒險精神，但是面對新南向政策的開端，即早培育東南亞及印太戰略的人才，政府不可不謹慎從長計議儘早佈局，才能佔據優先領導的地位。

　　楊聰榮博士深耕這方面的研究由來已久，已經具備相關的研究成果，他曾經先後在美國、日本、香港、澳洲、紐西蘭求學或研究，可以算是立足環太平洋而從事東南亞研究，東南亞國協中的每一個國家，都曾單獨造訪該國停留，並從事當地國研究的經驗。他可說是這方面具有實務、實質、豐富經驗的專業人才，此時，台灣的國際地位正在扶搖直上之際，我們很高興為他的新著作推薦給國人認識了解，並且希望能夠在不久將來，樂見更多的相關研究陸續上路呈現在國人面前。

林聰明（南華大學校長，曾任教育部政務次長）

林聰明

自序

　　這本書主要是以東南亞國家的華語文教育為主要研究主題，一方面從台灣的角度來看，目前台灣與東南亞的教育與文化交流，其中的一個重點是華語文教育，優先須要讓在台灣從事華文教育的人，對於東南亞教育問題的複雜性有所理解。另一方面從東南亞的角度看，華語文教育從東南亞殖民時期所建立的龐大的華校體系，如何能夠配合東南亞現在國家的發展，成為東南亞國家現代教育的一環，對於所有東南亞國家來講都是一個極為困難的挑戰，透過個別國家情況的討論與東南亞地區總體的論述，可以對於問題的癥結有所掌握。

　　特別要指出來的地方是，本書提供了理解東南亞華語文教育發展的架構，從時代的角度，提出來一個從殖民主義時期到民族主義發展的時代，從冷戰時期到後冷戰的時代，現在華語文教育已經走過谷底陰霾的歲月，走向重新復興繁榮的新里程。從國家的角度，提出一個華語文教育與當地國國家語言政策的互動關係，分析各國基本架構的差異所在。從學習者的角度，提出一個文化認同與文化資本雙元架構的分析。這些架構配合歷史的發展，對於各國的華語文教育有更好的理解，可以同時關照到東南亞各國華語文教育的歷史與當代發展，做為貫穿全書的核心思想。

　　首先先就華語文教育在東南亞國家的發展型態做一個整體的
說明，以華語文教育在全世界的發展來說，只有在東南亞國家才
有因應時代變遷的起伏，這是與東南亞現代國家的形成過程有
關，也和當地的人口結構及政治的型態息息相關。在第二章特別
以僑生教育為主題，在殖民地時期的東南亞各地，華語文教育就
是僑生教育，華語文教育是為了華人的下一代而發展，但是多數
東南亞國家到了獨立建國以後，將華語文教育收歸本地教育系統
的一部分，性質就產生質變，只有少數國家至今仍然維持華語文
教育為外僑教育，沿續殖民地時代的政策。

　　接下來我們以國家為對象，分別討論各國華語文教育的發
展。就印尼華語文教育而言，印尼是海外華人人數最多的國家，
也是華語文教育發展起伏最大、最戲劇性的國家，史無前例而且
空前絕後的華文禁令值得特殊的研究與討論，而印尼本身的歷史
變化也正好牽動華語文教育在當地的發展，因此我們分別討論華
語文禁令的轉折、華語文教育的復興，以及最近出現的華語文教
育的新型態。我們要特別注意的地方是，獨立以後印尼的華語文
教育不再是僑生教育，印尼的國家政策並不容許只給華人就學的
教育，必須提供各族群同等機會。

　　再來討論菲律賓的華語文教育，本書討論菲律賓華語文教育的定性問題，因為相關的討論充滿了歷史的誤解。一般論者多半將 1970 年代菲律賓政府對於華語文教育的政策界定為「菲化政策」，現在經過一個漫長的歷史歲月，回頭再來看菲律賓政府的政策，其實相較於其他的東南亞政府，菲律賓的政策算是比較寬鬆，而是將華校改制成為菲律賓本地的學校。另外一個誤解是後來中國教育資源引入後，採用第二語言教學模式，這對於處在外語社會的菲華社區而言，是個簡化的概念，並不符合華律賓華人社會的歷史傳承與能量，在本書中都加以討論辯論。

　　泰國的華語文教育相對在一個比較得天獨厚的條件，泰國的華人社會在當地受到較大的包容，也沒有泰國華人與當地其他族群的緊張關係，因此泰國華語文教育的發展受到的限制比較少。然而這並不是說泰國的華語文教育在歷史上沒有受到壓抑，其實從第二次世界大戰結束以後，泰國的華語文教育就受到壓抑，但是不同的是泰國政府並沒有大張旗鼓的公開限制華語文教育，而是漸進式的同化政策，比較沒有感受到壓力。然而冷戰時期過後，所有的限制也都解除，泰國的華語文教育呈現多化發展的趨勢，成為泰國教育體系中僅次於英語的外國語教育。

緬甸華語文教育則處在天秤的另外一端，緬甸華語文教育歷來都是受到政治局勢的影響，而且到現在也還沒有取得政府政策支持的合法地位，只能游走在政府政策沒有關注到的灰色地帶，是自生自滅的華語文教育系統。特別要說明的地方是緬甸華人在艱困的情況下所表現的堅毅力量，緬甸的華語文教育發展出來的獨特型態是與緬甸主流教育的緬文學校教育並行，意味著緬甸華人必須要同時上兩個教育系統，是雙倍的負擔。緬甸華語文教育在緬甸民主化以後享有相對自由開放的空間，但是隨著緬甸政局的發展又變得前景不明，我們必須持續關注緬甸未來的發展。

柬埔寨華語文教育則有自成一格的體系，由政府所認可的柬華理事會來協助華校的發展，而華校則大抵保留殖民地時代華校系統的結構，柬華理事會是由潮州會館、福建會館等五大會館所組成，華校也分屬不同會館，如同法國統治時期的華校體系。這個絕無僅有的華校體系是在柬埔寨十分特殊的國情與歷史境遇所形成，在本書中有詳細的闡釋。另外一章則專門討論柬埔寨與台灣的關係，由於柬埔寨關閉台灣代表處，斷絕直接聯繫的關係，柬埔寨的華語文教育成為少數與台灣沒有直接關係的海外華語文教育，在全球化的條件下，如何理解雙方的情況與前景，就是應該特別留意的問題。

　　汶萊的華語文教育應該可以當成一個對照組，雖然規模很小，華語文教育卻保留得很好。與東南亞其他國家不同，汶萊這個國家並沒有要求要吸納境內的華人，使得汶萊華人仍然保持外僑的身分，但是在汶萊的華人仍然可以取得居留汶萊的資格，因此汶萊的華語文教育就是由華人自己安排的華校，政府不會干預華語文教育。同時由於汶萊獨立的過程很晚，並沒有經過反殖民主義而引發強烈的民族主義情緒，因此也沒有將華人存在當地視為對於國家整合的威脅。汶萊的華語文教育可以視為沒有其他國家民族主義情緒影響的華語文教育，可以用來與其他國家的對照組來參考。

　　最後一章我們回到台灣的角色，因應華語文教育在世界的發展，在東南亞國家的華語文教育經過長期的紛紛擾擾，也慢慢應該回歸語文教育的基本特質，應該將華語文教育視為文化傳承的教育，而將華語文教育與政治的目的脫鉤。台灣的僑務與僑教工作，應該以華人文化的傳承為核心，以各地的華人社群的需求為核心，提供服務性的教育資源整合。台灣的華語文教育是在自由民主的環境中發展，如果能夠秉承自由民主的精神，以文化為核心，這才是符合未來國際趨勢的發展，才能讓台灣的僑務與僑教成為一個正常國家作為。

　　以上的各國研究，是長期在大學任教的過程，組織研究考察的隊伍，在東南亞國家實地考察而來的研究成果。感謝許多關心這些研究的朋友，也感謝一路上提供協助的朋友。作者本人從 2003 年返台任教，一直主張要帶領台灣的研究生到當地進行研究，二十年來始終堅持第一手研究的做法。台灣本地的研究生，不論是碩士班還是博士班的研究生，當他們踏上東南亞的土地從事田野調查，才真正感受到東南亞的真實處境。東南亞國家的研究下不能閉門造車，必須和東南亞人互相交流討論，才能有比較準確的瞭解與研究成果。感謝這些願意投身東南亞研究的夥伴，以及來自東南亞的友人，不但讓東南亞的研究更深入，也讓學術交流的友誼長存，並且激發更多的研究熱誠，使我們在這條道路上持續前進。

第一章

華語文教育在東南亞國家的特質

　　本章將提供一個國家與族群社會的分析架構，來理解東南亞國家的華語文教育，做為作者研究東南亞華語文教育的取向與立論基礎。這個架構是立基於作者從事教育社會學以及語言社會學的角度，討論華語文教育在東南亞與各東南亞現代國家的關係，因此也希望這個架構能提供對整個東南亞國家華語文教育做進一步的思考。同時在分析的過程中會舉不同的國家做例子，分別討論華語文教育在當地國家的發展，以及所引發的不同主題的討論。東南亞國家誠然各國有各國不同的情況，但是仍然有某種程度的模式或者共同趨勢可尋，比較東南亞以外的地區，更可以比較出不同的特性。

華語文教育與東南亞國家

　　就華語文教育的性質來看，在東南亞國家的發展是最曲折的地方，從第二次世界大戰以前在各地建立自成一格的華語文教育體系；到了戰後受到各國民族主義運動與獨立運動的衝擊，華語文教育被視為新國家困難整合的部分，到了冷戰期間，華語文教育又被視為傳播共產主義思想的管道，在多個國家中受到壓抑；後冷戰時期，華語文教育又成為多元文化的象徵，以及跨國文化交流的有效管道，又開始復興。現在各國又面臨中美新冷戰的衝突，華語文教育機構如孔子學院，又成為國際政治角力的場域。華語文教育在東南亞的發展，算是起伏最大的地區，分別經歷了殖民主義、民族主義、冷戰、中美新冷戰的衝突等等，華語文教育在這樣的國家發展的情況下，都受到衝擊與影響，因此在討論東南亞國家的華語文教育發展，必須將這些結構上變化考慮進去。

　　從東南亞國家的歷史形成與國家結構的探究，我們可以看出華語文教育在東南亞國家發展的特性。在東南亞國家現今所在的地區，其古代文明發展過程就與中華文化有長時期的接觸，華人移居這個地區也有長時期的歷史，然而東南亞地區在近代以前並未出現政治整合的大帝國，而是各地區細分為不同型態的文明，且政治型態是以部族社會或是小王國為主，因此難與中華帝國互

相抗衡，與中國北方的情況不同。[1]在這種情況下出現朝貢貿易的型態，東南亞地區與華人世界的接觸當然是受到這種情況的影響。後來殖民時代的族群結構自然受到影響，幾乎所有的殖民政權都是將華人與當地族群分而治之，因此到了民族主義發展的時期，長期在當地生活的華人如何整合到民族國家的架構中，成為各國普遍性的問題。冷戰期間由於中華人民共和國採取革命輸出的做法，華語文教育又被牽涉在其中。由於各國的族群政治在國家獨立後有各自不同的發展，華語文教育受到族群政治的影響。可以說東南亞國家的特殊情況，使得華語文教育在各國的發展，呈現高低起伏的狀態。

我們可以很清楚地比較東南亞與世界上其他區域，就可以明白這樣的差別，華語文教育過去十幾年在拉丁美洲、西亞地區、中東地區、非洲地區以及俄羅斯等地方發展，這些地區都只是從實用主義的角度來看待華語文的教育。[2]因為需求的增加，因此有

---

[1] Hall, Kenneth R., *A History of Early Southeast Asia: Maritime Trade and Societal Development, 100-1500*. Honolulu: University of Hawaii Press, 1985.

[2] 關於拉丁美洲華文熱，參考胡宏駿，《華語教育作為公眾外交實踐－以巴拿馬為例》。國立臺灣師範大學華語文教學系碩士論文，2018 年。關於非洲的華文熱，參考僑務委員會，〈前進非洲動起來！僑委會舉辦研討會 力促布局非洲〉。《僑社新聞》，2020 年 11 月 27 日。關於西亞及中東地區的華文熱，參考"杜拜漢語熱，2019 杜拜第一屆漢語教師大會圓滿成功"每日頭條 2019-11-24。原文網址：https://kknews.cc/education/4bj4byq.html。關於俄羅斯華文熱，參考雷娜妲，《從中文熱談俄羅斯的華文教育（Study on Mandarin Fever in Russia 2008-2018）》。國立臺灣師範大學華語文教學系碩士論文，2019 年。

較多人對於華語文的學習感興趣,就在這些地方有了華語文教育的長足發展。[3]華語文教育的發展,如同其他的外語學習發展一樣,不會特別引發爭議性的特殊議題之討論。至於東南亞的華語文教育則不同,常常引發敏感性高的議題,我們在隨後討論。

為什麼東南亞國家的華語文教育問題會形成特別的議題,主要原因必須回歸到東南亞國家的歷史形成,以及東南亞的國家型態來討論。以東南亞國家的歷史形成而論,東南亞國家除了泰國以外,在獨立以前都是西方國家的殖民地。[4]其實在多數國家,華人早在西方殖民主義者到來以前就在當地定居。殖民主義者多半對華人有特殊的政策,這個政策很難為後繼的民族主義者所採用,因此到了民族主義時期就必須有所轉變。考慮東南亞華人移民的歷史,多數國家的情況華人在當地國家的人口增長,主要是在殖民地時代開始,也設定了華人與當地關係的基本架構。華人社群的存在對於東南亞各國的民族主義運動而言都是個難題,因此在第二次世界大戰以後,東南亞各國追求國家獨立,每個國家都面臨如何安排在當地國內為數龐大的華人群體。因此東南亞國家的華語文教育如同華人問題,分別經歷殖民地以前、殖民地時期、獨立建國時期以及當代國家發展時期,每個階段都有性質不同的發展,即使泰國沒有經歷殖民地時期,但是其國家現代化發

---

[3] 施君蘭,〈全球中文熱臺灣機會在哪裡〉。《天下雜誌》,頁 326,2005 年。

[4] Christopher Baker, *A history of Thailand*. Melbourne, Australia: Cambridge University Press, 2014. pp. 26 and 309.

展的過程中也有不同時期的發展，因此華語文教育也有類似的階段發展的狀況，可做一併討論。

　　除了東南亞國家的歷史形成各自不同之外，人口結構也是各自不同。從人口分布的角度，東南亞是華裔移民海外人口最多的地區，因此要討論華語文教育在海外的發展，東南亞是最重要的地區，受到影響的華裔人口最多。[5]即使華人在東南亞人口眾多，但是華語文教育並沒有在任何一個東南亞國家取得優勢或相應的地位，因此華語文教育不可能有如兩岸四地，是由國家或是政府直接來支持。東南亞各國之中，只有新加坡是華裔人口超過半數，但是華語文教育在新加坡仍然不是最主要的教育。即使在華人比例最多的新加坡，為考慮團結不同族裔背景的公民，英語順理成章成為教育的第一語言，因此華語文教育必須在現代國家中，以次要的語言教育來考慮生存之道。

　　就國家的性質而言，多數東南亞國家並不以多元文化主義做為國家構成的原則，相反的，由於東南亞國家多有一段殖民地爭取獨立的歷史發展過程，國家民族主義及民族國家模式都是主要的追求目標，這些條件構成了該區域華語文教育和其他地區不同的基本性質。

---

5 鄧克禮，〈思考兩岸的「南向」人脈—探索東南亞華人的角色〉，《展望與探索》，第 16 卷第 1 期，頁 54-84，2018 年。

華語文教育與多元文化主義

　　首先就將華語文教育視為少數族群語言教育之分析。過去華人在非華語國家或地區爭取華語文教育，主要是以這個架構為立場，即將華語教育視為維繫少數族群認同的方式，是以少數族群應有保存族裔傳統文化的權利來立論，爭取在國家的教育系統對內或對外，維持少數族群語言教育。[6]這種需求具有相當的普遍性，許多由移民構成的少數族群都有同樣的做法，然而由於移民也有要進入社會主流的壓力和需求，如果要能達成維持族群語言教育目標，通常多元文化主義教育或是至少雙語教育是被認為可以協調各方立場的較佳方式，如果國家中有幾個不同的少數族群都有同樣的立場，多元文化主義的架構比較容易成形。

　　華語文教育如果和華人移民結合來看，也可以看出其特殊性。打開世界地圖來盤點世界上有華人移民分佈的國家，固然可以說各國都有華人，華人在世界各地的移民很多，分佈既深又廣。然而以移民人數來說，華人移民人口數較多的地區可以分為兩種類別，即東南亞國家及移民國家，移民國家又可以看到是在英語系國家中的移民國家為主，即美加紐澳等地。[7]

---

[6] Richard Schermerhorn, "Ethnicity and Minority Groups", *Comparative Ethnic Relations*, New York: Random House, 1970, pp. 12-14.

[7] Ronald Skeldon, Migration from China. *Journal of International Affairs*, 49(2):434-455, 1996.

就華語文教學在非華語區國家，大體區分有兩種不同的問題導向，一種是在 80 年代以後華人主要移民國家，尤其是在華人移民較多的英語系國家，例如美加紐澳等國，華語文教學並不構成當地嚴重的社會或政治問題，即使引起某種程度的議論，問題的性質也不是在於華語文教學應否存在，而是在華人移民適應當地的問題，這些國家近年來採行多元文化政策，對於各族裔文化傳統的保存，採取比較積極正面的態度，因此華語文教學的空間很大，主要需要關心的就在於師資、教材、教學法等提高華語文教學品質方面的問題。

另一種主要是在華裔人口眾多的東南亞國家，由於華裔移民歷史源遠流長，早在這些新興國家獨立或改行現代體制之前，華裔已經成為當地社群，華語文教育系統早已經存在於當地，在新國家建立以後，如何整合國內存在的不同集團，都屬於政治上考慮的主要問題，華語文問題則是其中重要的一環。[8]因此華語文教育的考量，主要在於華語文的地位與當地的政治社會互動關係，1950、1960 年代國家民族主義高漲，站在國家整合的立場，對華語文教學並不歡迎，有些國家尚可容忍到一定程度，如馬來西亞、泰國等，然而也有些國家採取比較嚴格的政策，如印度尼西亞。

---

[8] 楊聰榮，〈華語文教育在東南亞的性質與展望〉，《華僑問題論文集》，第 45 輯，1998 年，中國僑政學會。

文化認同與文化資本

在這裡我們提出一個用來分析各種族裔或移民對於傳承文化的理論架構，就是文化認同與文化資本兩個因素的共構。[9]這個理論適用於所有不同族裔對於傳承文化的雙向考慮，一個層面是以文化的情感做基礎，強調認同與文化的基底，以文化認同稱之，另一個角度是文化累積的考慮做基礎，將文化視為資產，如同資本可以產生不同的生產作用，稱之為文化資本。有時候這兩個不同的考慮是文化族裔考慮文化傳承問題的蹺蹺板，兩個因素會互相產生互相起落作用，但是有時候是一體的兩面，即考慮文化傳承通常同時包含文化認同與文化資本兩方面的考量。

就文化認同而言，少數移民族裔在感受到自身和主流社會的差別，通常會特別揀選某些文化特質做為族群認同的象徵，語言是個比較明顯可以用來區別的文化特質，把語言視為文化認同的一個重要的因素，歷史上不乏其例。但是不同族裔仍有相當大的差別，如法裔和阿拉伯裔移民是相當強調語言的重要，而印度裔、愛爾蘭裔和猶太裔移民則並不認為語言是重要的認同象徵，就華裔移民而言，由於認為文化傳承必須依靠語言，一般情況下應是比較重視語言傳承的，但是經過不同世代和當地社會的發展，各

---

[9] 楊聰榮，〈文化認同與文化資本：印度尼西亞華語文問題的新發展〉。《華文世界季刊》，5(5)，頁 249-262，1997 年 12 月。

地區的華裔移民態度上差別很大。但是，有時太過強調語言與認同關係時，反而會阻擋其他族裔去接觸或瞭解的意願，例如猶太人所強調的希伯來語。[10]

文化資本原是用來描述社會的優勢階層，透過教育再生產主流文化，使得其文化特質具有象徵性的權力。[11]然而後來文化資本這一概念成為教育社會學的重要課題，應用的範圍越來越廣，不再侷限於是主流文化的再生產，也不僅限在階級的討論，不乏有將移民或少數族群的文化特質視為一種文化資本來討論的例子，進而視第二語言教育為文化資本的累積。[12]

如果就教育社會學或語言社會學的角度而言，一種非優勢地位的語言教育，要在現代國家中存在，可能有兩種主要的性質，一是做為一種少數族群的文化特質，即將少數族群語言，做為一種文化認同的對象，[13]另一種是做為一種在區域內重要的外語，例如中東地區及伊斯蘭世界的阿拉伯語，或是東歐的俄語。就前者而言，少數族群維持本族裔語言，文化認同是最主要的因素，語

---

[10] 關於希伯來語是強調語言與文化的關係，參見 Elan Ezrachi, *Dynamic Belonging: Contemporary Jewish Collective Identities*. Bergahn Books, 2012.

[11] Pierre Bourdieu, *Reproduction in Eucation, Society and Culture*. London: SAGE, 1990.

[12] 把第二語言教育當成「文化資本」來討論，例如 Eliezer Ben-Rafael and Hezi Brosh, "A Sociological Study of Second Language Diffusion: The Obstacles to Arabic Teaching in the Israeli School." *Language Problems and Language Planning*, 15(1):1-24, 1991.

[13] Monica Heller, *Linguistic Minorities and Modernity: a Sociolinguistic Ethnography*. London: Longman, 1998.

言教育不僅只是涉及語言教育本身，還包含了語言所能提供的文化遺產，就後者而言，一種特定語言被認為是區域內重要的外語，所涉及的是語言在政經社會中的角色與地位，最主要的因素是將語言視為一種文化資本(Cultural Capital)，而讓不同族裔背景的人可以重視這個語言的價值。[14]

　　語言做為一種溝通工具，個人具備不同的語言能力，可以和不同語族人士溝通，自然構成個人的文化資本。把語言視為文化資本，和把語言視為文化認同，這兩個架構的關係不一定是互相排斥，有時是相輔相成，例如美國加州的西班牙語，開始只是從拉丁美洲移民的語言，但是後來被認知成為當地一個重要的語言資產，現在非西班牙語裔也樂於多少學一些西班牙文，為了確切瞭解關現況與利弊，我們應該在具體的時空背景下進行討論。

---

[14] 以「文化資本」來討論少數族群或移民的文化背景，例如 Gunnar Persson, "School Achievement of Immigrant Children: The Impact of Social Class and Nationality". *International Migration*, 16(1):23-28, 1978.

民族主義風潮下的新興國家

就東南亞國家而言，上述立場有難以實行的歷史因素，東南亞國家多半是第二世界大戰後才脫離歐美殖民爭取獨立的新興國家，國家民族主義的情緒相當強烈，國家整合一直被視為主要目標，而人數眾多的華裔移民，則經常被視為妨礙國家整合的主要對象，同時在東南亞國家追求獨立之時，國家民族主義主要是以民族國家模式為對象，希望成為單一民族語言的民族國家。我們就以文化認同與文化資本的架構，分別討論東南亞各國的情況，最主要是以東南亞各國民族主義的發展為核心，我們可以看得出來華語文教育經常受到民族主義的影響與衝擊。

以印度尼西亞來說，Nasional Intergrasi(國家整合)經常是報刊上討論的主題，由爭取獨立革命時期的政治強人蘇卡諾、蘇哈托等掌權之時，國家整合被視為最高價值是天經地義之事，而華人在印度尼西亞，不論一部分人如何融入當地社會，華人集團依然經常被視為不易整合的族群。[15]現在印尼政治已經邁向民主化，但如果寄望國家成為多元文化主義的國家，目前似乎沒有這樣的發展趨勢，就國家民族主義的長期發展來看，以印度尼西亞領土分散、族群眾多，國家的整合未來應該還是政治主軸之一。

---

[15] 關於華人在印尼的族群關係，參見楊聰榮，《新秩序下的混亂—從印尼暴動看華人的政治社會關係》。台北：台灣國際研究學會，2007年。

　　印尼在獨立之後，就面臨如何整合華人到印尼這個新興的國家，其政策從建國一開始就搖擺了幾次，然而對於華語文教育採取的態度，則是如果入籍印尼，就要依印尼的法規，如果沒有入籍印尼，則適用外僑的規定，因此華語文教育就受到很大的衝擊。甚至在政策開始的初期，很多華人因為這樣的政策，不願意加入印尼國籍，寧可保持外僑的身份，可以使其子女接受華語文教育。在印尼獨立的初期，其實印尼的華語文教育規模很大，學校總數超過 2000 所，在華校的學生總人數超過 40 萬人。到了 1958 年，因為印尼總統蘇卡諾接納共產黨，因此將印尼境內親台灣的學校關閉，到了 1965 年印尼發生政治變動，反共的蘇哈托總統上台，又將印尼境內親中共的學校關閉，這就是有名的華文禁令。在不到十年的時間內，曾經是世界上規模最大的海外華語文教育系統，印尼的華文教育就消失了。到了二十一世紀因為印尼改朝換代，才又重新建立華語文教育的體系。

　　印尼的華語文教育的起落是東南亞國家的華語文教育發展中具有典型指標意義的案例。印尼華語文教育的發展，正好受到了東南亞國家發展中幾個歷史大趨勢的衝擊。印尼華語文教育分別是歐洲殖民主義、日本軍國主義、民族主義、共產主義及新興資本主義的衝擊。在歐洲殖民主義下，印尼是為荷屬東印度，對華人族群採取分而治之的分化政策，華人是東方外國人，與本地族群分隔，而對華語文教育採取放任態度，由華人自行管理。這種

政策造成華人與本地人之間的嫌隙。日本軍國主義發展印尼民族
主義，鼓勵印尼本地語文教育，對於華語文教育採取壓抑政策，
造成日後華人與印尼本地人進一步的隔閡。[16]到了民族主義發展時
期，印尼當局將華人認同與華語文教育掛鉤，造成印尼華文的困
難選擇，也進一步成為印尼採取華文禁令的理由，最後華語文教
育受到全面性的打壓，尤其是華語文教育受到中華人民共和國將
共產主義革命輸出的影響，成為冷戰時期最大的犧牲者。一直到
後來印尼民主化之後，華語文教育的禁令才得以解除，而目前的
發展，可以視為與資本主義發展掛鉤，華語文成為發展對外關係
的利器，印尼以語言實用主義，重新發展了華語文教育。相關的
討論在本書的第三章、第四章及第五章做進一步的探討。

　　以越南來說，越南在第二次世界大戰後開始以戰爭的手段爭
取國家獨立，經過了與法國殖民主的戰爭，以及長達二十多年的
越戰，國家的形成過程中蘊含強大的民族主義情緒。越南在強大
的民族主義情緒的發展下，也因此用強力的手段要求要整合其國
民，幾次對越南華人的政策變動，都是要求華人要整合到越南族
群之中。因此越南將所有在越南生活的華人視為越南各民族的一
支，將華人整編為越南民族，被稱為華族。[17]以民族主義的角度將

---

[16] Yang, Tsung-Rong Edwin, "A Short History of Anti-Chinese Riots in Indonesia, 1941-1998". *Perspectives on the Chinese Indonesians.* Michael R. Godley and Grayson J. Lloyd ed., Sydney: Crawford House Publishing, 2001, pp. 41-54.

[17] 關於越南華人在越南的發展，參見 Tran Khanh, *The Ethnic Chinese and*

各族群整合到越南新國家的架構之中，意志很強烈，做法也是強制性高，強大的同化主義手段。

　　印尼與越南是第二次世界大戰結束之後率先宣布獨立的國家。而且是經過慘烈的獨立戰爭，因此民族主義情緒特別強烈。而經過議會過程而獨立的國家，就會在處理少數族群事務時，採取緩步漸進的方式，不過以當時的國際氣氛而言，還是都以民族主義的角度，認定華語文教育不利於國家整合，將之視為應該除去的障礙。

Economic Development in Vietnam. Singapore: Institute of Southeast Asian Studies, 1993.

華人在東南亞國家的人口結構

　　就人口結構而言，華人及華裔在東南亞國家也有不利之處，前述移民爭取少數族群教育權利的現象在全球卻有其普遍性，然而華裔人口在東南亞各國幾乎都是單一最顯著由外來移民構成的少數族群，不像在美國同時有西班牙語族裔，[18]在加拿大有法語族裔等其他族裔共同爭取權益，[19]因此單單由華裔族群爭取少數族群權益，幾乎註定很難得到當地其他居民的共鳴。而且華裔在當地的人口比例和政治社會地位尤為重要的決定因素，就印度尼西亞而言，雖然華裔人數眾多，但人口占比僅約為總人口數的百分之三，既沒沒有多到有談判的力量，也沒有少到不引起特別注意的地步，且缺乏其他族裔同處於相似的立場，因此成為尷尬的少數族群。

　　尤其是 1990 年前的冷戰時期，東南亞各國以東南亞國家協會(簡稱東協、東盟) (Association of Southeast Asian Nations，ASEAN)為中心，甚至將華裔問題當成是區域內共同的問題，都曾經把華語文與其國內華裔移民的政治認同以及共產主義在區域內的傳播

---

[18] 關於西班牙語在美國爭取語言權利，參見 Janet M. Fuller, Jennifer Leeman, *Speaking Spanish in the US. The Sociopolitics of Language*. Bristol: Multilingual Matters, 2020.

[19] 關於法語在加拿大在語言認同的地位，參見 Churchill, Stacy, "Linguistic and Cultural Identities in Canada". *Language Education, Canadian Civic Identity, and the Identity of Canadians*. Council of Europe, Language Policy Division, 2003, pp. 8–11.

連結在一起，對華語文教育的存續構成很大的影響。後來隨著冷戰秩序的結束，情況才慢慢轉變。

　　由於華語文問題經常和華裔族群認同問題掛勾，在東協各國都形成相當敏感的族群問題，除了印度尼西亞之外，在越南、柬埔寨、緬甸等國都曾經禁止華語文教育，菲律賓、泰國雖然不完全禁絕，但是也採行同化政策，希望將華語文教育控制在一定的範圍內，在東南亞各國之中，只有星馬兩地在國家教育體系內有華語文教育的存在。菲律賓和泰國雖然仍有華文學校存在，但屬於私立學校的體系，由於對華裔採取正向鼓勵式的同化政策，新一代的思想以當地認同為主流，造成華語文日漸式微。而越南、寮國(或稱老撾)、柬埔寨、緬甸(或稱緬瑪)都曾有禁絕華語文教學的紀錄，唯當時各國都是處於政治動盪不安狀態，不能視之為平常時期的決策。但是這些衝突的背後，都是在於少數群族的需求與權益，被視為和國家的發展目標有所牴觸所致。

　　另一個思考方式是，把華語文是為區域內重要的外語，而不將語言教育和少數族群權利問題掛勾。就語言的歷史發展而言，能夠成為區域性的重要外語，常不是族群主觀意志就可以達成，必須有歷史條件的配合。從 1990 年代的發展來看，似乎已具備了初步的條件，時機可能尚未成熟，但是作為概念的提出，應該已經可以看出這個趨勢。到了 2020 年的現在，華語文已經可以視為世界上重要的外語，僅次於英語，具有全球語言的氣勢，成為許

多亞洲國家的第二外語。[20]

　　一種語言是否能被認知為文化資本，需視其他族裔對此一語言的評價與態度而定，目前在東南亞地區，已經出現了非華裔族群有意識地學習華語的現象，在新加坡、馬來西亞和泰國都有這種現象出現，無論人數多寡，至少所出現的現象已經標誌了新的發展方向。華語做為區域內的文化資本，這種架構是由印度尼西亞語文發展的狀況推衍出來，但也需要觀察其他國家未來的發展。就印度尼西亞的情況而言，華裔族群的年輕一代經過了 30 年的華語禁令，過去所區分的土生華人(peranakan)和新客華人(totok)已經不再重要，都已採用印度尼西亞語溝通，因此華語禁令即使開放，華語也不可能成為華裔族群認同的象徵，而華裔子弟在印度尼西亞所受的教育和原住民(pribumi)如出一轍，以致於當華語禁令開始鬆動時，華裔與原住民幾乎可以在同樣的起跑點上學習，而目前在大學裡的印尼學生以及前述少數華裔人士學習華文，剛開始雖然人數不多，但已表示出這種語言突破族裔界限的可能性。

---

[20] Jeffrey Gil, *The Rise of Chinese as a Global Language: Prospects and Obstacles*, Palgrave Pivot (Palgrave Macmillan), 2021.

區域主義時代的跨國語言文化資本

而一個語言是否能被認知為一種文化資本，也視這種語言是否在某一領域內被視為重要的工具，例如伊斯蘭世界宗教通用語言的阿拉伯語。就華語在東南亞的情況而言，當今的條件使用華語成為印度尼西亞年輕一代文化資本之一的態勢十分明顯，主要是由於過去的歷史發展，使得華語人才現在印度尼西亞境內嚴重不足，而經濟的發展又使得華語成為重要的溝通工具。目前印度尼西亞最重要的商業夥伴，大多來自台灣、香港、新加坡，都屬於華語使用人口。馬來西亞的華商也是印度尼西亞外來投資的前幾名，這些境外投資者希望透過懂華語的多語人才，可以同時很深入地觸及各地的據點，這個局面非常明顯，印度尼西亞官方也明白這一點，首先已經調整了華語文在旅遊業的應用，即可視為調整、牽動整個架構的其中一環。

把華語文視為文化資本，同時鼓勵華商與原住民一同來學習華語，對於減輕華裔族群面對同化政策的壓力，甚至進而解決印度尼西亞的華語禁令，應該是比較合宜的架構。就印度尼西亞對華裔的同化政策而言，這是個包含許多歷史情結的政策，即使華裔族群中也有正反對立不同的意見，短期之內看不到調整的可能性，即使進行調整，也不太可能參照多元文化主義的模式，因為印尼的人口結構不具備這種可能性，即使是對華語文的禁令完全

開放，華語文在印度尼西亞華裔之間也不可能恢復舊觀，更何況目前在族群衝突不斷的時局之下，貧富懸殊又不是很容易克服的情況下，不能寄望印尼政府對華裔的政策有突破性的調整。如果族裔關係短期內不好解決，不如改絃更張，把華語定位為區域內的重要外語，讓印度尼西亞當局不必把華語禁令和族裔問題混為一談，未來如能促使印尼人樂於學習華語，將對於增進族群間的瞭解，都有莫大的幫助。

此一架構已經現出端倪，觀察 1990 年代的東南亞華語文的發展，像是熬過了漫長寒冬，開始重新長出新綠。新加坡和馬來西亞出現許多非華裔居民學習華語，馬來西亞據估計約有五萬名馬來裔及印度裔子女上華文小學。泰國和菲律賓都傳出「華語熱」的議題。而越南、柬埔寨和緬甸等國，雖然過去因內戰或封閉的原因，華語教育停止了一段時期，現在卻在急速地恢復中，甚至有超過以往的規模，全由於台商以及其他各地華商在這些地方活躍，華語因而成為熱門的外語。到了二十一世紀，國際社會氛圍丕變，各地都出現華語熱的情況，連遠在遙遠的國度都有華語學習人口快速成長，東南亞國家在地理上比較接近中港台，國內又有族群使用華語，學習華語成為一種風潮，在東南亞各國都有同樣方向的發展。華語之所以能成為東南亞跨越國界的語言，是因為做生意而學遍東南亞語言幾乎是不可能的，但是華語卻在東南亞各國都有本地群體，而且華裔原本即在東南亞各國經濟佔有重

要的地位，華語在工商界的地位顯而易見。

　　回溯華人移民東南亞以及華語教育的歷史，上述的情況可以說是一個歷史偶然的結果，早年在各地為華語教育犧牲奉獻的前輩們，當初可能完全没有想到歷史的峰迴路轉，現在東南亞各國經濟掛帥的時代，華語教育的果實因而讓下一代得以豐收，現在的問題是如何掌握住時代變遷的方向及可以發展的空間，讓過去前輩們在華語文教育上的努力，在新一代的環境中繼續生根、成長茁壯。

參考文獻：

Baker, Christopher, *A history of Thailand*. Melbourne, Australia: Cambridge University Press, 2014. pp. 26 and 309.

Ben-Rafael, Eliezer and Hezi Brosh, "A Sociological Study of Second Language Diffusion: The Obstacles to Arabic Teaching in the Israeli School". *Language Problems and Language Planning*, 15(1):1-24, 1991.

Bourdieu, Pierre, *Reproduction in Eucation, Society and Culture*. London: SAGE, 1990.

Churchill, Stacy, "Linguistic and Cultural Identities in Canada". *Language Education, Canadian Civic Identity, and the Identity of Canadians*. Council of Europe, Language Policy Division, 2003, pp. 8–11.

Fuller, Janet M., Jennifer Leeman, *Speaking Spanish in the US. The Sociopolitics of Language*. Bristol: Multilingual Matters, 2020.

Hall, Kenneth R., *A History of Early Southeast Asia: Maritime Trade and Societal Development, 100-1500*. Honolulu: University of Hawaii Press, 1985.

Heller, Monica, *Linguistic Minorities and Modernity: a Sociolinguistic Ethnography*. London: Longman, 1998.

Persson, Gunnar, School Achievement of Immigrant Children: The Impact of Social Class and Nationality. *International Migration*, 16(1):23-28, 1978.

Tran, Khanh, *The Ethnic Chinese and Economic Development in Vietnam*. Singapore: Institute of Southeast Asian Studies, 1993.

Yang, Tsung-Rong Edwin, "A Short History of Anti-Chinese Riots in Indonesia, 1941-1998". *Perspectives on the Chinese Indonesians*. Michael R. Godley and Grayson J. Lloyd ed., Sydney: Crawford House Publishing, 2001, pp. 41-54.

施君蘭,〈全球中文熱臺灣機會在哪裡〉。《天下雜誌》,2005 年。

胡宏駿,《華語教育作為公眾外交實踐－以巴拿馬為例》。國立臺灣師範大學華語文教學系碩士論文,2018 年。

楊聰榮,〈文化認同與文化資本:印度尼西亞華語文問題的新發展〉。《華文世界季刊》,5(5),頁 249-262,1997 年 12 月。

楊聰榮,〈華語文教育在東南亞的性質與展望〉。《華僑問題論文集》,第 45 輯,1998 年,中國僑政學會。

楊聰榮,《新秩序下的混亂—從印尼暴動看華人的政治社會關係》。台北:台灣國際研究學會,2007 年。

雷娜妲,《從中文熱談俄羅斯的華文教育(Study on Mandarin Fever in Russia 2008-2018)》。國立臺灣師範大學華語文教學系碩士論文,2019 年。

僑務委員會,〈前進非洲動起來!僑委會舉辦研討會 力促布局非洲〉。《僑社新聞》,2020 年 11 月 27 日。

鄧克禮,〈思考兩岸的「南向」人脈—探索東南亞華人的角色〉。《展望與探索》,第 16 卷第 1 期,頁 54-84,2018 年。

第二章

東南亞僑生教育與國家語言政策

　　本章討論東南亞國家的語言政策的發展，以及這些發展對於僑生教育的影響。主要從國際關係發展的主軸來進行討論，包含民族國家的建立、冷戰即亞洲區域主義抬頭，這些主題是東南亞現代國家多數國家經歷的主要課題。僑生教育是指為數眾多，在東南亞本地出生的華裔，特別為他們安排的教育。從東南亞各國在殖民時代的狀態，僑生教育早在那個時候已經建立，到現在新的國際關係的建立，不同的時代主題都對僑生教育發生不同層面的衝擊，本文主要將各國的變化並列討論，以類型的方式來討論，比較容易掌握這些主要變化的全貌。

　　僑生教育是個長期存在的問題，然而涉及的問題卻很深，並不是一個容易很簡單用幾個原則就能夠處理的問題。東南亞各國都有人數眾多的華裔子弟，處於全球化的時代，都會有華裔僑生的家長，會希望他們的子弟能有機會接受完整的而為僑生設計的教育。這件事情看來並不困難，但是在東南亞國家，多數欠缺傳

承語言（heritage language）的架構與觀念。因此僑生教育的安排，很重要的情況就是要看當地國家的語言政策。本章從比較的角度，說明東南亞各國不同的語言政策，對於僑生教育在主要方向上的影響。

東南亞國家語言政策發展

從國家的對外政策來看，東南亞各國從 1990 年代到現今，期間國家語言政策產生很大的轉變，對於各國華語文教育與僑生教育都有很大的影響。在 1990 年代初期，冷戰才剛剛結束，東南亞各國因為中華人民共和國仍然存在紅色中國的印象，外交關係並不熱絡，新加坡一再表態不會在印尼之前與中華人民共和國建交，因此當 1990 年印尼宣布和中華人民共和國建交時，確是一個標誌中國與東南亞國際關係展開新頁的里程碑。[21] 1995 年東南亞國家協會(以下簡稱東協，ASEAN)開始擴張，將冷戰時期成立的東協，由原來都是美國盟友的組合，逐漸改變成真正的區域組織，過程中也改變了中國與東協諸國的國家關係，從原來的雙邊關係為主，變成加上多邊的集團關係。1997 年的亞洲金融風暴進一步促成中國與東南亞國家建立外交關係。而台灣的僑生教育就因為

---

[21] Ian James Storey, "Indonesia's China Policy in the New Order and Beyond: Problems and Prospects". *Contemporary Southeast Asia*, Vol. 22, No. 1, pp. 145-174, 2000.

東南亞國家與中國建立的正式國家關係，而轉變成為民間的關係。在這種態勢之下，馬來西亞自主的華教體系成為中華民國台灣主要僑生關係的代表，和緬甸及泰國尚能維持過去的關係，至於越南、柬埔寨及寮國則斷絕了與台灣僑生教育的關係。

　　從國家內部的政策來看，菲律賓自從 1970 年代開始，對於僑生教育採取國家化的政策，不過並沒有對於僑生教育的對外連繫有所限制，因此菲律賓的華校基本上維持華人就讀的傳統，但是前往台灣升學的管道，卻因為改制後的銜接問題而大幅減少。[22]馬來西亞的僑生教育，因為馬來西亞的族群分化現象，使得華文教育得到的華僑社群支持力道較強，而這段時間的新發展是不同族裔背景的人進入華文教育體系。印尼從 1965 年開始的禁華文政策在 1990 年代開始鬆動，到了 2000 年已經廢止，因此華文教育如雨後春筍般蓬勃發展，至今仍方興未艾，時至目前為止，國家政策也支持華文教育的發展。柬埔寨僑生教育得到政府的許可，1990 年由華人統籌成立的柬華理事會居間領導推動發展華文教育，僑生教育獲得新的發展。

---

[22] 菲律賓的教育制度在 2014 年之前為 6-4-4，意即小學教育 6 年，中學教育 4，高等教育 4 年，因此與台灣的教育有落差，導致有無法銜接的問題。2014 年改為 6-6-4，將中學課程修改為 6 年，與台灣修業年限相符，因此上述問題得以解決。

　　從大方向來說，華文教育或者僑生教育，都需要當地政府的支持才能有好的發展，若沒有當地國國家教育政策支持，至少需有包容的態度，否則要存在特殊為當地華裔子弟安排的教育，殊為不易，缺乏當地國政府的支持與包容，僑生教育將處於難以發展的態勢。本論文的討論，從各國家未獨立前的原來狀態出發，論及各國在爭取獨立的時代的發展，討論到冷戰時代的情況，而從 1990 年代到現在，屬於後冷戰時代，是東南亞僑生教育由管制到開放的過程。本文將呈現整個變化過程的重要發展趨勢，從各論到總論，說明國家語言政策對於僑生教育的影響。

僑生教育與東南亞地區的歷史分期

　　本文討論東南亞地區僑生教育與國家語言政策的關係。在名詞的使用上，僑生教育是指廣義的僑生教育，對僑生教育一詞採取一個比較寬鬆的定義，即當地國的華裔人士為主的學校教育，都歸類為僑生教育討論的範圍，我們將用具體的情況來顯示實際上有岐異的情況。在以下的討論中，僑生教育會與華文教育同時併用，這是因為在東南亞地區大部分的地方，華文教育機構的主要對象，仍是當地的華人，也就是本文所說的廣義的僑生教育。

　　僑生教育受到國家語言政策的影響，綜觀全球，以東南亞國家最為顯著。其實東南亞國家的情況各自不同，但是在國際區域政治的影響下，又具有共同的發展特性。如果我們採取長期觀察角度來看待，也很容易看出這種特性。本文先將根據僑生教育與國家語言政策的互動，做一個簡單的討論與分期，做為進一步仔細討論的基礎。

　　第一個時期是 1945 年第二次世界大戰結束之前，可以視為東南亞僑生教育的發展期。除了泰國以外，東南亞國家在 1945 年以前大部分是歐美國家的殖民地，但是泰國也受到強國帝國主義的壓力，因此情況是相類似的。1945 年以前，扣除第二次世界大戰期間(1939-1945)的特殊情況，僑生教育在東南亞各國都有蓬勃的發展，當時僑生教育是以僑校的型態成立。僑校在東南亞諸國林立的情況，可以視為東南亞的共通性。我們只要比較同一時間在歐洲的華人社區，就可以明白，一般我們討論海外華人社區，主要會看社團、華文報紙與華文學校。在歐洲華人社區想要成立僑校是很困難的事，而當時東南亞各地都有僑校，可以用星羅棋布來形容僑生教育在東南亞在第二次世界大戰前是相當的普遍且發展順利。

　　第二個時期是第二次世界大戰結束以後，可以視為僑生教育的蓬勃期。雖然東南亞各國在第二次世界大戰結束以後，各國經歷不同的歷史，但是都是往獨立建國的方向發展。在這一段時間，東南亞各國的華校又進入了另一個階段，各國的僑生教育都有新的發展，成為僑生教育的輝煌時期。

　　第三個時期是東南亞國家建國時期，可以視為僑生教育的「再定位」時期。這段時間是東南亞國家民族主義情緒最高漲的時期，去殖民主義及獨立建國成為這一段時間最重要的課題。因為尚在建國時期，國家語言政策還在成形之中，有很多新的情況出現，這些情況都對僑生教育產生很大的衝擊與改變。

　　第四個時期是冷戰時期，屬於僑生教育受到壓抑的時期。在冷戰時期，所有東南亞國家都捲入意識型態紛爭的時期，反共與親共是這些國家都必須面對的政治抉擇。在這個過程中，有的國家將意識型態的紛爭與國家語言政策掛鉤，有的國家則是脫鉤。在這種情況下，僑生教育都受到很大的衝擊。

　　第五個時期是後冷戰時期，可以視為僑生教育的復興時期。冷戰結束以後，東南亞各國的語言政策從意識型態的紛爭解除，語言不再被視為思想或特定族群的工具。僑生教育在這樣的條件下，都有相對來說比較寬鬆的環境出現。因此僑生教育到了最近二、三十年，都有新的轉變與發展。

　　本章論文以此歷史架構為基礎，來討論近年來僑生教育的發展與國家語言政策的關係。文中所討論的新的轉變與發展，會以從第四階段到第五階段的變化為主。在本章論文中，筆者主張對僑生教育的發展，應有全盤大方向的掌握。最近二、三十年，東南亞國經歷了很大的變化，僑生教育也因此得到了一個特別的發展機會，我們必須對於這樣的轉變有個通盤的理解。

僑生教育與東南亞國家語言政策

　　國家語言政策是國家關於語言教育發展的政策，本文的脈絡是以社會語言學中有關語言政策的討論，因此會比一般常識意義下的語言政策討論要更為廣泛。在社會語言學中有關語言政策的討論，不僅僅是討論語言政策本身，而是討論語言政策相關觀念的研究範圍，是將語言政策放在不同社會因素的脈絡中加以考查。

　　在本文中所討論的語言政策，主要是放在主權國家的範圍之中討論，首先討論國家語言。主權國家，特別是現代主權國家，通常會對國家語言做出界定，並且會在政府的施政作為中去執行相關的語言規範。[23]因此每個新興的東南亞國家都有一個討論制定國家語言的政策形成過程，這個過程對僑生教育是有直接的影

---

[23]　Conrad M. B. Brann, "The National Language Question: Concepts and Terminology", *Logos*, University of Namibia, Windhoek, 14:125–134, 1994.

響。以具體的例子來說,印尼獨立之初,就制定印尼語(Bahasa Indonesian)為印尼的國家語言,通令全國必須採用印尼語做為教學語言,因此對於僑校的規定也以此來劃分,如果華人是持有印尼國籍,則必須進入到印尼學校學習,如果是保持有中華民國國籍,才可以在僑校就讀。這樣的新政策立刻強烈衝擊在印尼的華校。透過這個例子可知,國家語言定位,確實是國家語言政策最基礎而重要的一環。

討論語言政策的第一步討論是語言定位,因為語言的定位就是重要的政策作為。以下討論各國的實際情況,首先問的是國家官方語言是哪一種或是哪幾種?國家語言是單一語言還是一種以上的語言,成為國家語言的理由為何?同時,在本文的脈絡中,國家官方語言是否包含華語,也是很重要的問題,同樣的我們要問,究竟成為國家語言的邏輯為何?同時國家對於國家語言的預期是如何?有些國家的國家語言,只要能溝通即可,有些國家卻希望國家語言同時可以成為從事科學研究等的專門學術語言,由於預期不同,對於語言所付出的心力與資源就不盡相同。

其次討論該國的外國語政策。前面所述,東南亞國家在建立新國家時,對於國家語言政策,多以國家語言或是官方語言來界定,就是所謂的語言定位的問題,除了國家語言的定位很重要以外,對於外國語的政策也很重要,也涉及對於特定的外國語如何

定位。[24]哪些語言是這個國家界定的外國語？華語文是否包含在當地國家允許發展的範圍之中？這個國家對於外國語的認可、包容度有多大？主要推廣的外國語有哪些？如何對待外國語的發展？是否有外國語的專門學校？一般國人對於外國語言學習的態度是如何？上述這些全都是形成國家語言政策的重要環節，也會影響到該國的華文教育與僑生教育。

　　社會語言學中討論語言政策，通常會同時討論語言規劃 (language planning)，也會討論語言規劃的許多原則與具體作法。這些原因是對於社會語言學而言，語言是個社會實踐，有很多語言政策並不是透過對於語言的定位來產生作用，而是在具體的社會實踐中來進行。舉例而言，新加坡和馬來西亞都號稱是多語社會，國內幾種重要語言都是官方語言或是具有同等的地位，但是在社會實踐上卻不相同，最後創造出來的效果也不同。例如馬來文在新加坡和馬來西亞都是國家語言，但是在新加坡只國家儀式上具有作用，藉以保持馬來文的象徵地位，因此實質上的成果就不同。因此討論國家語言政策時，通常要同時討論語言規劃的具體作法，才能真實的理解、反映出語言政策的不同面向。

---

[24] 關於語言政策的討論，參見 Bernard Spolsky, *The Cambridge Handbook of Language Policy*. Cambridge: Cambridge University Press, 2012.

　　接下來討論的是語言意識形態的問題，[25]意即是用什麼樣的意識形態來看待語言？在這個脈絡裡面，我們主要討論的背景是前面所說的冷戰時期，假如華語文被認為是與中國直接有關，而當時中華人民共和國主要是共產主義輸出的國家，那麼華語文會不會被認為是意識形態的工具？這個問題在當時是個重要而敏感的問題，如果是，各國對待語言的態度如何？如果不是，各國利用什麼樣的方式將語言視為意識形態？

　　某一種特定的語言是否與意識形態掛鉤，如果是的話，使用什麼語言就和某種意識形態連結在一起，如此，將對於這種語言在當地國的使用會有很大的影響。在過去，相關的討論主要與殖民主義比較有關係，例如前蘇聯國家使用俄語，在韓國使用日語，或是在越南使用法語，都有同樣的情況出現。同時各國處理語言意識形態的作法不同，有些國家會設法將語言與意識型態脫鉤，作法不同也會產生很深的影響。

　　接下來我們討論族群語言政策，主要是討論國家如何對待國家境內的少數族群？對於少數族群所使用的語言採取什麼樣的政策。從族群語言政策的角度觀察，東南亞各國的情況差別很大，通常會涉及這個國家的基本結構，以及國家設立之初對於國家的基本設計。以國家的基本結構來說，人口結構就是最重要的不同，

---

[25] 關於語言意識型態的討論，參見 Kathryn Woolard, *Language Ideologies: Practice and Theory*. New York: Oxford University Press, 1998.

同樣是由幾個族群組合而成，當人口比例不同時，所採取的政策就截然不同。[26]我們可以將華人視為東南亞各國的少數族裔，對大部分國家來講，都可以把當地的華人視為該國的少數民族，儘管在當地國的認定不一定如此，而且多數與少數也是相對值，各國的情況要放在國家內部人口結構與長期發展的脈絡來討論。如果我們比較東南亞國家中的新加坡及馬來西亞，在目前所有的東南亞國家裡面，只有新加坡的華人人口比例是在當地國佔有主要地位，如果以超過百分之五十做為標準，新加坡是東南亞唯一華人人數超過百分之五十的國家。接下來比例次高的是馬來西亞，華人差不多佔百分之二十強的比例。由於人口結構的比例不同，所採取的族群語言政策就不太相同。

　　接下來我們討論教育語言政策，就是在一個國家之中，對於教育機構可以使用哪些語言來教學，是否保持一定的彈性。這裡主要指的是教學語言，對於主要教育機構所使用的語言，同時也可以討論，是否可以在教育體系中學習到不同的語言。[27]教育語言政策也討論是否保持一定的語言開放程度，有的國家對於國家語言以外的語言是雖然不禁止，但是也不鼓勵，例如馬來西亞的獨立中學系統，有的國家是禁止其他語言源流學校的存在，例如 1966

---

[26] Werner Haug, "Ethnic, Religious and Language Groups: Towards a Set of Rules for Data Collection and Statistical Analysis". *International Statistical Review*, 69(2): 303-311, 2001.

[27] Braj B. Kachru, Yamuna Kachru, and Cecil L. Nelson, eds., *Handbook of Educational Linguistics*. Malden, MA: Blackwell, 2008.

年到 1998 年的印尼，在這段期間被稱為華文禁令，所有的華文學校全部被迫關閉，華語文被禁止使用。有的國家並沒有限制華語文在教育上的使用，只有要求以主要語言為主，其他語言不要超過一定比例。例如菲律賓對於華語文教育，有每週不得超過 10 小時的限制。有的國家雖然在正式的法規上，沒有允許使用其他語言教課，但是在實際的執行上卻睜一眼閉一眼，像緬甸的情況就是如此，緬甸的華文教育並未在法令上得到認可，但是華校存在已久，這種實際上的狀況，也是我們討論的政策。

　　另外一個語言政策的主要問題是關於語言選擇，這個國家是否允許少數族群保留不同語言的能力？對於其他語言的態度是鼓勵的還是禁止的？這是與社會語言學討論的語言態度比較有關係。語言態度不一定會直接影響到教育政策，但以長期來看，一個國家的語言態度，還是會影響不同語言在當地國的發展。以具體的例子而言，柬埔寨的政府，完全不反對華人擁有華語能力，甚至進一步，在國家重建之初，鼓勵並認可華人成立組織發展華語文，這即是現今柬埔寨僑生教育仍然保存的原因。以相反的例子來看，曾經實行華語禁令的印尼政府，向來對於華人的政策，基本上屬於同化政策，希望有一天印尼的華人能夠完全使用印尼語，不要使用華語，這種態度在建國之初就有了，採取華文禁令，只是將這個語言態度以強制執行的方式來進行。當時印尼政府採行對華人的政策是同化政策，是公開明白表示的宣示，甚至也有

華人公開支持跟承認這樣的政策。[28]因此我們也可以從長期對語言的施政來討論該國的語言態度。

另外一個問題是屬於雙語教育的問題，雙語教育是在同一個教育系統裡面，設法保有同時使用兩種以上的教學語言。雙語教育主要在西方國家對待移民經常採取的作法，然而在東南亞，是經過一段時間才慢慢比較為當地國所接受。在馬來西亞的教育裡面，相當強調多語的重要性，以族群來分，華人比較重視多語能力，當地族群並不強調多語能力。一直到最近，開始有比較多非華裔注意到這個問題，而將他們的子女送到華校來，希望他們的子女可以多學不同的語言。同樣的情況在柬埔寨，柬埔寨的華文學校並不強調多語，大部分的情況下主要的焦點仍是在學習華語文，對於多語能力並不是教育機構所強調的，其他的語言只是設置相關科目，並沒有特別強調與重視這些語言，多數人並沒有想像在維持多語能力上下功夫，他們認為能說能溝通就好了，來華校主要是為了學習華語。這是當地國人民是否重視雙語教育的程度不同所導致。

---

[28] 關於印尼的語言政策的討論，參見 Subhan Zein, *Language Policy in Superdiverse Indonesia*. New York : Routledge, 2020.

接下來將要討論語言權利的問題，在這個脈絡裡面，主要討論的是少數與族群的語言是否在當地國的國家法律裡保有地位？對於多數的國家而言，如果對於語言的保存能夠推升到法律保障的權利，這對於語言長期的發展有決定性的力量。[29]以具體的例子來說，以馬來西亞的憲法為例，在建國之初曾經努力想要將保障華語文的文句放到憲法條文中，最後沒有成功，最後馬來西亞的憲法明文保障馬來文，英文也允許可以使用，而華語文的地位只用一般的施政去維持。在緬甸的憲法上，則保障少數民族具有使用少數民族語言的態度，這是以緬甸的果敢族人能夠以果敢語的角度，在其教育體系中保存華語的原因。其他大部分的國家，華語文在當地的法律制度中，特別是憲法的系統中，沒有任何地位。語言權利的爭取，對於長期發展來說才具有決定性的力量。

討論國家語言政策時，我們需要討論語言能力的維持所需投入的資源，這方面多半不具宣示性，卻是很重要的語言政策環節。是否對於語言的維持願意投注心力，是否提供經費的協助？對於語言教育會有重大的實質影響。例如新加坡對待華語教育的態度，新加坡政府投入資源且關懷華語文教育，並且不斷引入華語文的師資，這種人力資源對當地國的語言發展也是很重要的。馬

---

[29] 關於少數族群的語言權利在現代國家的政治與立法，參見 Will Kymlicka and Alan Patten, "Introduction: Language Rights and Political Theory: Context, Issues and Approaches." In Will Kymlicka and Alan Patten (eds.), *Language Rights and Political Theory*, Oxford University Press, 2003, pp.1-51.

來西亞對於華語文教育的支持直到小學階段，在小學的華校是由政府資源來支持，到了中學以後，政府不再支持華語文教育的學校。[30]同樣的問題來看柬埔寨，政府柬埔寨雖然容許華語文教育在當地國發展，但是國家並沒有投入任何資源。可見政府是否投入資源在語文教育，也會有不同的結果。

另一個問題是屬於語言經濟的問題，即當地國是否認知語言的經濟價值。[31]以東南亞國家而言，有幾個旅遊大國對於華語文的經濟價值都加以肯定，例如泰國是東南亞國家中第一個將華語文列為第二外國語，認為華語文的教學和學習，有助與中國及其他國家華人的商業的發展，特別是旅遊業的發展。而像菲律賓，雖然有龐大的華語文人口，華語文人口在該國又屬於經濟成功的族群，但是國家並未認知到語言經濟的重要性，他們主要的認知是英文，認為英文要比其他語言重要，這樣的語言態度將直接影響到教育界，當然也會影響到一般人對於語言的態度。

---

[30] 華文源流教育（華教）為馬來西亞華人社群的慣用語，與華團（華人社團組織）、華文報（中文報刊）合稱為「華社三大支柱」，乃為由馬來西亞華人自主創辦，用以傳承中華文化的機構。華文源流教育係指以華語為主要教學媒介語的單一源流學校，從小學到大學，總數超過千家。林水檺，〈獨立前華文教育〉，林水檺，何啟良，何國忠，賴觀福合編，《馬來西亞華人史新編》，第二冊。吉隆坡：馬來西亞中華大會堂總會，1998 年，頁 223。

[31] Florian Coulmas, *Language and Economy*. Oxford: Blackwell, 1992.

　　最後是屬於語言文化的問題，是否將語言相關的現象視為是一種文化現象，由此延伸的問題是，語言的學習是否應該包含文化的學習。[32]對這個問題的討論，多數的討論是肯定語言與文化的關係，而語言的學習應該包含文化的學習。[33]我們可以當地國的華埠（唐人街、中國城）作為主要的語言景觀，由於各國都有華埠，那麼如何對待當地的華埠，是否將華埠視為文化的標的或者是旅遊的地點，就涉及是否將華語文當成是一種文化的對象。在新加坡牛車水中國城是一個著名的熱門旅遊景點，這和大部分西方國家的情況一樣，能夠感受到道地的中華文化風情。緬甸的中國城也是重要的，不僅位於重要的位置，而且外國人多半會被引導到當地參訪，就是將當地的中國城視為當地的文化資產。但是在柬埔寨就沒有這樣的態度，金邊華人雖然多，但是金邊的華埠不是柬埔寨的文化資產。泰國和菲律賓也是處在中間的位置，即使泰國曼谷跟菲律賓馬尼拉的中國城，其實是處在城市發展中的重要位置，但是泰國和菲律賓卻不見得要強調華埠的存在感。從世界各國的例子來看，有些國家將華埠視為很重要的外國旅客參訪地，也有些國家特別不想凸顯中國城做為一個文化的景點。

---

[32] Kadri Krasniqi, "The Relation between Language and Culture". *Linguistics and Literature Studies*, 7(2): 71-74, 2019.

[33] Maciej Kijko, "Language Culture Communication", *Journal of Applied Cultural Studies*, 2:145-160, 2016.

東南亞國家語言政策的轉變

以下我們的討論主要是以國家為單元，來討論僑生教育轉變的情形以及其與語言政策的關係。就前面的歷史分期而言，最主要是從第四期到第五期的轉變。筆者選取這一段期間，一方面是這段期間與現在的發展情況，可以比較清楚可以看得到；另一方面，這個轉變，對於現在瞭解僑生教育受到語言政策的影響也相對來得明顯。僑生教育在這一段時期的轉變是重要的課題，要討論東南亞僑生教育的未來，必須先掌握這個大氣候。本文的主題，會以前面所整理出來的語言政策做為考慮要點，哪些因素對於該國的語言教育轉變產生重要影響會特別加以指出。

首先討論印尼，印尼是東南亞最大的國家，印尼在僑生教育的轉變可以標誌出東南亞的轉變。現在的印尼，最主要的轉變是從一個對原來對華語文教育有敵意的國家，從政策上就完全不允許僑生教育存在的國家，轉變成對於華語文教學採取積極態度的國家，開始允許華語文在各級學校發展。雖然這些教授華語文的學校，我們不能用僑生教育的名稱來稱呼，因為現在印尼不允許任何學校只招收同一族裔背景的學生，但是實際上，這些強調華語文教學的學校，學生仍然是以華裔子弟為最大宗。目前印尼有很多新興的特色學校出現，華語是其中的重點，例如三語學校就是印尼的特色，我國僑務委員會應該調整政策，與相關學校對接，

不要繼續拘泥於是否為華文學校。

　　印尼華語文教育的轉變,主要是在 1998 年政府領導人改朝換代之後才改變的重要的成果,在此之前長達 32 年的時間,實施所謂的華文禁令,對於當地的僑生教育影響非常大,可以說原來東南亞存在的最龐大的僑生教育體系,在華文禁令的壓迫下,一夕之間完全滅絕。上述的重大轉變是在印尼政治民主化之後,將華人問題視為人權問題,一步一步進行調整改善而得來,最主要還是拜印尼民主化與開放政策之賜。

　　從印尼民主化開始,對華人的政策漸漸開放,最先是開放華語文教育,華人可以自由辦理相關的活動。[34]在政策開放後,華文教學不再是僑生教育,傳統僑校已經不復存在。在開放華文教育數年之後,再進一步把華語文,訂為第二外國語言,讓華語文可以在各級學校進行教授。除了民間可以自由興學之外,在官方公立學校中也出現了華語課程,與此同時,在官方的協助之下,也成立華語文協調機構,主要工作為協調分配當地的各種語文資源,上述變化是相當明顯且巨大的轉變。

　　以印尼的脈絡而言,雖然是以華語文解禁做為政策調整的開頭,但是後來成立的學校卻讓印尼成為新興華語市場的大宗。這是因為印尼是人口大國,印尼的華語文教育現在出現生機,自然

---

[34] 楊聰榮,〈轉捩點:五月暴動在印尼華人史上的意義〉。《印尼焦點》(Indonesia Focus),12 期,2003 年,頁 26-29。

就成為在東南亞舉足輕重的地區。許多華語文發展的新情形值得
關注，其中一個變化就是出現三語學校。三語學校漸漸成為印尼
語言教育的新模式，這裡顯現一個重要的關鍵，即印尼的華人明
白到，現在對於印尼的僑生而言，三語才能滿足需求。[35]

接下來是馬來西亞，馬來西亞是一方面被認為華文教育發展
得最好的國家，但是另一方面，這個國家有關擔心華文教育被打
壓的新聞一直沒有間斷過。馬來西亞的國家語言政策，在這期中
扮演著很重要的角色，特別值得觀察討論。從語言政策的基本方
向來說，雖然長時間以來，與華文教育有關的爭論不斷發生，但
基本方向早在建國之初已經確定，並沒有太大的改變。其基本方
向是在小學教育階段，包容各族群發展自己的語言教育的建構，
國家也支持這種政策而可以用國家資源來協助，但是從中學開始
則希望以馬來文為主的教育，但是容忍各族群運用自己的資源來
發展教育。

馬來西亞在這一段期間，維持華語在基礎教育中官方支持的
態度，並沒有太大的改變，華文小學是受到國家語言政策保障的。
主要有問題的層面是中學教育，馬來西亞的中學教育政策始終是
造成族群緊張的重要議題，華文教育的危機主要集中在這個階
段，有關獨立中學的問題，就是在這個層面。至於大學教育，因

---

[35] 卓宥佑（Jureynolds），〈印尼三語學校華語教學現狀調查與分析〉。《国際汉
语教育（中英文）》，4(2):30-41，2019 年。

為主要是國家推動的，以語言源流教育的角度而言，其實有相當大的進步，以前曾經有華人辦大學的計劃，即獨立大學的計劃，後來因為種族衝突事件的影響，因此計劃無疾而終，這是在冷戰時期發生的事情。到了後冷戰時期，開始有了轉寰，其中最有象徵意義的轉變，就是准許華人辦大學。先是從較小型的學院開始，如南方學院、韓江學院以及新紀元學院，後來是正式的大學，由馬華公會所主辦的拉曼大學，即是符合馬來西亞主流政策的大學，也是由華人主導的大學，也考慮了華人的特殊需求。

接下來討論新加坡，這個國家就國家語言政策及僑生教育而言，都有其特殊性，值得特別討論的是語言政策的特點。首先是語言政策的定性，新加坡有個十分精巧的設計。新加坡的官方語言分別是馬來語、英文、華文跟印度的淡米爾文。新加坡的國語是馬來文，新加坡的工作語言是英文，而新加坡人口最多的族裔是華人，因此華語也是重要的語言。就語言政策而言，國語是馬來文是語言地位的政策，是針對新加坡的鄰居是以馬來語／印尼語為主的國家，因此以政策提高馬來語的地位，獨尊馬來語，但實際上使用的人很少，工作語言是用來團結各族裔的語言，所以用英文來作為工作語言，華語也是重要語言，但不特別強調，各安其位，維持國家對各族裔都有關注，保持社會的平衡性。

　　新加坡與其他的東南亞國家不一樣，以華裔的人口來說，新加坡的華裔居民超過了半數，達到百分之七十五，是東南亞唯一華人人口過半的國家，所以新加坡的華語也具有官方語言的地位，但是也擔心強調華語會使得其他族裔受到壓力，因此新加坡的國語是馬來語，使得人數較少的族群不會受到太大的壓力。但是英語才是最新加坡的享有最高的地位，是使用最普遍的語言。這是因為要溝通各個不同的族裔，因為英語成為各個族裔可以共同接受的工作語言。在這種條件下，如果我們用廣義的角度來談僑生教育，那麼新加坡的僑生教育的特色就是，英語所佔的份量要比華語文要多，就新加坡的華人受僑生教育而言，與其他東南亞國家的情況不同。

　　與其他東南亞國家的情況不同，從界定認同的角度，新加坡人已經成功地將新加坡認同普及於新加坡大眾，眾所皆知新加坡成為今日的版圖是在 1964 年，是個新創造的認同對象，經過一段時間的努力，新加坡人認同在新加坡已經成為主流，新加坡認同在新加坡當地是具有優勢主導地位。對此來說，華人作為其認同的對象不具有重要性，新加坡華裔在當地接受的教育自己並不會稱呼為僑生教育，新加坡華人與其他族裔所受的教育並無二致。不過新加坡的華人仍然可以僑生的身份來台灣升學，我仍然可以把它視為廣義的僑生教育。

　　新加坡是一個華人佔人數優勢的國家，與東南亞國家的情況不相同，必須說明僑生教育的討論在新加坡的特殊性。在其他的東南亞國家，華人的人數是少數，因此所謂的本地主流教育，與華文教育有很明顯的區隔，僑生教育就是少數族群的教育，在東南亞現代國家獨立之後，僑生教育很難維持在第二次世界大戰以前的情況，因此僑生教育的討論主要是受到國家政策的壓抑，到了後冷戰時期才以不同的方式重新發展。新加坡僑生教育的轉變與其他國家有所不同。不像其他國家在冷戰時期將華文教育視為洪水猛獸，然後到了後冷戰時期再重新認同華語文教育的重要性，新加坡的情況與其他國家有很大的落差，因為新加坡是華人比例最高的地方，華語文教育一直是新加坡教育的一環，並不會視為外來者的威脅。然而在冷戰的氣氛中新加坡仍然深受國際氣氛的影響，新加坡的華語文教育也有受到影響，同樣在冷戰氣氛最濃厚的時期，華文教育源流在新加坡受到嚴重的壓抑與打擊。其中最著名的事件就是 1980 年代新加坡政府將南洋大學關閉，儘管新加坡政府是以其他的理由要關閉南洋大學，但是所有人都明白，這是受到中華人民共和國當時的共產主義輸出政策，而南洋大學被視為左派思想傳播的溫床。南洋大學作為東南亞各地華人捐輸而成立的大學，南洋大學的關閉象徵當時新加坡政府對於接受華文教育的學生的不信任。

　　經過了長期的冷戰時期，等到 1990 年代開始，東協已經建立，新加坡與東南亞同進退的態勢也慢慢成形，當時新加坡在外交政策上訂了一個政策，表明新加坡不會早於印尼與中國建交，因此新加坡與中國建交相對是比較晚。直到 1990 年印尼與新加坡相繼與中國建交，一個新的交流年代才的開始，新加坡可以名正言順地與中國建立交流關係，和不必擔心東南亞國家，特別是印尼馬來西亞這樣的國家對於中文的敵意。後來新加坡大舉到中國去投資，華語文教育的價值在經濟上被肯定，開始了許多新加坡華語文教育的風潮，後來新加坡也吸收了很多中國留學生到新加坡任教，因冷戰時期中斷的華語文教育的人才交流，重新有新的發展。

　　除了新加坡以外越南的僑生教育也經過了相當劇烈的轉變，越南有一段時間是相當重視華語文的學習，而且不限於華人子第弟，這是因為越南傳統上語言文字受到中國的影響。但是在僑生教育的部分，政府使用手段壓抑的華文教育的發展。不過原因卻是和鄰國不一樣，並非是由於冷戰的緣故，因為越南和中國同樣是社會主義陣營的國家，並不存在共產主義革命輸出而關係緊張的問題。不過越南政府對於僑生的華語文教育採取比較嚴厲的措施，最主要還是因為受到與中國關係的影響。其中影響最大的主要原因是 1979 年的中越戰爭，雙方發生嚴重的軍事衝突，越南境內出現強烈的反中情緒，連帶使得華語文教育大受影響。筆者曾經訪問過老一代教授華語文的老師，在 1979 年中越戰爭之後，許

多華文教育的學校關閉，華語老師失業，找不到工作做，渡過了一段很悲慘的日子。

這是從 1990 年代，越南得到允許加入東協，這一個轉變改善了越南與中國的關係。從過去單獨對付與中國的關係，轉變為以集體的方式與中國打交道，相對來說，越南覺得安全多了，也比較有自信。因此在越南的華語文教育就慢慢回復。越南的華語文教育主要是放在大學階段，是各族人士都可以學習的教育，我們不能將它視為僑生教育的一環。然而國家整體的社會氣氛如果對華語文教育的重視，這樣提供給越南當地的僑生教育就有很好的發展機會。

從族群語言的角度，越南政府承認華人是為當地的一個少數民族，可以成為華族。但是越南政府不允許華人單獨成立獨立的教育機構，因此傳統的華校在越南是沒有辦法得到政府的認可。嚴格地說越南就沒有所謂的華校或僑校。然而越南仍然有部分的學校具有華校的性質，主要的原因是因為越南華人在越南是聚集在特定的地區，這些地區的學校有比較多的華人子弟。根據越南的教育政策，在改革開放以後，這些學校可以設立華文中心，因此可以將這樣的學校視為具有華校性質。在胡志明文的華人區，有許多學校設有華文中心，例如文朗學校、啓秀學校、禮文學校、穎川學校、歐姬學校、麥劍雄學校、陳佩姬學校等都是這樣的情況，華人子弟可以在學校學習到華語文。筆者建議僑委會在對待

各國的僑生教育時，應該考慮這些國家內部的狀態，應該要給予寬鬆的認定。應該可以將越南的這些學校視為等同華校，讓較多越南華裔得以符合僑生的規定。

泰國的僑生教育也相當的有趣，毫無疑問從 1990 年代到現在經過了一個長足的發展。在冷戰期間泰國仍然有壓抑華文的舉措，只不過泰國的政治風格是用委婉的手段來進行，泰國同樣採取了壓抑華文的措施，但是沒有像在其他國家一樣受到公眾的矚目。實際上泰國政府在第二次世界大戰結束以後，對於僑生的華語文教育就有所限制。經過長時間的政策管制，以前的傳統華校都改成為泰國的學校，被保留少數的華語文課程，暫且有以充數，算是聊備一格，受到相當程度的壓抑。泰國華語文教育的改變是 1990 年代初期，政策上又重新開放華語文教育，不過這個開放政策是以面向社會大眾，即不分族群的華語文教育。從 1990 年代開始泰國華語文教育得到好的發展條件，各地文教中心陸續紛紛成立華語文中心。然而原本僑生教育經過一個先壓抑再開放的過程，配合泰國對所有少數族群的同化政策，卻是難以恢復元氣。

族群語言的角度，泰國的僑生教育並不缺乏專門的教育機構的支持。問題的主要關鍵是在於認同，許多泰國的華裔主要是認同泰國文化，他是以泰國人的身份來學習華語文，學習華語文功利的目的大於自我認同的目的。即使如此由於泰國的華裔人數眾多，泰國華裔可以說是泰國除了泰國主要族群泰族以外人數最多

的少數族群，一般估計泰國華裔人口約佔泰國人口的百分之十。在泰國也有很多管道可以學習華語文，以僑生來說，泰國過去有的建置，現在這些學校在泰國稱呼為民校。同時在泰國的國際學校也可以學習到華語文，也有一般的地方政府的學校可以選修華文教育的課程，在學校以外的語言中心也很容易接觸到華語課程。以現在的角度來看，泰國是東南亞最積極提倡華文教育的國家，甚至是由泰國的皇室成員帶頭學習中文。相對來講泰國的華裔要學習中文的機會就比其他國家的要多得多，但是如果以僑生教育的角度來看，因為泰國的僑生教育就是式微了，華語文教育在泰國就成為一個個人選擇的問題，雖然泰國的華裔有很多選擇，社會上也會很強烈的學習華語文的機會，不過以泰國的例子而言，這就是一個失去以文化認同的角度來與學習華語文，而成為一個單純考慮文化資本的問題，華語文教育只是學習語言，文化傳承的意味就淡薄許多。

接下來我們要討論的是菲律賓，菲律賓採用的國家語言是菲律賓語，工作語言原則是英文。菲律賓雖然在美國的統治之下過了半個世紀左右，時間並不長，但是文化受影響深遠。反過來說雖然西班牙統治菲律賓長達三百多年，但是西班牙語在菲律賓所留下來的文化資產相當有限，最多的是實體的基督教建築，也就是教堂。但是語言上使用西班牙語的人口非常至少，菲律賓基本上是接受美式文化、美式語言跟美國式的生活方式。

　　菲律賓並沒有將語言與意識形態掛勾，最主要的原因可能還是菲律賓採取的是英語這樣通行全球的強勢語言，有英語的強勢語言支撐，菲律賓並不擔心說其他語言受到威脅。即使是在冷戰發展到最巔峰的時候，中國的影響力也很難透過華語教育將共產黨傳播到菲律賓。同時菲律賓對於華人的態度只是把他們當作是移民，沒有強力的文化政策來干擾華人社區與華文教育的發展。菲律賓對待華人的態度，只是把他們當作是少數族裔，而不是將菲律賓的華人視為共產主義傳播者。

　　菲律賓對於教育語言的規範，並沒有十分嚴格，反而是採取比較寬鬆的做法，對於華校只有一個簡單的規定，即要求華校的教課時數不得超過每週 10 小時。菲律賓的華校在當時的國有化政策之下，全部都變成菲律賓境內的學校，可以是接受領取政府的協助。菲律賓政府對華校採取比較寬鬆的做法，主要的原因是英語已經是菲律賓的強勢語言，不需要特別用強制性的規定。由於菲律賓教育中，英語是強勢語言，菲律賓多數人是想要維持英語能力，華人也不例外，隨著時間的發展，華人下一代學習英語的興趣強過學習華語文的興趣。

　　接下來我們討論柬埔寨的語言問題，柬埔寨的國家語言是柬埔寨語，或稱為高棉語，是柬埔寨主流民族高棉族的主要語言，高棉語是一個古老的語言，高棉語的文字書寫系統也跟其他的東南亞國家的語言不一樣，都是屬於非拉丁羅馬字母。柬埔寨也曾

經是法國的殖民地，也曾經受到法國文化的影響。到目前為此，柬埔寨現存的高等學府，還是都採用法語的學校名稱，顯示柬埔寨受到法文傳統的影響。在語言規劃方面因為柬埔寨是經過戰火後重建的國家，浴火重生後的柬埔寨特別重視外國語，特別是英語的吸收與學習，所以多數的大專院校強調英語的學習。

柬埔寨對待華人的態度，顯然與其他東南亞國家相當不同，如果我們從華文教育的體系來說，可以說是東南亞還保留第二次世界大戰以前的華文學校建制的國家，是相當不容易的情況。在柬埔寨的華人與教育機構，主要是由柬華理事會擔任。柬華理事會是由各幫會館的領袖所組成的，即潮州幫、福建幫、廣肇幫、客家幫及海南幫，主要在推展柬埔寨的華語文教育。這種建制是沿襲自法國殖民時代對於華民事務的安排，是現在東南亞國家唯一還採用這樣的體制的國家。柬華理事會的成立還是由柬埔寨官方鼓勵形成，是在 1990 年代柬埔寨恢復秩序以後重新建立，是內戰後和平重建的一環，自此華文學校的發展就由柬華理事會來領導。柬埔寨因此可以讓華文教育在比較不會受到國家的干擾。這顯示柬埔寨官方對於華語文並沒有意識形態的考慮，使得華文教育在柬埔寨有較大的發展空間。

　　如果從族群語言的角度來考慮，柬埔寨官方並未強迫所有的華人必須要強化柬埔寨國家語言的教育，因此華文學校還保留當年華校的心態，華文學校是以華文為主。和其他的東南亞國家以民族主義的態度，要求華文學校必須改弦更張，柬埔寨未出現這樣的情況，主要的原因是柬埔寨語屬於弱勢語言，如果以柬埔寨語的發展去壓制華文教育，對柬埔寨的發展並不利。反過來說，華人有辦法與外界溝通，則是會因此而受到肯定的。目前柬埔寨的華語學校就數量而言是足夠的，大部份的華人或多或少都會進入華校。而在華校學習一段時間，以確保華人子弟能夠使用華語聽說讀寫的能力，是絕大多數的華人家長會安排的事。但是到底在華文學校讀多久的時間為適當，則是各有不同，有的華人子弟華文完成小學教育就離開華校，也有不少華人子弟在華校完成中學教育。

　　接下來討論緬甸的情況，緬甸的國家語言是緬甸語，緬甸語是主要民族緬族的語言。緬甸之前是英國殖民地，在殖民地時代曾經有高水準的英語人才被騙出來。現在相對而言英語的高級人才明顯的減少了，當今緬甸仍保有相當程度的殖民地的文化影響，包含英語的語言能力。很多緬甸的公共場所也會設法同時使用緬甸語跟英語。在語言規劃上面緬甸到目前為止還是發展相對來講落後的國家，政府並沒有特別在語言的規劃上下功夫，也沒有在語言資源的投入上有任何比較具有實質意義的努力。也可以

說是東南亞語言支援弱勢的國家。

　　緬甸的華語文教育這有相當特殊的情況，首先是在上緬甸還保留了相當多的華語文學校，華語文的教育是許多華人共同的經歷，而反之在下緬甸，即以仰光為代表的地區，華人的僑生教育就沒有保留得很好，因此產生上緬甸跟下緬甸分離的狀態。就華文教育的發展而言，上緬甸雖然是在同一國家政策的影響，但是仍然有各自的華文教育的學校存在，其實以緬甸的國家政策而言，正規的華文學校教育並不合法，只是在上緬甸地區，以各種形式維持華文教育，政府並沒有嚴格管制。上緬甸的華文教育機構，基本上，是在一個政策模糊的狀態下存在，沒有一個清楚的法令說明到底緬甸的華語文是否可以合法，但也沒有說不能存在。所以很多年的時間就讓華語文教育在緬甸自生自滅，反而在上緬甸保留了一個可以生存發展的空間。下緬甸的華文教育機構，在 1960 年代發生 626 事件之後，其後在下緬甸華文學校很難生存，下緬甸的華人多已同化到緬甸人的生活方式裡面，出現越來越多只會緬甸話而不會講華語的華人。[36]

---

[36] 626 事件發生於 1967 年，起因為華人配戴毛澤東徽章，宣揚共產思想，引起緬甸軍政府對僑校進行全面接管後，6 月 26 日出現華校僑生靜坐抗議的情事，接著 27-28 日引發仰光市排華事件，事件延續一個多月，造成數十人死傷。

　　這種情況並不要覺得奇怪，因為緬甸是多民族的國家，華語文問題在緬甸是相當邊緣的問題。緬甸的主要問題之一是少數民族的問題。這裡所說的少數民族是指勢力上的弱勢，其實很多緬甸的少數民族，他們所佔領的地域相當大。在這種情況下華語文的教育是有空間的。緬甸的華人和其他國家不一樣，華校和緬甸文學校是共同並存的，學童通常在緬甸語學校上課前跟上課後到華語學校上課。有時候這樣的學習方式，讓緬甸的華人同時學習了兩種課程系統，如果能夠在緬甸的環境下生存下來，就成為最具溝通外界的本地人才。

　　緬甸過去並沒有將華語文當成是意識形態表徵的問題，即使是在衝突最厲害的 1960 年代，所謂的 626 事件看起來只是歷史上的一個插曲，並沒有用同樣的方式延續到後來的歷史。這有一部分原因，在於對緬甸而言，中國並非是他的宿敵，反倒是印度、巴基斯坦來的人，對於緬甸來說，造成的威脅感比較嚴重。緬甸華人在這樣的條件下，其實發展華語的空間還是足夠的，由於緬甸的族群眾多，使用各種不同語言的情況也很多，當地人並不會特別排斥華人使用華語文。只是在緬甸目前的狀態，投注在語文教育方面的資源仍然太少，因此要關注、討論語言資源如何投入緬甸。

在目前緬甸的新的轉變裡面，已經將華語文視為是重要的經濟支援，這主要的原因，是現在目前經濟開放的狀態，目前到緬甸卡位的許多外商，其實都是使用華語文，其中有台商、陸商、港商以及新加坡商人，此外也有馬來西亞商人等，共同都會使用華語文。對於語言作為經濟發展的工具，緬甸語有相當的條件，主要原因是緬甸本身也被認為是弱勢語言，如果要和外界有比較好的溝通與接觸，必須要有英文或中文能力的華人來協助。此外，如同前述所言，緬甸的唐人街基本上在市中心區，是文化上的一個代表。近年來緬甸出現了許多大專院校，對於發展各種實用型的專業相當有興趣，也是華語文教育發展的契機。

僑生教育與語言政策

在前面的討論中，分別就東南亞各國的僑生教育加以分期，然後討論語言政策的思考面向，並且針對其對於東南亞的僑生教育或是華語文教育可能產生的影響，加以討論。然後討論各國的僑生教育在這一段時期的轉變，我們可以看到，東南亞各國雖然歷史不同，但是華語文教育在當地的發展有類似的轉變過程，而到了現代，影響各國調整語言政策的動力趨於一致，因此發展的歷程有殊途同歸的現象。

在討論東南亞各國的僑生教育的歷史分期，本文提出來，第一個時期是第二次世界大戰結束以前，可以視為東南亞僑生教育的發展期，主要的背景是身為歐美殖民地的東南亞，華人被視為定居當地的外人，因此以華校辦理僑生教育。第二個時期是第二次世界大戰 1945 年結束後，可以視為東南亞僑生教育的蓬勃期，第二次世界大戰之後，華人的民族主義意識強烈，都將子女送到東南亞各國的華校。第三個時期是東南亞國家建國時期，可以視為僑生教育的再定位時期。這段時間是東南亞各國民族主義情緒最高漲的時期，去殖民主義及獨立建國成為這一段時間最重要的課題。第四個時期是 1990 年之前的冷戰時期，僑生教育受到壓抑的時期。在冷戰時期，所有東南亞國家都捲入意識型態的紛爭，反共與親共是這些國家都遭遇到的政治抉擇。第五個時期是後冷戰時期，可以視之為僑生教育的復興時期。1990 年冷戰結束以後，各國的語言政策終於從意識型態的紛爭中鬆綁，語言不再被視為思想或特定族群的工具，各地的華文教育也從原來的僑校慢慢轉變成為現今的華校教育。

在東南亞發展歷史中發揮重要影響的語言政策，從時代的軌跡來看，也就是有殖民主義、中國民族主義、東南亞民族主義、共產主義以及現代資本主義的發展，因而產生重要的分期和影響。在具體的語言政策重點中，本文逐一從國家語言政策、外語政策、族群語言政策、教育語言政策、語言意識型態、語言態度、

語言規劃、語言資源投入、語言經濟及語言文化資產等不同課題
進行討論，這些課題都深深地影響了東南亞國家的僑生教育與華
語文教育的新面貌。

　　關於東南亞各國的實際情況，我們需要仔細地去理解各國不
同的國情，並且掌握當地國對相關語言課題的想法。東南亞的華
人人口龐大，是發展華語文教育的重要資產，在現代的發展局勢
下，雖然無法再以過去的僑生教育的型態來看待，但是僑生教育
的基本需求不會消失，只是型態會隨時代有所改變。目前可以確
認的是，當語言能力被視為東南亞區域內的重要資產時，對於東
南亞華人是十分有利的因素，具有多語能力的東南亞華人，就是
當地與世界重要的聯結因素，東南亞地區的華語文教育相信會持
續進一步發展，我們在整理回顧過去之後，更要掌握現況以展望
將來。

参考文獻：

Brann, Conrad M. B., "The National Language Question: Concepts and Terminology." *Logos*, University of Namibia, Windhoek, 14:125–134, 1994.

Coulmas, Florian, Language and Economy. Oxford: Blackwell, 1992.

Haug, Werner, "Ethnic, Religious and Language Groups: Towards a Set of Rules for Data Collection and Statistical Analysis". *International Statistical Review*, 69(2): 303-311, 2001.

Kachru, Braj B., Yamuna Kachru, and Cecil L. Nelson, eds., *Handbook of Educational Linguistics*. Malden, MA: Blackwell, 2008.

Kijko, Maciej, "Language Culture Communication", *Journal of Applied Cultural Studie*s, 2:145-160, 2016.

Krasniqi, Kadri, "The Relation between Language and Culture". Linguistics and Literature Studies, 7(2): 71-74, 2019.

Kymlicka, Will and Alan Patten, "Introduction: Language Rights and Political Theory: Context, Issues and Approaches." In Will Kymlicka and Alan Patten (eds.), *Language Rights and Political Theory*, Oxford University Press, 2003, pp.1-51.

Spolsky, Bernard, *The Cambridge Handbook of Language Policy*. Cambridge: Cambridge University Press, 2012.

Storey, Ian James "Indonesia's China Policy in the New Order and Beyond: Problems and Prospects". *Contemporary Southeast Asia*, Vol. 22, No. 1, pp. 145-174, 2000.

Woolard, Kathryn, *Language Ideologies: Practice and Theory*. New York: Oxford University Press, 1998.

Zein, Subhan, *Language Policy in Superdiverse Indonesia*. New York : Routledge, 2020.

卓宥佑(Jureynolds),〈印尼三語學校華語教學現狀調查與分析〉。《国际汉语教育(中英文)》,4(2):30-41,2019 年。

林水檺,〈獨立前華文教育〉,林水檺,何啟良,何國忠,賴觀福合編,《馬來西亞華人史新編》,第二冊。吉隆坡:馬來西亞中華大會堂總會,1998 年,頁 223。

楊聰榮,〈轉捩點:五月暴動在印尼華人史上的意義〉。《印尼焦點》(Indonesia Focus),12 期,2003 年,頁 26-29。

第三章

印尼華語文教育的轉折：
華文禁令到華文解禁

　　本章論文旨在討論印尼長達 32 年的華文禁令，以及華文禁令的成因與華文禁令解禁的歷史轉折。印尼的華文禁令是由 1966 年到 1998 年，禁止華語文的書面語，正好是涵蓋在印尼第二任總統蘇哈托的任內，是值得探究的問題。我們要探索這個發展過程，並分析從禁令到解禁的意義。包含三個部分，第一部分是歷史回顧，回顧印尼華語文教育的歷史，指出華語文禁令在印尼現代史的位置，以及華語文教育和印尼國家民族主義的衝突與矛盾，分析印尼華語文問題和華語文禁令的歷史形成，除了參考東南亞華人史的資料，也希望參考印尼西現代國家歷史發展的視角。第二部分是 1990 年代的新發展，這個部分的資料主要是根據筆者在 1996 年 10 月到 1997 年 4 月之間在印尼的田野調查工作及調查後的分析。第三部分提出一個分析架構，把歷史形成與最新發展放在東南亞國家與語言教育的關係脈絡中，探詢此發展趨勢可能包含的意義。

華文禁令與印尼華語文教育的定性

　　印尼的華語文問題是個獨特的問題，就全球的角度來說，以廣義的華語文做為第一語言的人口高居世界第一，中華人民共和國(以下簡稱中國)的標準漢語也是聯合國指定的法定工作語言之一，世界各主要國家多視華語文為重要的外語，少有國家明文禁止華語文，印尼卻自從 1966 年開始實施華文禁令，取消華語文教育，並明令禁止華文出版品在境內出版、印刷或販賣，迄今已經超過 30 年。

　　印尼曾經是華語文教育最發達的地方，康有為旅行南洋提倡新式華文教育是在當時還是荷屬東印度的印尼得到支持與呼應，1900 年在現今印尼首府雅加達出現的中華學校是南洋現代華文學校的起源。戰後印尼獨立之後，華校的數量最龐大人數最多也是在印尼，然而 1958 年關閉部分華校、華文報紙，1966 年以後就全面禁止華語文教學，華文報紙全部取消，而僅剩下一份由軍方主辦，半華文半印尼文的印尼日報，華文印刷品不得進口、販賣及流傳，這樣的政策持續了相當長的時間，一直到 1998 年之後印尼開始民主化，又經過一段時間的討論才有所改變，可以說禁止華文的政策差不多到維持二十世紀末，經過三分之一個世紀。

　　就海外華人觀點而言，印尼是華裔人口最多的國家，[37]也是採行同化政策的國家，位於首都雅加達的班芝蘭，是世界少有的全然沒有華文招牌的唐人街。就東南亞國家的歷史發展來說，雖然東南亞各國在戰後獨立，或多或少都曾有限制華語文發展的政策，但是隨著冷戰秩序的解除都已經放寬，然而印尼的華語文禁令不僅僅是涉及華裔少數民族的問題，而且牽扯上整個國家政治發展的歷史，全面禁止華語文教育是 1965 年 930 事件後，[38]軍方出身的蘇哈托總統上台所建立「新秩序」政體合法性的一個環節，政策考量所牽涉層面甚廣。從這幾個層面來看，1990 年代的新發展值得特別關注。

　　1990 年代的新發展有兩個不同方向的趨勢，一方面華文禁令開始放寬，1994 年印尼政府宣佈放寬華語文教學及使用的範圍，與旅遊業相關的範圍內可以教授華語文，此一政策的宣佈被視為禁華政策放寬的開始，唯有禁止華語文的基本政策仍維持不變，另一方面，華裔族群的整合問題變得更為引人注目，由於涉及貧富懸殊等社會問題，在印尼仍然是個敏感而醒目的問題，使得華

---

[37] 這主要是參考 Leo Suryadinata 出版的對東南亞全境華人的總合性研究所提供的數據所做的歸納，詳見 Leo Suryadinata, "Southeast Asian Chinese Society and Culture: An Introduction". Leo Surdadinata ed., *Southeast Asian Chinese: The Socio-Cultural Dimension*. Singapore: Times Academic Press, 1995.

[38] 930 事件是指發生在 1965 年 9 月 30 日的一場未成功的政變，這個政變是印尼獨立後一個重要的轉折點，之後蘇哈托將軍趁勢崛起，成為第二任總統，開展了一個新的時代。

語文問題更為複雜。

印尼華語文問題的歷史形成

在印尼這個國家,近百年來華語文的發展經過幾個戲劇性的轉折,曾經一度是東南亞華語文教育最發達的地區之一,到了 60 年代施行華語文禁令後,令華語文教育從炫爛歸於寂靜,其中的曲折與起伏,與印尼近代民族國家的發展息息相關,要理解其中的曲折,除了參考東南亞華人史的資料以外,也必須放在印尼近現代史的脈絡來理解。尤其是華文禁令,主要導火線雖說是印尼共產黨的流產政變,如果從更長遠的歷史眼光來看,其中有更深刻的因素,即是印尼的國家民族主義。

就海外華人舊式私塾學堂的歷史而言,荷印時期的印尼就顯得十分突出,最早的記錄在 1690 年 6 月,在荷印巴達維亞[39]已經由華人甲必丹[40]郭郡觀建立醫院時附設義學名為明誠書院,1729 年巴達維亞華人孤貧養濟院開辦義學,1775 年華人雷珍蘭(荷語 Luitenant)[41]高根觀設立明誠書院及南江書院,1787 年設明德書院,皆屬於義學,早在新加坡開埠。由於荷屬東印度的首府巴達

---

[39] 巴達維亞(Batavia),雅加達老城,舊市中心地區。
[40] 甲必丹,荷語 kapitein,指荷蘭殖民時期的華人事務長官,通常由華人擔任。
[41] 雷珍蘭為 1678 年荷蘭所設置的頭銜,為較甲必丹低一階的僑領,輔佐管理當地華僑事務。

維亞開埠較早，華人聚集多，因此有長期的辦學傳統，直到新式教育建立以前，在 1899 年荷印華人學塾共有 369 所，其中爪哇 217 所，外島 152 所，學生總數達 6622 人。教學多以《三字經》、《四書》《五經》等為主，教學語言為家鄉母語。

1898 年清朝戊戌維新失敗後，康有為到南洋各地鼓吹設立學校，被認為是東南亞現代華語文教育的開端，他曾到星馬訪問，到訪巴達維亞之後，巴城華人領袖響應尤為熱烈，於 1900 年 3 月成立巴城中華會館，積極籌設華人正規學校，於 1901 年 3 月 17 日正式成立中華中學，位於巴城八帝貫街（Petekoan），人稱「八華」，是為最早的現代華語文教育。[42]隨後荷印華人紛紛響應，兩年內在爪哇島上的丹那望（Tanah Abang）、文登(Tangerang)、茂物(Bogor)、萬隆（Bandung）、井里汶(Cirebon)、三寶瓏(Kota Semarang)、北加浪岸（Pekalongan）等地都設立了華校。此時印尼仍為荷蘭的殖民地，稱為「荷屬東印度」或簡稱「荷印」，荷蘭殖民當局對教育似乎不算重視，中小學的數量遠低於東南亞相鄰地區，華人除了進荷蘭文學校就讀以外，華人必須自己組織教育。巴達維亞的華文教育有其特性，華文學校採用多語教育，除了華文之外，荷蘭文、英文和馬來文都是主要的語言，這是因應環境需要而產生，直到現在，即使華語文不允許被教授，但重視英語

---

[42] 見 Nio Joe Lan, *Riwajat 40 Taon dari Tiong Hua Hwe Koan Bataria,* 1900-1939, Batavia: Tiong Hoa Hwe Koan, 1940. 這是巴城中華學校四十週年紀念。

教學的傳統卻在華裔社群以及華人主持的學校維持下來，華人族群仍是產生多語人才的族群。從東南亞華人歷史的角度來看，巴達維亞的華文教育不但開始最早，而且根基也好，巴城的華人經商為多，也願意為教育捐輸。[43]

　　第二次世界大戰前荷印的華文教育持續發展，據統計 1941 年荷印的華校共 502 所，學生約有 65,000 人，分佈各島，爪哇島的華文學校仍是最多，有 241 所，然而荷印境內規模最大的華校應屬棉蘭(Kota Medan)的蘇東中學，共有 8 所附屬小學。日本占領印尼期間(1942-1945)，華文教育系統大體仍舊維持，反而因為荷蘭文學校的關閉，使得部分學生轉到華文學校。戰後印尼獨立革命(1945-1949)，荷蘭文在印尼很快式微，華語文更加抬頭，戰後十幾年的時間是印尼華語文教育的黃金時期，各地都有華文學校，即使是土生華人也熱心教育，過去土生華人父母多半將子女送到荷文學校，戰後荷文學校取消，華人子女進入華語學校的比例因而增加許多。[44]在 1948 年的統計，全境共 621 所華校，學生 141,600 人。到了 1957 年，共計 1669 所華文學校，學生共約 450,000 人，是印尼華文教育的鼎盛時期，這種規模可說是當時海外華人教育中最具規模的國家。

---

[43] 陳國華，《先驅者的腳印----海外華人教育三百年》。Canada: Royal Kingsway Inc, 1992 年。

[44] 中原大學應用華語文學系主編，《印尼華文教育與教學》。台北:秀威資訊科技，2006 年。

　　然而華文鼎盛的情況卻在幾年內灰飛煙滅，印尼全面禁止華語文教育在 1965 年 9 月 30 日發生共產黨政變後制定，印尼政府相信那次流產的政變是北京在幕後支持，但遭到北京出面否認。這次事件可說是印尼近代歷史上最重大的分水嶺，獨立以來僅有的兩任總統蘇卡諾(Soekarno)與蘇哈托(Suharto)，就是在事件後完成權力轉移，之後幾年的動盪期間，據信有幾十萬人被殺，華裔人士有部分牽涉其中，部分則因此離開印尼。新任總統蘇哈托掌握局面，開始了「新秩序」(Orde Baru)時代，華語文禁令即是在這樣的社會背景下產生。政變失敗以後，共產黨被上台的軍方認定為是國家最大的威脅，北京和雅加達隨即交惡，中國被視為不友善國家，華語文禁令在 1966 年下達後，即關閉所有華文學校，校舍及設備全部沒收。

　　華語文禁令除了因當時華語文和共產主義被連繫在一起，也是印尼當局對於華裔採行同化政策的具體實踐，後來全面禁絕華文出版品，禁止進口、販賣和散佈華文出版品，禁令後來得到立法通過，在執行上更加嚴格，連招牌、港台電影的宣傳，甚至流行歌曲卡帶內附的歌詞也不得出現任何方塊字。華語文禁令夾雜著對華人的憤怒情緒，有時候不免有執行過當之處，早期甚至有郵局拒絕發送有方塊字姓名地址的郵件，進口郵包經常被打開檢查，中文書刊一經發現便立即沒收。筆者曾經聽過一名德國駐雅加達官員私下表示，進口的德文雜誌被逐頁檢查，有照片拍到漢

字或者廣告頁出現漢字便被撕去,有些漢字其實是日文字,也一律被撕毀。這類情況在 1990 年代末期已經開始調整,但是郵包檢查依舊,華文書刊仍不容易寄到印尼境內。

　　華文禁令顯然得到民間極大的支持,930 事件是一個歷史的大轉折,站在支持新秩序的一方,中國的共產革命輸出政策,使他們產生國家受欺侮的情緒反應,因而遷怒於當地的華籍外僑及其所使用的語言。根據筆者的訪問,1960 年代到 1970 年代期間,在爪哇許多華人都有在公共場所用華語、福建話、客家話交談,而被憤怒的民眾干預的經驗。導致許多 1940、1950 年代才到印尼的中國移民,因為印尼語不夠流利,身在公共場所寧願不說話。這種情緒固然可說是 930 事件直接影響所及,然而華語文禁令背後實有更深遠的歷史情結,才會受到廣大的支持或接受。

　　如果從印尼的國家民族主義的立場來看,1928 年的青年誓詞(Sumpah Pemuda)的口號即是「一個國家,一個民族,一個語言」("Satu Tanah-air, Satu Bangsa dan Satu Bahasa"),可以說是印尼國家民族主義的精神核心,此精神核心除了解除荷蘭殖民主義的枷鎖之外,意圖整合區域內各民族也是重要的內涵。在印尼獨立前後,印尼華裔移民的人口結構中,土生華人(peranakan)的人口所佔的比例極高,土生華人多半是印尼語流利,早期有不少土生華人都是雙語或是多語人才,他們是印尼國家民族主義所極欲整合的對象,在 1945 年爭取獨立之初的憲法中,已經有接納其為印尼公民

的條文，[45]印尼的建國目標一開始就希望將各族裔融合為同一民族，當然包括這些外裔人口及其後代，這個目標和戰後印尼華人意識的發展方向不同，因此已為未來的衝突留下伏筆。[46]

從這個角度來看，自從印尼自荷蘭手中接掌政權之後，就開始對印尼的華文教育系統採取緊縮政策：1950 年取消荷印時代對華文學校的補助；1952 年頒佈外僑學校監督條例，管制外僑學校的教學內容，規定印尼語文為必修科目；1957 年公佈監督外僑教育條例，不准取得印尼國籍的華裔子弟進入外僑學校就讀；1958 年軍方下令關閉右派華文學校，接管校產；到了 1966 年則是關閉所有華文學校。[47]這一連串的舉措都反映了印尼整合國家內部的強烈意圖，用以邁向單一語言的民族政策。就以印尼語凝聚國家統一團結，並非單單針對華裔，如今印尼境內的各族裔語言，除了爪哇語以外都快速地流失，新一代都改用印尼語溝通，即是此一政策的結果，就長期來看，印尼語將成為各族裔的第一語言，毋庸置疑。

---

[45] 1945年憲法第10條26款所述，外裔移民可依法成為印度尼西亞公民，見UUD 1945, Bab X pasal 26 "yang mcnjadi Warga Negara ialah orang-orang bangsa Indonesia asli dan orang-orang bangsa lain yang disahkan dengan Undang-Undang sebagai Warga Negara."

[46] 在官方或半官方機構的材料中都強調這一點，詳見 Badan Koordinasi Masalah Cina-Bakin, *Pedoman Penyelesaian Masalah Cina di Indonesia*. Jakarta: Badan Koordinasi Masalah Cina, 1979. p: 15.

[47] Leo Suryadinata, "Indonesian Chinese Education: Past and Present." *Indonesia*, 14:49-71, 1972.

　　就華語文的使用而言，則有例外的地方，一是在宗教方面，由於印尼強調宗教自由，少數宗教團體仍然保留一部分使用華語文的聚會，如果不散播到外界，受到的干擾並不大，但是參與人口已有老化的跡象。出版品方面也有例外，唯一可以存在的是「印尼日報」(Harian Indonesia)，這是一家由軍方主控的華文印尼文雙語日報，有軍方發給的特許准字，其中的華文消息主要是從印尼國家通訊社安塔拉社的新聞稿譯出。另外有一版創作園地，小小的版面卻成了維繫印尼華文寫作命脈的唯一管道，現在幾位還能夠以華文創作的年輕一代，都是從這片小天地成長出來。在華語教育中斷了 30 年之後，新一代的華裔日常全部以印尼語溝通，加上印尼推行公開的全盤同化政策，四、五十歲以下的華裔青年所受的教育和其他土生印尼人(pribumi)[48]並無二致，華語在年輕一代中迅速消逝。其中也有少數特殊機緣者，例如到國外求學時進修過正規華語課程，其中有不少人是在台灣、香港和新加坡接受教育，整體來說，印尼華人會華語者可說是麟毛鳳角。

---

[48] 1998 年在反華暴動之後，前總統哈比比頒布法令，禁止使用 pribumi（土生印尼人）和 non-pribumi 來區分種族， non-pribumi 在當時有外來者之意，容易造成族群分裂。本文以下將使用「印尼人」一詞來替代本土印尼人。

1990 年代華文禁令開放前的新發展

1990 年代開始，情況有了轉機。最明顯的政策改變是 1990 年印尼和中國恢復正式的外交關係，由於外交關係的舒緩，使得印尼內部的族群緊張關係也慢慢調整轉變。[49]其後在 1994 年 8 月印尼政治與治安事務協調部長宣佈，放寬華文的使用範圍。究竟政策的開放帶來的改變如何，由於禁止華語文的基本政策尚未開放，許多活動介於合法及非法之間，難以透過正式的管道取得資訊，主要還須透過訪談取得資訊，筆者在印尼進行其他主題的田野訪談期間，順道訪問不少家庭、私人家教和公私立機構等，雖然客觀條件上不容許作較全面性的調查訪問，但所得的材料應該已經足以說明 90 年代華文禁令開放前的整體性變化。

1994 年局部放寬華文禁令，其主要的措施集中在旅遊的範圍，具體的措施包括各旅館、旅行社等可以印製華文手冊，可以辦理華文補習班，以培訓旅遊業華文人才等等。這些措施雖然只是一小步，卻被認為是政策放寬的開始，就印尼的政治風格來說，確實可以這樣的理解，一般認為爪哇人的性格堅忍委婉，以爪哇人為主的印尼政治也表現出同樣的風格出來，長期的政策要調整通常要經過些委婉曲折的過程，這種小局面的放寬不致引起太大

---

[49] Michael Williams, "China and Indonesia Make Up: Reflections on a Troubled Relationship". In Special Issue on the journal *Indonesia*: The Role of the Indonesian Chinese in Shaping Modern Indonesian Life, 1991.

的質疑，卻傳遞出一個清晰的訊息。

至於官方正面鼓勵華語文的教學，在 1996 年 6 月 15 日「華文教師進修班」的舉辦中得到明證，這是由文化部委託達爾瑪‧佩薩達大學(Universitas Darma Persada)和印尼發展旅遊教育基金會(YPPPI)共同主辦，參加首期進修班的學員共有 115 人，根據報導報名十分的踴躍，三天內即已額滿，這種活動主要的目的應該是在取得執照，學員得到合法的執業証書，以後即可擔任華文教學工作。[50]活動所透露的訊息似乎很明白，首先，本所私立大學是由軍方人士主持，校長尤其是長期主持對華人政策的有力人士，顯示印尼當局不再把華語文視為洪水猛獸，但是活動宗旨仍是清楚定位在促進旅遊或是貿易方面，華語文仍然是受管制的對象。

民間的後續反應顯得更加熱烈，首先是華文補習班開始發展，名目種類有漢語會話班、旅遊班、商貿班以及翻譯班等，已經可以到公開做廣告的地步；報刊上則出現了代辦新加坡寄宿生的廣告，明眼人都明白這是家長考慮送子女到新加坡就讀，一方面距離較近，另一方面因為可以提供英語華語的雙語教學，使得送子女到新加坡大為熱門；而在雅加達的唐人街班芝蘭地區，對各類華文報章的販賣顯然是睜一眼閉一眼，在購物商場的錄音帶專賣店不難找到港台的流行歌曲，書店也出現了以印尼語學習華

---

[50] 小沈，〈破天荒的第一次！首期華文教師進修班圓滿成功〉。《印尼與東協》，57(7):18-22，1996 年。

語文的書刊或字典，這些現象反映出政策鬆動的結果，一般而言，雖不大張旗鼓，但是已經不再懼怕公開陳列或廣為周知。

在華語文補習班方面，根據曉彤的描述，「華文補習班如雨後春筍，到處林立，不少家長都鼓勵子女課餘補習華文。一些大企業家為提高員工的華文能力，也請老師私下教導。」[51]筆者自己的觀察，過去用補習的方式來學習華語文仍然以小班或家教班的型態居多，真正能提供正規教學的地方，是華文補習班，從這個時期開始如雨後春筍，到處林立，不少家長都鼓勵子女課餘補習華文。一些大企業家為提高員工的華文能力，也請老師私下教導。可見政策雖然開放，過去那種偷偷摸摸學華語文的心態一時無法去除。另外，筆者曾走訪不同宗教團體，發現有些宗教團體在最近兩年開辦了華語班，都是在感到政策放鬆之後，開始考慮給下一代華語文教育的機會，但是當時多半處於剛開始階段，尚在摸索嘗試。

這種型態的華語教學在效果上打了很大的折扣，筆者訪問過幾位以家教華文為副業的老師，有過去曾經受過華文教育的長者，也有台商的眷屬，或是曾在海外留學者（主要是台灣或新加坡），一般表示學生的預期不高，多半視學習漢字為畏途，只要能

---

[51] 曉彤，〈印華文學的滄桑〉，曉彤、馮世才編，《沙漠上的綠洲》。新加坡：島嶼出版社，1995年。

學一些基本會話就滿足了。至於學生方面，來自中國新移民和土生華人家庭的小孩都有，更多的情況是家長不會華語，反而熱心讓子女學習華語文。也有一部分印尼人學生學習華語，家長多半是財團成員以及有軍方背景的人。

筆者訪問過十幾位家長，甚至有將子女送到新加坡的家長，一般而言，多數的年輕父母已經都以印尼語和子女溝通，許多年輕父母其實連基本的華語會話能力都沒有，反而有些家長因此產生更強的動機。就動機而言，許多年輕家長都提到華語文運用上的利多，認為華語文的前景可期，他們也提到年輕一代已經習慣以印尼語溝通，如果在印尼居住，則華語對他們並不重要，如果想在商業發展英語反而更重要。我們看得出這一代的青年人更容易用學習華語文主要是商業利益的考量來表達其對於華語文的能態度。族裔認同的因素雖然也有，但在年輕的一代中已經不具有重要性。根據筆者的觀察，對於子女在華語文教育上的投資，祖父母輩的態度似乎更為重要，年輕的父母多忙於事業，對子女的教育多遷就現實，反而是祖父母一代更為關心，幾位將子女送到新加坡求學的家長，多是應祖父母一代的要求。

然而就正規的大學教育而言，首都有三間大學的文學院有開設漢語相關學系，即國立印尼大學（Universitas Indonesia, UI）、私立達爾瑪‧佩薩達大學（Universitas Darma Persada）、私立印尼埃薩‧翁古爾大學（Universitas Indonesia Esa Unggul），這三所大學

學習華文的學生，大部分是印尼人的子弟，所用教材由北京供給，學制分三年及四年制。其中以國立大學最為正規，目前印尼人中能以中文從事研究工作者，不超過十人，幾乎都是由印尼大學培養出來。筆者訪問過上述大學的華語文學系，當時多位老師表示，華語教學的師資奇缺無比，他們都有許多在外兼課的機會。筆者也訪問了幾位正在國立大學就讀中文的印尼學生，顯然他們也多能感受到華語在印尼的前景，尤其是在經濟領域方面，準備畢業後在商場上努力。

整體來說，華文解禁前在印尼已經出現令人期待的華語文榮景，原因是由於 30 多年的華文禁令使得年輕一代整體華語文的水準太低，出現相當大的進步空間，即令印尼完全沒有華裔的問題，一個兩億人口的大國，僅有一個國立大學有漢語課程，華語文人才的確是不足夠，而目前湧入印尼投資的外商中，來自台灣、香港、新加坡和馬來西亞的資金分別占據前幾名，預料未來和中國的商業往來也會增加，所需的華語人才不足夠已經是顯而易見。

當時的政策雖然不明朗，但是政策的考量重點已經從過去對於共產主義的恐懼轉移開了，雖然一直到 1996 年為止，印尼政府對待反對派仍以共產主義為罪名進行控訴，但是以印尼整體資訊開放的程度，這個因素不會再扮演同樣的角色，同時和中國建交以後，各方面的交流都在增加，到 1997 年為止並沒有負面的評價出現，加上馬來西亞一馬當先，積極和中國發展經貿關係，因此

情況已經和過去大不相同，由於中國和印尼的各種經貿文化的交往一再增加。[52]當時對華語文政策的考慮，主要在內政方面，即族裔關係的考量。

一位負責族群整合事務的政府高級官員，Bakom-PKB 的主席 Juwono Sudarsono 在 1997 年 6 月回答記者問題時表示，禁止華文出版品的禁令目前不會也不應該被取消，只要經濟上的不平衡依然顯著，會造成民眾誤解而引起族群緊張關係的舉措應該避免。他明白指出族群關係仍然是主要的考慮因素。[53]他表示「SARA 問題仍然是十分敏感的」。SARA 是指族裔、宗教、種族和集團之間的問題。然而即使華文禁令已有放鬆的跡象，而且雅加達和北京間關係已經越來越緊密，Juwono 仍然認為華文禁令仍有必要存在。他說「國內的政治穩定始終是最重要的。」當他被問到華文禁令是否和共產黨的威脅互相連繫，他很快回答說，「這不是共產黨的議題，而是 SARA 的議題，許多印尼人可能會十分擔憂中華文化的影響可能會隨之變強。」他甚至明白表示，「我們應該逐步改進，如果稍後在經濟上，富者與窮者關係改善，華文禁令才可以考慮放鬆。」

---

[52] 周聿峨、陳雷，〈轉變中的印尼華文教育〉，暨南大學華僑華人研究所，頁 1-6，2003 年。

[53] Bakom-PKB 是政府支持的機構，其宗旨為促進各族群間的整合，主要是處理華裔族群和原住民之間的問題。參見 Ian James Storey, "Indonesia's China Policy in the New Order and Beyond: Problems and Prospects". Contemporary Southeast Asia, 22(1): 145-174, 2000.

　　這種說法顯示就華裔和印尼人族群關係的性質而言，和過去相比已經有所改變，從過去的國家民族主義問題轉而為貧富懸殊的社會問題，在印尼社會中一直存在反財團的情緒，有時會轉為反華裔的情緒。[54]以 90 年代印尼社會所發生的衝突和暴動為例，許多情況下，華人產業仍然是暴動中易受攻擊的目標，惟性質和過去針對華人的暴動不盡相同，例如 1994 年的棉蘭(Medan)暴動，起因是由於工潮所引起，衝突是由工人代表和蘇北省政府之間的矛盾所引起的。1996 年發生多起暴動，引發衝突的議題亦多不相同，有政治上因反對黨的內鬥所引起的，宗教上有伊斯蘭和基督教的衝突，族群上有馬都拉人和達雅人的衝突，由於華人產業目標明顯，常常成為參加暴動的民眾臨時起意的目標，一般印尼的輿論多以為是貧富懸殊所造成的不平衡心理所致。[55]

　　就 1990 年代華裔族群的情況來看，我們同時得到兩個不同方向的發展趨勢，一方面族群的關係不再像是過去國家民族主義高漲時期緊張而且僵化，由於經濟發展的需要，大量華商台商資金湧入，華人和中華文化不再被視為威脅，另一方面華人問題卻顯得更加顯著，華人企業家的資產引起了報刊媒體高度關注，1996

---

[54] 這方面的討論很多，參考 Alumni Margana, Buku Putih Tempo: Pembredelan Itu. Jakarta: Tempo, 1994.

[55] Markus Rani, Anthon P Sinaga, Ronald Ngantung, Rekaman Peristiwa 1996. Jakarta: PT Media Interaksi Utama dan PT Pustaka Sinar Harapan, 1997. 這本 1996 年的大事記中，幾場暴動構成了 1996 年最重要的事件，可說是多事之秋，但似乎引發的理由都不盡相同。

年到 1997 年期間多起暴動中，華人的產業遭到搶奪，族群問題可說是依舊敏感，仍是難解的問題。[56]這種情況下使得華語文問題更形複雜，以當時的局面來看，對華語文進一步的開放政策是可能的，因為國際局勢的變化讓華語文禁令變得不合時宜，而且在執行上也有很大的困難。然而恢復舊觀也是不可能，就政策而言，由於新秩序的政治結構沒有改變，沒有任何要大幅調整的需求，同時華裔問題對執政當局而言仍需戒慎恐懼，不同方向的訊息，使得華人感覺有一些改善空間，也使得一部分過去努力融人主流社會的華人感到迷惘。因此華語文禁令在 1990 年代沒有一下子完全放寬，即使放寬也不會只讓華人來主導相關活動或機構的發展。

印尼的華語文問題

本文就印尼的華語文問題進行探討，先由歷史回顧，討論在印尼這塊土地上曾經有的燦爛與沈寂，然後分析印尼對華語文禁令的歷史成因，再就 1990 年代華語文解禁前的新發展做評估，然後從東南亞國家的趨勢來探討，以對問題有不同層面的瞭解。在從印尼現代國家歷史的分析來看，華文禁令因涉及 930 事件後新秩序的建立，加上印尼國家民族主義的思想傳統，成因複雜，不

---

[56] Tan, Mely G., "The Ethnic Chinese in Indonesia: Issues and Implications." In Leo Surdadinata ed. Southeast Asian Chinese: The Socio-Cultural Dimension. Singapore: Times Academic Press, 1995.

易調整。然而在 1990 年代卻有新的進展，局部開放了華語的使用，使得華語的學習開始復甦，惟華裔族群與印尼人的族群關係卻仍舊敏感。

就東南亞華語教育分別提供分析歷史以及新發展的架構，並以此分析印尼華語文問題的過去及現在，並認為應以不同的觀點來看待新發展，視華語文為文化資本，可能比較適合華語文在東南亞的發展方向，由於亞洲經濟的蓬勃發展，有了新的契機，華語成為跨國企業經濟活動的重要語言。[57]由於區域經濟的發展，東亞和東南亞的來往互動很頻繁，貿易商經常在各東南亞國家進出，在跨國企業工作的人都隨時有可能調到另一個國家工作，由於東南亞各地都有華語人口，隨著華裔商人在區域內的成長，華語在工商業的實用性增加也可預見。

即使如此，華語文教育必須在現代東南亞國家的架構下運作的情況仍然要清楚考慮，華語文問題至今仍然難以認為已完全解凍，各國仍小心翼翼，即使是在星馬地區也仍是敏感問題，不時仍然會造成問題，在新加坡提倡華語的反對黨人士就曾被指為「華族沙文主義」；在馬來西亞，華教人士可能被剝奪民權，甚至被逮捕拘禁。在這種情況下，如何利用這個契機，確保已有的成果，在東南亞現代國家的條件下，必須仔細分析華語文在各國發展的

---

[57] Adam Schwarz, *A Nation in Waiting: Indonesia's Search for Stability in the 1990s*, Boulder: Westview Press, 1994.

歷史成因，並對各國做為新興現代國家的基本情勢和思惟方式做出分析，才不致於失之過於樂觀或是一廂情願。考慮族裔關係和國家整合方面，華語文在某些國家仍是敏感的問題，這些國家都有強烈的文化？國家民族主義，我們不可能期望這些國家，會邁向多元文化主義國家的發展道路，對華語文教育會開放到完全不干涉的地步，那麼如何發展符合各國國情的方案，能夠讓當地國政府與民眾接受或理解，發展出適合各國情況的架構，就成為值得再思考深究的課題。

參考文獻：

Badan Koordinasi Masalah Cina-Bakin, *Pedoman Penyelesaian Masalah Cina di Indonesia.* Jakarta: Badan Koordinasi Masalah Cina, 1979.

Margana,Alumni, Buku Putih Tempo: Pembredelan Itu. Jakarta: Tempo, 1994.

Nio Joe Lan, Riwajat 40 Taon dari Tiong Hua Hwe Koan Bataria, 1900-1939, Batavia: Tiong Hoa Hwe Koan, 1940.

Rani, Markus, Anthon P Sinaga, Ronald Ngantung, Rekaman Peristiwa 1996. Jakarta: PT Media Interaksi Utama dan PT Pustaka Sinar Harapan, 1997.

Schwarz, Adam, A Nation in Waiting: Indonesia's Search for Stability in the 1990s, Boulder: Westview Press, 1994.

Storey, Ian James, "Indonesia's China Policy in the New Order and Beyond: Problems and Prospects". Contemporary Southeast Asia, 22(1): 145-174, 2000.

Suryadinata, Leo, "Southeast Asian Chinese Society and Culture: An Introduction". Leo Surdadinata ed., *Southeast Asian Chinese: The Socio-Cultural Dimension*. Singapore: Times Academic Press, 1995.

Suryadinata, Leo, "Indonesian Chinese Education: Past and Present." *Indonesia*, 14:49-71, 1972.

Tan, Mely G., "The Ethnic Chinese in Indonesia: Issues and Implications." In Leo Surdadinata ed. Southeast Asian Chinese: The Socio-Cultural Dimension. Singapore: Times Academic Press, 1995.

Williams, Michael "China and Indonesia Make Up: Reflections on a Troubled Relationship". In Special Issue on the journal *Indonesia*: The Role of the Indonesian Chinese in Shaping Modern Indonesian Life, 1991.

小沈,〈破天荒的第一次！首期華文教師進修班圓滿成功〉,《印尼與東協》,57(7):18-22,1996 年。

中原大學應用華語文學系主編,《印尼華文教育與教學》。台北:秀威資訊科技,2006 年。

周聿峨、陳雷,〈轉變中的印尼華文教育〉,暨南大學華僑華人研究所,頁 1-6,2003 年。

林水檺,〈獨立前華文教育〉,林水檺,何啟良,何國忠,賴觀福合編,《馬來西亞華人史新編》,第二冊。吉隆坡：馬來西亞中華大會堂總會,1998 年,頁 223。

陳國華,《先驅者的腳印----海外華人教育三百年》。Canada: Royal Kingsway Inc, 1992 年。

曉彤,〈印華文學的滄桑〉,曉彤、馮世才編,《沙漠上的綠洲 》,新加坡:島嶼出版社,1995 年。

第四章

印尼華語文教育的復興：
從華人歷史意識重建看西加里曼丹

　　位於印尼婆羅洲島上的西加里曼丹華人，有個與印尼爪哇島上的華人不同的歷史意識。在西加里曼丹，華人在本地區的活動可以追溯到數百年甚至近千年的歷史，中國與該地的土著王國有長期的朝貢及貿易關係，早在歐洲人到來之前，華人已經在此地定居，因而華人被認為是本地族群，得到土著王國的認可建立自己的家園，曾經在此建立最早的共和國——羅芳共和國，在反抗殖民統治身先士卒，與其他本地土著並肩投入印尼共和國獨立革命，是印尼既能長期保有中華文化傳承，而又能為當地土著接受的成功典範。不幸的是，長達半世紀的蘇卡諾時代及蘇哈托時代都壓抑西加華人特性的發展，這種歷史意識被塵封在老輩的記憶中。現在民主化時代來臨，西加華人得到新的發展機會，他們重新組織鄉親，重建華人社群，也使得西加華人的歷史意識有重建的可能性。現在鄉親組織努力的焦點是下一代的華語文教育，而支持這個華語文教育背後的動力，卻是西加華人獨特的歷史意識。西加華人的例子，使我們得以再度檢驗海外華人性傳承的問

題，以往有「沒有僑教，即無華僑」，現在重建的歷程顯示獨特的地方華人意識，成為新的華人社群復興的力量。華語文教育如何回應這種地方獨特歷史意識的問題，值得深思。[58]

印尼華文教育研究

許多華人社會或華文教育的研究，因受到近代民族主義國家興起後形成的國家疆域的影響，以一個現代國家為範圍，做整體性及綜合性的討論。因此常見到有緬甸華人研究、印尼華人歷史等，以一整個國家的華人作為研究與論述的對象，這種做法無可厚非，對多數地區而言，現代國家對華人社會或華文教育的政策作為，確實深深地影響該國華人社會，也對華文教育的發展產生主導性的作用，因此成為最具有研究意義的範疇。然而，這種以國家為單位的研究，很容易忽略掉某些特定區域的特殊性。

過去在研究華人社會時，總是不免以國家為單位，如新加坡華人、馬來西亞華人或者印尼華人等等。仔細檢查相關的議題，便會發現有特定國家經常會發生:在該國普遍出現的現象，卻難以涵蓋某些特定地區的情況。例如在馬來西亞，多數針對華人社會的討論是以西馬為主，而東馬的情況與西馬很不相同，以最常見

---

[58] 原文首次出版為楊聰榮，〈印尼西加華人歷史意識的重建與華語文教育的復興〉。《移動之民：海外華人研究的新視野(二版)》。台北市：臺灣師大出版社，2018 年，頁 275-292。現改寫並更新資料，配合本書修正出版。

的族群問題而言，東馬的族群問題顯得複雜許多，問題不再只是華人與掌握權力主流的馬來人之間的問題，歷史脈絡也不相同，如果以論述西馬華人的情況來理解東馬，就會出現格格不入的情況。同樣的情況發生在緬甸的上緬甸與下緬甸、菲律賓的呂宋島與外島、泰國的泰北與泰南、越南的北部與南部，其間華人的差別很大，歷史脈絡也不相同，如果要詳細而準確的理解，最好能夠分開來處理。

這種情況在國土不連續的國家中最為嚴重，尤其是出現在印尼這樣的國家，印尼是世界上島嶼最多的國家，印尼首都所在的爪哇島，其實與外島有很大的差別，華人的情況尤其明顯。本文要討論的西加里曼丹，也是爪哇島以外的外島。過去關於印尼華人社會的討論，主要是以分布在爪哇島的華人為主，有些研究甚至是以首都雅加達地區的華人為代表。然而西加里曼丹可以說是自成一格，從全印尼的角度來考察，西加是華人聚居的地區，華人到西加地區的歷史非常早，在這種獨特的歷史背景下，就不容易以爪哇的情況來理解西加的華人。在這篇文章筆者要討論西加華人的情況，並且認為西加華人自有獨特情境，與爪哇島的情況大不相同。希望藉此引起更多海外華人的相關討論，能夠更進一步討論到地域差異的不同。

西加里曼丹華人社會的特殊性

西加里曼丹省位於婆羅洲島，[59]在印尼來說只是一個小地方，西加里曼丹是印尼在婆羅洲島加里曼丹地區的五個省份之一，是印尼 31 個省之一。以面積而論相當大，有 146,807 平方公里，約莫是台灣總面積的三、四倍大，在印尼境內算是面積第五大的省份。但是整個西加里曼丹不過只有四百五十多萬人，人口密度每平方公里大約只有 31 人，境內大部分地區多為沼澤，北部、東北部與東南部環佈山林。在印尼這個總人口將近 2.7 億位居世界第四大的國度而言，無論從人口及重要性而言，都在印尼是排不上名的。[60]

印尼稱呼婆羅洲島為加里曼丹島，是印尼的五大島之一，是亞洲第一大島，面積 743,330 平方公里，面積排名世界第三大，僅次於格陵蘭、新幾內亞。赤道橫跨中線，故分屬南北半球，島上有面積龐大的熱帶雨林。

婆羅洲島分屬三個國家，其中最大的是印尼，面積 539,500 平方公里，約佔總面積七成以上。在婆羅洲的東北部，則為馬來西亞與汶萊兩國的領土，馬來西亞在此設立沙巴、砂拉越二州及

---

[59] 婆羅洲島分屬三個國家，其中最大的是印尼，位居中南部；其次為馬來西亞，位居西北部，面積 196,500 平方公里，為東馬來西亞全境；汶萊則擁有

[60] Badan Pusat Statistik, 2010-Penduduk Menurut Wilayah dan Agama Yang Dianut-Provinsi Kalimantan Barat. *Diakses*, 28 Jan, 2014.

納閩聯邦直轄區；汶萊則為占地 5,765 平方公里，人口約 41 萬人
的富裕小國。印尼的西加里曼丹省接連著東馬來西亞的沙磅越。
從西加里曼丹到沙磅越，乘坐公車即可到達，兩國之間可以互通，
這方面的意義在後面還會討論。

在印尼，過去整個婆羅洲島都算是地廣人稀的地方，因為缺
乏大都市，在印尼國內的全國性報導中，這個地區經常被忽略掉，
沒有相關地方新聞會經常在報章頭版中出現，這種情況在 2019 年
8 月印尼政府宣布 2024 將遷都到東加里曼丹省而開始有所調整。

西加里曼丹可說是東南亞國家的縮影，該地區的族群、宗教
及語言都很複雜，以種族來說，主要有達雅族 (32.75%)、馬來族
(29.75%)、華人(29.21%)等，[61]原住民達雅族是當地最大的族群，
沿海及內山還有不同的原住民散居。以宗教來說，伊斯蘭教
(51.22%)、天主教(23.94%)、基督教、佛教、印度教和孔教[62]是主
要的宗教。[63]

---

[61] Rochman Achwan, Hari Nugroho and Dody Prayogowith Suprayoga Hadi
Overcoming, "Violent Conflict: Peace and Development Analysis in West
Kalimantan, Central Kalimantan and Madura". Prevention and Recovery Unit,
United Nations Development Programme, LabSosio and BAPPENAS Volume 1,
15 January, 2010.

[62] 印尼孔教是以儒家思想為基礎，在印尼華人社區中發展出來的宗教組織，名
為孔教會，並推動相關的儀式與活動，影響華人的生活與日常行為，是為印
尼政府正式認可的宗教。

[63] Christina Pomianek Dames, Gender, Ethnicity, Infrastructure, and the Use of
Financial Institutions in Kalimantan Barat, Indonesia, PhD Dissertation of
University of Missouri-Columbia, 2012.

　　西加里曼丹省分為 8 個行政區，最重要的 2 個城市為首府坤甸和山口洋，其中山口洋擁有為數眾多的客家移民，至今占六成以上人口，是著名的中國城，早期移民以淘金、務農、貿易維生。卡普阿斯河(Kapuas)是印尼境內最長的河流，全長約 1038 公里，[64]是西加最重要的運輸路線，用作運送木材。

　　就華人社會而言，西加里曼丹是印尼華人定居較早、人口最多的省份之一。西加里曼丹舊稱西婆羅洲，1954 年人口統計時，華人佔全省人口的 30%，據 1999 年印尼官方公佈，西加里曼丹華人占西加里曼丹的 17%，比較全國平均人口中華人約佔 2%或4%，西加里曼丹的確是華人聚集的地方。由於華人在本地比較集中，是印尼各地華人少數唯一選得出華人國會議員的地方。目前，西加里曼丹已經有不少華裔民意代表：例如山口洋市長黃少凡、西加里曼丹副省長黃漢山，印尼國會議員林冠玉等，也有 4 位華人當選為省議員，還有 10 位華人當選為縣市議員。在西加里曼丹省議會選舉 5 名地方代表出席印尼人民協商會議時，特別規定其中必須有 1 位是華人，到目前為止，印尼其他各省不太可能會給予華人如此的政治待遇。

　　就地理環境而言，西加里曼丹屬於熱帶氣候，因為赤道線貫穿其中，日平均氣溫在攝氏 22 到 32 度之間，終年都是夏天，只有雨季和乾季的分別。因此西加里曼丹有很大面積的熱帶雨林，

---

[64] 林漢文，《卡布阿斯河》。台北:瀛舟出版社，2002 年，頁 38。

熱帶雨林面積約為一千萬公頃，全境約 65%都是熱帶雨林。[65]沿海地區較平坦，內陸多山地和高地。華人主要分佈在沿海地帶，但是內陸山地也有華人居住。主要農作物有橡膠、椰樹、咖啡、丁香和胡椒，蔬菜和水果的種類有紅毛丹、木瓜、木薯、橘子、波蘿、西瓜和榴槤，花卉品種有白蘭花、黑蘭花、紅棕櫚和大王花。許多農產品的通路是由華人經營，這些物產成為當地收入的主要來源。

在本文中，我們主張應該將西加里曼丹的華人社會，當成是一個自成一格的地區來討論，西加華人的組成以客家和潮州人居多，語言以客家話為主，潮州話次之。我們歸納西加里曼丹的華人社會，之所以在印尼的華人社會中別具一格，其中最大的不同可以分為以下三點來說明。

首先就族群關係而言，西加里曼丹的華人是被當地社會接受為本地原住民之一，這種待遇就華人在印尼的情況而言，實在是十分難能可貴。印尼政府批准西加里曼丹於 2001 年開始實行自治，這是印尼政府在民主化之後，將中央權力下放，使地方得以考慮地方特殊情況酌情施政。當時西加里曼丹的三大民族達雅族、馬來族、華族達成了一致協定，認定西加里曼丹的華人是當

---

[65] Gubernur Kalimantan Barat, *Pemprov Kalbar: Governors' Climate and Forests Task Force*. Pontianak: Provinsi Kalimantan Barat, 2011.

地原住民之一，[66]因此在各方面施政必須考慮族群的和諧與平衡，這幾乎是印尼其他任何地區的華人難以想像的情況。

　　其次在華人參政的議題而言，西加里曼丹也展現截然不同的氣象，華人參政不僅是實力問題，也是被當地社會接受的共識。在西加里曼丹的地方政治，華人可以得到很好的機會。西加里曼丹首府坤甸市，由於華人約占 30% 左右，因此互相協調，規定副市長一職必須由華人擔任。而西加里曼丹第二大城市山口洋市，則因為華人占 60%，因此協調後規定市長一職必須由華人擔任。除了行政長官有保障，地方的民意代表也很有表現機會。西加里曼丹現在已有一位華人當選為印尼國會議員，4 位華人當選為為地方議員。根據大紀元報導從 1999 年到 2004 年，印尼已有數十位各地華人精英當選國會議員、地方代表理事會議員、省議會議員和縣市議會議員。

　　最後，西加里曼丹的兩個大都會，坤甸及山口洋都是印尼境內少數華人人口比例很高的城鎮，要發展中華文化而得到認可，兩大都會都有條件。西加里曼丹的省會是坤甸(Pontianak)，剛好位於赤道線上，坤甸市被卡普阿斯河一分為二，一邊是以潮洲話為主，另一邊是客家話為主。坤甸市約有人口大約六十幾萬人，是西加里曼丹省的經濟、政治中心和最大城市。山口洋是西加里曼

---

[66] Christina Pomianek Dames, Gender, Ethnicity, Infrastructure, and the Use of Financial Institutions in Kalimantan Barat, Indonesia, PhD thesis, University of Missouri, 2012.

丹的第二大城，華人的人口比例更高，有超過百分之六十為華裔，是印尼境內華人比例最高的城鎮，山口洋市內各種華人廟宇很多，充滿著濃厚的中國風味，被稱為印尼的千廟之都。[67]由於華人的集中，華人文化在這兩個都會成為地方最重要的特色，現在更進一步，成為印尼當地用來吸引觀光客的文化慶典活動。

從以上三個特點，可以看出華人文化在西加里曼丹的發展，的確是印尼的異數，這使得西加里曼丹的華人與一般所稱的印尼華人形象大不相同。首先，以爪哇為主要討論對象的印尼華人印象，通常都被認為是外來者，其實這個印象有錯誤，華人到爪哇來定居的歷史很長，但是因為歷史上不斷地有新的移民，一般人很容易以偏蓋全，所以華人還是很容易被當成外來者。

不過，在西加里曼丹，華人是經過公開認可的本地三大族群之一，反而是爪哇人成為新到的外地人。同時由於華人人口集中的關係，反而使得華人參政成為可能。到了印尼 1998 年開始民主化以後，印尼華人問題成為人權問題，關於印尼華人被歧視的法令陸續去除，華人的慶典成為當地華人文化的一部分，也只有在西加里曼丹保留最多的華人文化特色，可以成為當地的主流文化特色活動。

---

[67] 童貴珊，〈赤道國度西加里曼丹華族榮辱〉。《經典雜誌》，111 期，2007 年。

西加華文教育的復興

　　筆者在 2006 年 12 月 10 日起，帶同兩位碩士班研究生，赴西
加里曼丹從事田野調查，調查重點即是西加里曼丹華文教育的復
興。調查的時間點距離印尼民主化開始的時間，還相當短暫。印
尼的民主化一般由 1998 年算起，到調查的時間，只有短短 8 年。
該次調查時間只有一週時間，最主要受限於任教工作時間，然而
本人長期關注西加里曼丹的發展，長期收集相關資料並進行有關
人士訪談。同時台灣中央大學客家學院有研究生以西加里曼丹為
研究地點，也有其他大學的研究生協同從事相關的研究。進行現
場考查的時間雖短，但因為事先善加規劃、聯絡，得到特別關注
西加里曼丹的華文教育問題的機構的協助，因此進行尚稱順利。
以下是西加里曼丹省一地華文教育復興的大致情況。

　　西加里曼丹華文教育的發展，根據當地支持華文教育人士簡
述，是在 1999 年 8 月 19 日由坤甸孔教會首創中文補習班開始。[68]
這個時間點是在施行同化政策的蘇哈托政權下台，印尼開始推展
民主化的歷程之後。此後西加里曼丹的華文教育就如雨後春筍一
般蓬勃發展，首先是補習班性質的華文班，列得出名字來的有專
能華文補習班、希望補習班、新苗華文補習班、漆樹港新力華文

---

[68] 伊人，〈植根本土，垂蔭處處：淺談西加華教的發展及其動向〉。《赤道基金
　　會 9 週年紀念特刊》，頁 35-36，2006 年。

補習班、振強民望補習班、華友中文學習班、貝氏華文補習班、楊氏華文補習班、利達華文補習班、自立華文補習班…等等。

接下來是學校以補校的形式開辦華文班。其中 2001 年 5 月 1 日開幕的塩町新港印華公學華文補校具有指標性的作用，象徵華文教育得到官方及民間社會共同的認可。其後，許多私立中學也開始成立華文課，如坤甸中學、依馬內利中學、保祿中學、善牧中學、山口洋巴利多中學等。另外，以非華人學生居多的 Taruna Bumi Katulistiwa 高中，也開設華文課，換句話說，華文教育重新復興，同時得到當地華人社會的支持以及當地非華人族群的接受。也有比較偏遠的地方由熱心華教人士相繼在地方上成立華文班，包括高杯山、橫屏山、百富院、大完肚、竹頭喃、榕樹仔、五條港、福律、松柏港等地都有，可以說學習華文的風氣已經普遍，因此從都會區開始往偏遠地區發展。

西加里曼丹華文教育的復興，是整個印尼華人社會發展的一環，原來印尼華人經歷的華文禁令，自 1966 年全面接管或關閉華校起，印尼政府曾下令嚴禁華文達 32 年之久，造成華文教育的嚴重斷層，導致印尼現今許多 40 歲以下的華人根本不懂華語了。1999 年，印尼哈比比總統頒布〈列 269/U/1999 號決定書〉批准了復辦華文教育的第 4 號總統令，廢除民間開設華文補習班的限制性條款，被視為華文禁令的正式解禁。因此整個華人社會的華文教育，因而得到機會重新開始，這是印尼各地的華人社會都有的情況。

然而西加里曼丹的華文復興，還是令人十分動容，各種華文機構如雨後春筍一般出現。西加里曼丹華文復興，相較於其他地方應該是有比較好的發展機會，比較雅加達地區，大部分的華人因為長期改用印尼語交談，要重新發展華文教育，遇到很大的困難。反觀西加里曼丹，多數的華人平時仍然保持用潮州話或客家話來溝通·因此西加里曼丹華文教育的條件比較好，可以很快恢復，所以各種形式的華文教育機構可以很快發展起來。

西加華文教育復興的背後原因

仔細探究西加華文教育的發展，即可知道在西加里曼丹的華人社會與印尼其他地方確有不同。在這裡特別要強調的是，旅居在外地的西加華人於民主改革時代，努力組織不同性質、型態的社團，包括基金會、鄉親會及校友會等，其關心的重點，其中之一即是家鄉西加里曼丹的華文教育。[69]這種條件是與西加里曼丹的地理情況是互相配合的，由於在西加里曼丹的華人，是世代居住在印尼的定居者，職業多半是農夫或漁夫，他們的生活與西加里曼丹的土地關係密不可分。後來雖然由於經濟形態的改變，因而從農村前進到大都會工作，但是他們對於自己的家鄉，仍然保有

---

[69] 吳坤發，〈但願華文更上一層樓〉。《山口洋地區鄉親會雙月刊》(Majalah Dwiwulan Perma-sis)，2:33，2006 年。

強大的向心力·因此這些社團在華文禁令解除以後，多半會傾力扶持家鄉的華文教育，成為當地一大特色。

在印尼的蘇哈托政權(1967-1998)期間，印尼政府採取全面同化的政策，凡是華人組織一律不得存在，故當蘇哈托政權倒台以後，華人社團開始組織成立，其中出身西加里曼丹而旅居雅加達的聯誼性社團紛紛成立，如旅椰昔加羅鄉親會、旅椰直木港鄉親會、旅椰東萬律鄉親會等等。與其他地區的鄉親會及同鄉會比較不同的是，除了地區性的鄉親會以外，西加華人也成立關懷全區性的社團，以關心家鄉問題為主，其中華文教育更是關心的重點，這其中比較大的組織是赤道基金會和山口洋及環近地區旅椰鄉親會，同時原來的華文中學校友會也扮演重要的角色，如旅椰南中校友會、旅椰坤甸振強校友會、旅椰坤甸華中校友會等等。

在討論西加里曼丹的華文教育，必須提到赤道基金會所扮演的角色。赤道基金會是西加里曼丹地區旅居雅加達的華人成立的一個基金會，屬於鄉親會或是同鄉會的性質，旨在關心他們的故鄉西加里曼丹各方面的發展。目前其中的重點是華文教育的發展，並且將重點放在扶持貧困學童，提出了扶貧教育工程。這種以基金會為核心的運作方式，做為推動華文教育的動力，是符合華人意見領袖的建議。[70]

---

[70] 李卓輝，〈設立教育基金會培育印華各業人才〉。《民主改革時代政治風雲：印尼從 1999 年走向 2004 年大選政論文集》。雅加達：聯通書局出版社，頁

　　西加里曼丹的華文教育復興，有其特殊的背景與原因。然而在短短的幾年內，當華文教育重新有機會得到發展時，西加里曼丹的華文教育當下就把握契機發展起來。這種發展的情況必須要有很多的支持。一般估計，西加里曼丹華人在外地所形成的基金會及社團，扮演舉足輕重的角色。華文教育在西加里曼丹的發展，本地的學生與老師都不成問題，加上同時有外部的援助，使得西加里曼丹的華文教育快速發展，這也成為西加里曼丹華人社會發展、重建文化傳統非常重要的一環。

西加華人的歷史意識

　　根據親自訪談西加里曼丹華人的田野經驗，並且分析印尼當地相關的文獻，筆者認為，造成西加里曼丹華人對於華文教育的支持，背後有個強大的動力，是西加里曼丹華人的歷史意識。西加華人的歷史意識，並不都能普遍在海外華人社會中找到。主要的原因，許多地區的華人以後期的移民居多，後來的華人移民對移居地過去的歷史一無所知，也無興趣，因此很難產生本地的歷史意識。[71]而過去一段時間，在海外地區發展本地華人的歷史意識，並沒有得到很好的發展，即發展本地華人的在地歷史意識，

298-300，2004 年。

[71] 楊聰榮，〈歷史研究在印尼〉。《印尼與東協》，62 期，1997 年。

因此西加地區有強烈的華人歷史意識，是比較難得的地方。

衡諸西加里曼丹一地的現實環境，能夠發展出當地華人的歷史意識，實是十分難能可貴，因為本地缺乏高等學府機構與人才能協助發展歷史研究，且當地也缺乏良好的升學管道，供本地學子有機會學習到本地文史。然而親臨西加里曼丹，卻很容易發現，當地有各種歷史議題流傳，是華人眾所皆知的事。西加里曼丹能有本地華人的歷史意識，主要還是因為西加里曼丹的華人身處在華人長期移民的聖地之上，華人歷史始得一直流傳下來。

以早期歷史為例，雖然多數華人未能確實說出早期移居西加里曼丹的歷史，但多數人會提到一個名為「宋宮」的地方，據說是宋朝時候華人移民到此地的後裔，至今還保存著華人意識，該村落的村民與當地的達雅族人幾乎沒有什麼區別，並不會講華語，但他們卻認定自己是華人後裔，也保持著一些華人的風俗習慣。關於「宋宮」的確切位置，筆者進行調查期間，聽到過不同的說法，有的說在西加里曼丹省三發縣一帶的山區裏，也有的表示是在婆羅洲的內陸地區，這些主要是由當地的耆老所言。這種情況顯示，多數人有聽過相關的事蹟，卻未必確切明白當地的情況。但是這個說法的流傳，本身顯示了西加里曼丹華人社會的歷史意識。

影響西加華人歷史意識的歷史事件，最著名的應屬「蘭芳公司」，其首領羅芳伯因此成為著名的華人傳奇。本文雖將重點放在

「蘭芳公司」,但其實在西加里曼丹的華人歷史事蹟仍相當多,都是影響西加華人本地歷史意識的因素。但是相較起來,似乎沒有比「蘭芳公司」的事件更富有傳奇性,因此本文將重點集中在「蘭芳公司」,做為一個分析的個案,用以理解影響西加華人歷史意識的歷史事件,如何至今仍然影響當地華裔。

「蘭芳公司」在歷史上應如何定位,歷史學界到現在為止的看法仍然很分歧,到底是「蘭芳公司」還是「蘭芳共和國」,仍然有不同的討論。這個政權應該稱為「蘭芳公司」還是「蘭芳共和國」,應該可以綜觀、分析各種不同的說法。「共和國」的說法似乎主要來自荷蘭方面及從荷蘭方面進行研究的西方學者,十九世紀的西方學者無論對婆羅洲華人公司持肯定或否定的態度,都稱公司為「共和國」,主要是指公司在西婆羅洲境內的獨立自治而言。[72]此外, 羅香林極力主張公司是指「完整主權之共和國」(加註出處)。中國學者多對此有不同的看法,李學勤,田汝康、溫廣益等則認為公司不是國家機構,不具備國家職能,因而不能說是共和國。[73]

---

[72] 高延著,袁冰陵譯,《婆羅洲華人公司制度》,中央研究院近代史研究所史料叢刊 33,1996 年。
[73] 溫廣益,〈羅芳伯-西加里曼丹蘭芳公司創始人〉。《南洋客屬總會 60 週年紀念特刊》。新加坡:南洋客屬總會,1990 年。

　　綜合來說，可以參考以下的說法，蘭芳伯所創建的「蘭芳公司」，到底算不算普遍定義下所認定的「共和國」？半個世紀以來，各方爭議不休，雖然有人以為，所謂的共和國·只是當時華人公司的別名，不具備成為國家的各樣客觀條件，但是，如果以當時蘭芳公司所創建的一套完整的行政制度、全民皆兵的「國防」機制，以及家長、村長制的「立法威信，或許·就當時特殊的處境下，那樣「高度獨立與自治」的規模，已儼然具備一「國」之態勢。[74]

　　仍建議以「蘭芳公司」之名稱呼，但是當時名為「公司」，仍可能具有地方政權的意味，如果將其定位為一個華人政權，仍然是比較可以接受的看法，至少從當時的文獻來看，荷蘭人確實視之為華人政權。對照當時東南亞地區的政治結構，稱之為一個小王國(kerajaan)也無不可，因為當時小王國林立，土王蘇丹(sudan)各有其勢力範圍，「蘭芳公司」無疑是被當地社會視為具有同樣性質的一個王國，羅芳伯則是一個廣為眾知的土王。

　　根據不同的資料來源，「蘭芳公司」還是「蘭芳共和國」，兩者名稱都曾具體存在過。由當地的資料來看，本地保存比較多可以支持「共和國」的說法。歷史學家羅香林的著作《西婆羅洲羅芳伯等所建共和國考》其中所提供的資料顯示，當地應有使用「共和國」的名號，「蘭芳公司」於 1776 年建立了「蘭芳大統制共和

---

[74] 童貴珊，〈赤道國度西加里曼丹華族榮辱〉。《經典雜誌》，111 期，2007 年。

國」，這一年定為蘭芳元年。[75]當地仍有「蘭芳大統制共和國」發行的錢幣流傳，也有其他相關的遺物。同時當地對於這種情況也有所解釋，可能的理由是認為當時羅芳伯等人仍保留中國傳統讀書人的觀念，因此在面對清朝時不敢以國自稱，仍保留「公司」的名義，而在當地則使用「共和國」、年號等具有政權意味的名稱。

另外一個值得注意的地方是，婆羅洲的華僑人口增加，本來是由西加里曼丹鹿邑（Monterado）一地開始，在 1823 年荷蘭人控制西婆羅洲之前，平均每年約有 3,000 名中國人移居到此地。當地也成立了比較多的華人公司，有十幾個公司，後來組成了和順公司。根據記載，羅芳伯和同鄉渡海航抵坤甸（ Pontianak）時，當地已經有十數家客家金礦公司從事採礦。羅芳伯即是到所屬東萬律（Mondor）一帶，進行金礦的開採。可是後來和順公司的資料並不多，也沒有什麼名氣，甚至沒有什麼著名的領導人被一般人叫得出姓名。相反的，羅芳伯及蘭芳公司則是名聲響亮，眾所皆知，成為這一段歷史的代表人物。[76]

綜合各種資料，羅芳伯（1738-1795）應是確有其人，但是中國方面能提供的資料有限，主要是羅香林提出來的羅氏族譜的資料。羅芳伯是中國廣東省梅縣石扇堡人，原名羅芳柏，羅芳伯是後人對他的尊稱。生於清乾隆 3 年（1738），清乾隆 37 年（1772），

---

[75] 羅香林，《西婆羅洲羅芳伯等所建共和國考》。香港：中國學社，1961 年。
[76] Jamie Davidson and Douglas Kammen, "Indonesia's Unknown War and the Lineages of Violence in West Kalimantan," Indonesia, 73: 53-87, April 2002.

羅芳伯鄉試不第，「乃懷壯遊之志」，漂洋過海，登上婆羅洲島。羅芳伯「自幼學文習武為群兒冠」，因為有較高的文化素養和出眾的組織才能，在坤甸一帶華人中享有很高的威信，所以被各地華人同鄉推舉為領袖。[77]

　　華人先輩在西加里曼丹一步一腳印，用血淚譜寫的篇章，是一部絢麗多彩的歷史。其時中國東南沿海地區有很多華人來到加里曼丹島謀生。他們大都集中在該島西部的沿海城市坤甸一帶打工。有的在農村種植水稻、椰子、咖啡、胡椒，有的則到山區開採石油和煤炭。當地的自然環境和生活條件極為艱苦，由於路途遙遠，他們得不到祖國的關心和照應，為了生活，他們需要團結互助，於是組織了不少同鄉會之類的組織。後來這些組織聯合起來，成立了以東萬律為首府的蘭芳公司。「蘭芳公司」的前身是「蘭芳會」，羅芳伯到了東萬律最先建立的是蘭芳會，一個以保護華人社團為業的組織，主要的對手是天地會。經過多次交手，天地會滅亡，蘭芳會發展壯大。觀察「蘭芳會」的結構，其實更接近幫會，初期為幫會的性質比較濃厚，後來才演化為具有政權性質的「公司」組織。[78]

---

[77] 張永和、張開源，《羅芳伯傳》。雅加達：和平書局，2003 年。
[78] Yuan Bing Ling, Chinese Democracies - A Study of the Kongsis of West Borneo (1776-1884). Leiden: Research School of Asian, African, and Amerindian Studies, Universiteit Leiden, 2000.

　　西方學者將「蘭芳公司」稱為「共和國」，也有其基礎。「蘭芳公司」內部設置了一套完整的行政、立法、司法機構，基本上是全民皆兵，平時分散各地從事生產，戰時集中起來禦敵，首領是以選舉產生。1886 年被荷蘭所滅，「蘭芳共和國」共存在了 110 年。蘭芳共和國 110 年歷史中，前後共有 12 位元首。元首的更迭，用的是一種介乎於民主選舉和禪讓的形式。即使「蘭芳公司」，仍然是以華人社會常見的族長制的名號，但仍被荷蘭認為是具有現代政權意味的組織。[79]

羅香林的《西婆羅洲羅芳伯等所建共和國考》做出了這樣的結論：

　　清乾隆年間，廣東嘉應州有羅芳伯者，僑居南洋婆羅洲（Borneo）西部之坤甸（Pontianak），墾辟土地，策眾採礦，並助土著蘇丹，平定禍亂，一時僑民多歸依之。東征西討，所向披靡，蘇丹知勢力不敵，因分土而治。芳伯乃為之奠都邑，定官制，修軍備，開商場，興礦冶，撫民庶，建元蘭芳，建國號曰蘭芳大總制。受推為大唐總長，蓋為一有土地、人民與組織，及完整主權之共和國焉。」

　　羅香林也指出：「蘭芳大總制與美利堅合眾國，雖有疆域大小之不同，人口多寡之各異，然其為民主國體，則無二也。[80]

---

[79] Mary Somers Heidhues, Golddiggers, Farmers, and Traders in the "Chinese Districts" of West Kalimantan, Indonesia. Ithaca : Cornell University Southeast Asia Program, 2003, pp.91-94.

[80] 羅香林，《西婆羅洲羅芳伯等所建共和國考》。香港：中國學社，1961 年。

　　「蘭芳公司」到底有多少人？控制多大面積的土地？從當時的資料來看，其實是十分模糊不清。我們可以猜想是一直在變化中，以致於很難估計。羅芳伯和他的夥伴，協助當地土王蘇丹弭平了土著人的叛亂，得到了蘇丹的嘉獎，因此將東萬律劃歸羅芳伯管轄，這塊地方據估計應有 10 多萬人歸附，其中有華人數萬，也有不少土著。「蘭芳公司」因南北幾十公里的產金地，成立了巨大的經濟實體，公司成立後，羅芳伯一個個收服了當地四分五裂的各種華人團體、商會、村寨，成為一個大規模的組織，才會被稱為「共和國」。

　　這時「蘭芳公司」已經慢慢脫離了先前幫會的狀態，正式以現代組織的面目出現。有意思的是，雖然羅芳伯被當地人視為一個土王，但羅芳伯卻始終沒有稱王，由各代表商議建立的體制稱為「蘭芳大總制」，羅芳伯被稱為「大唐總長」或「大唐客長」。「蘭芳公司」是否在名義上保持內外有別，並不得而知，還需要有更進一步的研究方始得以確認，然羅芳伯向北京派遣使者前去朝貢，仍然使用的是「蘭芳公司」的名義。

　　按照《羅芳伯傳》的說法，當地統治者蘇丹與羅芳伯簽約，割讓土地給蘭芳自治，地方開闊，「其所割讓的土地，計東界萬勞，西界卡浦斯河，南界大院、上侯、雙溝月之線，北界勞勞、山口

洋、邦戛之線，縱橫數百里」。[81]羅芳伯擔任總長 19 年，於 1795
年在西加里曼丹病逝，享年 58 歲。座落於東萬律叢林中的「羅公
芳柏之墓」，其墓柱下石刻的《羅公史略》，應是其蓋棺之論，其
中清楚地寫道：「羅公芳柏、廣東省梅縣石扇堡人。…定鼎東萬律，
創建蘭芳公司基業。」這「定鼎」一詞，微妙地表達出事物的模
糊性，可以說是定都，也可以說是定總部的所在地。[82]

當時荷蘭殖民者聯合東印度公司，曾多次向坤甸一帶發動武
裝侵略，直到 1886 年，見清廷衰敗，荷蘭才大舉進攻蘭芳，滅掉
了這個華人在海外建立的國家。雖然蘭芳公司無法持續，但自此
華人有個很清楚的歷史意識，即是以蘭芳公司及羅芳伯為核心所
塑造的神話，表示華人為了對抗荷蘭人也曾有很大的犧牲。西加
里曼丹的華人後來可以與當地的達雅族人及馬來族人平起平坐，
華人被認同為西加的原住民族之一，實際上是由這個歷史事件發
展而來。

在西加里曼丹進行田野調查時，發現西加里曼丹的華人比較
有歷史意識，即使是一般市井小民，對於西加里曼丹的華人歷史，
都有一定的理解。特別是蘭芳公司曾經在西加里曼丹建立政權的
史實，在西加里曼丹的華人中進行訪問時，多數人都會主動提及。
透過對於蘭芳公司所建立，在當地超過兩百年的歷史發展，強化

---

81 張永和、張開源，《羅芳伯傳》。雅加達：和平書局，2003 年，頁 32。
82 張永和、張開源，《羅芳伯傳》。雅加達：和平書局，2003 年，頁 158。

了西加里曼丹華人認定自己是本地人的看法。蘭芳公司在近代印尼的歷史上，曾經力抗荷蘭殖民統治達百年之久，也符合現代印尼的國家意識，即印尼是建立在對抗荷蘭殖民統治而形成的多民族國家。

因此西加里曼丹的華人，在與其他民族在本地的生活，就自然而然的以主人的身份自居，在華人禁令解除後，華人文化就直接在本地重建，恢復舊觀，有華人在本地的歷史觀，也產生不同的力量，對於其他地區的華人而言，32 年的華文禁令時間很長，可以將華人文化的基礎改變體質。對於西加里曼丹的華人而言，華人曾經在這一片土地生活了數百年之久，幾十年的華文禁令相對來說不算長，華人文化的基礎仍然雄厚，各種華人廟宇及宗祠還在，文化傳統還是深植人心，在很短的時間就可以慢慢恢復。西加里曼丹華人的歷史意識與華文教育的復興，是一體的兩面，彼此相輔相成，得到相對來說比較正向的發展。

西加里曼丹的華文復興

　　本文由華文教育的發展來看華人社會的特性，筆者經過當地的實地田野調查以及文獻研究，首先由西加里曼丹的華人社會的特殊性入手，闡述西加里曼丹的華人社會因為移民開始得早，加上華人生活圈比較集中，使得西加里曼丹成為在印尼社會中具有獨特性的地區。

　　從族群關係的角度，這是印尼少數華人被公開認可為當地民族的地方，從華人民主參政的角度，由於華人集中在特定的區域，佔了一定的人口比例，因此可以選出華人的民意代表，包括地方議員與國會議員，其中山口洋還可以選出華人市長，這是印尼境內少數可以選出華人代表的行政區。最後，現在山口洋與坤甸的華人文化傳統，已經成為當地文化觀光與旅遊慶典的代表，華人文化成為當地的代表文化之一。以上條件，都說明西加里曼丹華人文化在印尼的特殊性。

　　透過當地的實地研究及田野調查，得知西加里曼丹在華文教育推展上的詳細情況。考慮進行考察的時間點，是在經歷長達 32 年華文禁令後剛解禁不久，所以各種運作中的華文教育機構，實際上是在短短幾年內發展起來。西加里曼丹的華文教育機構，除了有私人興建的補習班，也有各級學校採納華文教育的課程，西加里曼丹的華文教育能正式進入印尼的主流學校系統，這些都是

難能可貴的情況。

　　考察西加里曼丹的華文教育復興歷程時，曾特別注意到西加里曼丹華人在外地組織了不同的社團、基金會及校友會，這些旅外的西加里曼丹華人，在關心家鄉事務上展現出團結精神，集中心力捐助並鼓勵家鄉的華文教育，這也是西加里曼丹華人發展當地華人教育事業的利基，關注華文教育成為各類性質社團的主要重點，這種條件也是在印尼境內，有特別的條件的地方。

　　在本文的討論中，華文教育的復興可以說是西加華人共同努力支持華文教育的結果。然而支持華文教育的背後，與當地華人歷史意識的發展有關。筆者因此以「蘭芳公司」的相關歷史事蹟為分析對象，討論歷史意識如何發展，進而成為支撐西加里曼丹華人社會發展華人特性的主要動力。西加里曼丹的華人相對來說，比較具有華人歷史意識，如果以蘭芳公司在當地的史實而言，是一般人耳熟能詳的歷史事實。而蘭芳公司的歷史，證明華人在當地數百年的發展，已成為當地的本地族群，而且蘭芳公司曾經力抗荷蘭殖民統治達百年之久，與現在印尼的主流國家意識是一致的，西加華人在本地的生活以主人的身份自居。

　　因此，對於華文教育的復興，由於種種現實條件，西加華人相對而言有比較好的基礎來發展。在當地，除了日常生活語言都還是客家話與潮州話之外，再加上華人聚集，因此語言與文化傳統都有比較好的保存，因此恢復華文教育有比較好的基礎。由於

對西加里曼丹華人而言，華文教育的復興是共同的目標，除了上述優勢外，再加上得到旅外基金會的支持，因此在很短的時間內就得以恢復。

筆者認為西加華人對於華文教育的復興付出心力，除了相關的條件之外，西加華人的歷史意識也是重要的原動力。由於西加華人特殊的歷史，使得西加華人在這片土地的生活的狀態比較堅定，有長期發展的決心，互相相輔相成，使得華文教育得到強大的力量，可以進一步的支持與發展。

參考文獻：

Achwan, Rochman, Hari Nugroho and Dody Prayogowith Suprayoga HadiOvercoming, Violent Conflict: Volume 1, Peace and Development Analysis in West Kalimantan, Central Kalimantan and Madura. Prevention and Recovery Unit – United Nations Development Programme, LabSosio and BAPPENAS. 15 January, 2010.

Badan Pusat Statistik,2010-Penduduk Menurut Wilayah dan Agama Yang Dianut-Provinsi Kalimantan Barat. Diakses 28 Jan, 2014.

Dames, Christina Pomianek, Gender, Ethnicity, Infrastructure, and the Use of Financial Institutions in Kalimantan Barat, Indonesia, PhD thesis, University of Missouri, 2012.

Davidson, Jamie, and Douglas Kammen, "Indonesia's Unknown War and the Lineages of Violence in West Kalimantan," Indonesia, 73: 53-87, April 2002.

Heidhues, Mary Somers, Golddiggers, Farmers, and Traders in the "Chinese Districts" of West Kalimantan, Indonesia. Ithaca : Cornell University Southeast Asia Program, 2003, pp.91-94.

Yuan Bing Ling, Chinese Democracies - A Study of the Kongsis of West Borneo (1776-1884). Leiden: Research School of Asian, African, and Amerindian Studies, Universiteit Leiden, 2000.

伊人，〈植根本土，垂蔭處處：淺談西加華教的發展及其動向〉。《赤道基金會 9 週年紀念特刊》，頁 35-36，2006 年。

吳坤發,〈但願華文更上一層樓〉。《山口洋地區鄉親會雙月刊》
(Majalah Dwiwulan Perma-sis),2:33,2006 年。

李卓輝,〈設立教育基金會培育印華各業人才〉。《民主改革時代政
治風雲:印尼從 1999 年走向 2004 年大選政論文集》,雅加達:
聯通書局出版社,頁 298-300,2004 年。

高延著,袁冰陵譯,《婆羅洲華人公司制度》,中央研究院近代史
研究所史料叢刊 33,1996 年。

張永和、張開源,《羅芳伯傳》。雅加達:和平書局,2003 年。

童貴珊,〈赤道國度西加里曼丹華族榮辱〉。《經典雜誌》,111 期,
2007 年。

楊聰榮,〈印尼西加華人歷史意識的重建與華語文教育的復興〉。
《移動之民:海外華人研究的新視野(二版)》。台北市:臺
灣師大出版社,2018 年,頁 275-292。

楊聰榮,〈歷史研究在印尼〉。《印尼與東協》,62 期,1997 年。

溫廣益,〈羅芳伯-西加里曼丹蘭芳公司創始人〉。《南洋客屬總會
60 週年紀念特刊》,新加坡:南洋客屬總會,1990 年。

羅香林,《西婆羅洲羅芳伯等所建共和國考》,香港: 中國學社,
1961 年。

第五章

印尼華語文教育的新局面：
典範轉移與發展策略

　　本章旨在分析印尼華語教育的新情況與新環境，以及因應這種新情況的策略。在政治層面，新總統佐科威(Joko Widodo)將致力發展經濟，重視與華人的關係，對台灣友善，華語文教育現階段不再擔心政治打壓。在經濟層面，印尼將邁入東協自由貿易區的區域經濟發展型態，對於外語的要求很大，經濟動力很大，會鼓勵外語的學習。在教育方面，新出現三語學校及國際學校，都有特別強調華語文的學習。在這樣的條件下，本章論文的討論建議，我們應該用全新的角度來發展與印尼的華語文教育關係，而非如同過去習以為常的角度來處理各國的情況。過去習以為常但是已經是過去的角度，包括以印尼排華來論述當代印尼，將印尼各地的情況視為相同，以及只以印尼華人的情況來理解印尼，都是不符合印尼新局的眼光。我們要發展新的角度，同時要掌握印尼的特性，台灣發展印尼關係不應滿足於過去最熟悉的華人社會，應該以進入印尼主流社會為最後目標。換一個角度來想，如果能夠培養印尼華人成為進入印尼主流社會的主要師資來源，反

而可以帶動與印尼各方面的良性發展，對於發展與印尼在華語文
教育的關係的長期發展比較有利。

從新的角度看印尼

　　印尼是東南亞人口最多的國家，因此印尼的情況在東南亞地
區具有指標性的作用。其中華文教育的發展情況經常是受到特殊
的矚目，因為印尼被認為是海外華人最多的國家，一般的估計華
人人口約在八百萬到一千五百萬，這個人數比香港加上新加坡人
口總數都還要多，應該可以居於一個舉足輕重的地位。[83]但是很多
情況下，印尼華人的份量會被忽略掉，因為在印尼這個人口眾多
的國家之中，華人約占印尼總人口的 3%-4%，這個比例就顯得不
具有事務決策的影響力。[84]這是印尼的基本情況，本論文想要論述
的印尼華語文教育發展策略也是基於這個基本情況來討論。

---

[83] 關於印尼華人的人口總數統計，印尼官方與外界的統計一直存在很大的差距，
由於印尼長期對待華人採取同化政策，人口統計一般認為很容易低估。Evi
Nurvidya Arifin, M. Sairi Hasbullah, Agus Pramono, Chinese Indonesians: how
many, who and where?, Asian Ethnicity, 18:3, 310–329, 2017.

[84] 印尼華人自荷蘭時期就有人口普查的調查數據，長期來看，華人的人口比率應該在一
個範圍，應該比歷史上的人口比例數值略低。Aris Ananta, Evi Nurvidya Arifin,
"Chinese Indonesians in Indonesia and the Province of Riau Archipelago: A
Demographic Analysis", in Suryadinata, Leo (ed.), *Ethnic Chinese in
Contemporary Indonesia*, Singapore: Institute of Southeast Asian Studies, 2008,
pp. 17–47.

　　在近代華文教育發展史中，印尼的華文教育有其重要地位，印尼華文教育在華語文教育方面有很大的歷史上曾有的輝煌記錄，全盛時期可以說是世界上規模最大的海外華語文教育，也對海外華人的社會產生深遠的影響。然而印尼華語文教育的發展也是海外華人遇到最艱苦的命運，印尼歷史上曾經發生過禁止華文的一段黑暗期間，長達 32 年，是人類歷史上少有的特例，即禁止華文這樣長的時間，華語文是世界上最多人使用的第一語言，相關的歷史尚待有更深刻的檢討與反省。現在的情況卻是華語文教育從谷底翻身，印尼現在重視華語文教育的發展，而印尼的政治新局又是一個華語文教育發展的新契機。

　　這篇論文主要是從發展策略的角度來討論印尼華語文教育的問題，主要提出來的主張是現在應該是對印尼的華語文教育發展的重要關鍵時刻，我們應該審度印尼的新政治局面，盤點印尼與台灣的各種文教交流的關係，重新制訂對印尼華語文教育的策略。本論文的討論，主要認定印尼做為一個台灣鄰近區域的人口大國，應該是華語文教育輸出的重要據點，若要討論整體華語文教育的發展策略，印尼的情況應該是關鍵主角。同時本論文的討論也認為，因為各國的差異很大，我們須要發展出各主要國家的華語文發展策略，印尼的情況，應該有專門的策略來應對。

印尼華語文教育的歷史回顧

　　印尼被認為是海外華文教育發展最早的地方，學者認為，第一間有文字記載的海外華文學校應該明誠書院，是 1690 年在巴達維亞設立的，也就是現在的首都雅加達。如果從新式教育的角度來看也是相同，1901 年印尼華僑創辦了第一所新式教育的華文學校，即巴城中華會館中華學校，簡稱巴華中學，是最早的新式教育華文學校。[85]這段歷史在海外華語文教育研究廣為周知，印尼華文教育在相關領域中具有舉足輕重的地位。

　　印尼華語文教育在歷史上有過輝煌的歷史，例如印尼華語文教育發展的高峰，約是 20 世紀的 1950 年代，當時華校的總數曾高達近兩千所，學生總人口約有四十五萬人左右，是海外華人歷史上最大規模的華語文教育體系。然而這樣的榮景並不是持續很久的時間，1958 年印尼政府將對在台灣的國民政府比較親近的學校關閉，這就是俗稱的，到了 1966 年全面接管或關閉其他的華校，開始了一個長達 32 年之久的禁華文令。這個華文禁令一直到 1999 年，才由當時印尼總統哈比比頒布〈列 269/U/1999 號決定書〉批准了復辦華文教育的第 4 號總統令，廢除民間開設華文補習班的限制性條款。

---

[85] Ming Govaars, *Dutch Colonial Education: The Chinese Experience in Indonesia, 1900–1942*. By Ming GOVAARS, trans. by Lorre Lynn Trytten. Singapore: Chinese Heritage Centre, 2005.

　　印尼在最近的時間產生很大的變化，政治民主化是一大特色，伴隨民主發展的華文解禁後，華語文教育的發展後勢看好。除了政治民主化之外，經濟發展前景可期，再加上華裔人數眾多，華文的經濟利益與實用價值隨之提高，也興起華文學習熱潮，加上政府的積極鼓勵，印尼各地迅速掀起了學習華文的熱潮，是華語文教育發展由黑轉紅的範例。過去因為華文禁令造成華文教育的嚴重斷層，等到印尼華文禁令解除後，華文教育主要是由年長的人士擔任華語文教師，論年紀，這些人會在很短的時間退休，華文教育師資極缺，是印尼華語文教育的主要議題。

印尼華語文教育現狀分析

　　印尼華語文教育特別值得關注，主要是印尼華人人口眾多，是單一國家海外華人人口最多的國家。華人人口到目前為止，仍是在印尼而言，主要對華語文教育有高度興趣的族群，當印尼華人人口數多的條件下，在台灣的華語文語言中心都可看出，從印尼來台灣學習華語文的學生，是為數眾多的一個群體之一。

　　印尼的華語文教育另一個值得關注的角度，是其曲折的歷史。印尼是全世界少數曾有禁華文政策的國家，長達 32 年的華文禁令，使得印尼現在華語文的師資極缺。同時因為有這麼曲折的歷史，所以現在印尼華語文教育的發展充滿動能，由谷底翻身，

到現在仍是向上成長的發展,特別值得注意。[86]

除了華人重視華語文教育以外,印尼的主流社會也開始重視華語文教育,印尼教育部現在頒布命令,將華語文視為第二外語,讓華語文可以在各級學校教授。這顯示印尼的官方與主流社會,已經有體認華語文教育的重要性,然而台灣方面重視這方面發展的並不太多。如果有網路上所可以找到的相關議題的文章,大部分是中國大陸的學者所寫,可以看出雙方重視的程度大不相同。

印尼主流社會過去是有很強烈對華語文的偏見,這個偏見現在已經式微了。取而代之,是積極進取的精神。如果從媒體的角度來看,自從華文禁令解除以後,華文報紙如雨後春筍地出現,現在也有華文廣播電台,以及華語新聞電視節目。印尼的華文媒體受到台灣的影響比較大,這是因為印尼與台灣長時期的友好關係持續發展,在媒體方面雙方的交流很多·其中有不少從事華文媒體工作的人,曾經到過台灣或是在台求學。台灣在媒體上的節目,也很受到印尼媒體的歡迎,華語文節目及閩南語節目在印尼都有市場,這是台灣要到印尼推展華語文教育很重要的利基點。因此華文媒體是印尼華語文教育的很重要的渠道。

---

[86] Aimee Dawis, "Chinese Education in Indonesia: Developments in the Post-1998 Era". Leo Suryadinata ed., *Ethnic Chinese in Contemporary Indonesia.* ISEAS–Yusof Ishak Institute, 2008, pp. 75-96.

　　討論到印尼的華文學校，由於經過三十幾年的華文禁令，過去為數眾多的華校已經不復存在，有些學校雖然是以老校友為主要動力，名為復校，但實質上都是重新再辦學校，只是以舊名表示傳承，實質上並不是原來的學校。因此在我們官方所認定的僑校，即與僑委會直接連繫的僑校，在印尼已經都不存在了。在印尼與我方機構有直接連繫的，主要是教育部所屬的台灣學校。

　　台灣學校是印尼開放讓台商子女學習的學校，印尼目前有兩所台灣學校，分別是雅加達台灣學校與泗水台灣學校。這兩所台灣學校是印尼還在施行華文禁令期間，就許可教授華文的學校，所以在印尼的環境中，具有重要的承先啟後的地位。雖然學校只有兩所，但是這是台灣的學校，歷來台灣教育相關業務，會以台灣學校為基地，在當地發展，仍是很重要的華語文教育機構。

　　台灣學校主要仍須由持中華民國護照的學生來就讀，課程的內容是以台灣的中小學教學內容，教師為台灣的合格教師，所以這是設在印尼境內的台灣學校，認真說起來並不是屬於印尼的機構。但是因為地點設在印尼，在當地有老師有學生進行完整的華語文教育，這樣的教育內容對當地人而言仍然有一定的示範作用。如果利用台灣學校現有的人力、物力等資源，也對印尼當地華文教育有所助益。

　　台灣學校除了在正規的課程之外，也有提供給當地人的華文班，對於想學華語的學生，也是增加了一個進修華文的管道。海外的台灣學校，理論上是可能成為台灣在當地華語文推廣中心。台灣學校除了有台灣學生以外，也有外籍學生。外籍學生也佔有相當的比例，這些外籍學生有持印尼護照，也有持其他國家護照，甚至有大陸商人的子女。其中也有華人的身份，是屬於印尼華人，學生的背景多元，有些印尼籍的學生沒有中文基礎，有些則是中文不錯的華僑，中文程度參差不齊。

　　除了台灣學校以外，印尼學校的發展很值得注意。印尼的華校，有些經過復校，或是原來的私立學校，加設華文課程。同時印尼的公立學校，也可能因為鄰近華人社區，而增加華語文課程。另外一個新的體系，是印尼的三語學校，成為新型態的華校。印尼的一般學校，原來設備並不是十分理想，但是隨著印尼經濟情況的好轉，開始出現越來越多的私立學校，有些私立學校設備優良，其中有不少以三語學校為訴求。印尼目前經過了新的改變，現在印尼的華文學校，已經不再是傳統的華校，而是新型態的學校。在目前印尼的學校中教授華文，已經有各種情況。我方的相關協助海外華語文教育的措施，應該要隨著這種新情勢的發展而調整。

　　印尼三語學校特別值得討論，三語學校是印尼新時代的特色，強調其學校體制是以印尼文、英文與華文三語為主要的教學語言。三語學校不是國際學校，因為一般國際學校會有某個國家的教育系統為基準，或是一般會以英文課程為主，印尼三語學校並不是原來國際學校系統發展出來的。三語學校也不是華校，雖然很多三語學校的主辦人是華人背景，學生也是以華裔學生居多，但是傳統的強調華文學習的教育已經不可能在印尼生存。三語學校可以看成是配合當今印尼華人的需求所發展出來的學校系統，課程內容兼具印尼華人對於傳承華文，深耕本土及面向世界的不同需求。

　　多數的三語學校都是在 2000 年以後新建置的學校，位在巴厘島的文化橋樑三語國民學校，被認為是印尼當局批准成立的第一所這一類型的三語學校，算是目前官方認可的具有華文課程體系的正式學校，與一般學校加授華文語言課程的情況完全不同。華文課程除了是語言課程以外，也是教學語言。這樣的學校其實是不限華裔學生，但是華裔學生在三語學校中仍是最重要的生員。最近這幾年有越來越多外國人子女及印尼本地族群的子女進到三語學校來就讀。現在三語學校越設越多，在爪哇島各地都有三語學校，外島各地也都有三語學校的成立。我們列舉各地的三語學校，巴丹啟新學校 Sekolah Mondial, 巴厘島文橋三語學校 Sekolah Jembatan Budaya, 泗水小太陽三語國民學校 Little Sun School, 梭

羅培育三語學校 Sekolah Nasional 3 Bahasa Bina Widya，任抹任華三語國民學校 Sekolah Nasional 3 Bahasa Rukun Harapan，日惹崇德三語國民學校 Sekolah Nasional 3 Bahasa Budi Utama，萬隆曙光三語國民學校 Sekolah Nasional 3 Bahasa Pelita Fajar，泗水艾利學校 Sekolah Aeli，三寶瓏南洋國民三語學校 Sekolah Nasional 3 Bahasa Tunas Harum Bangsa，廖省廣幅三語學校 Sekolah Buddhis Paramita，龍日崇德三語國民學校 Sekolah Nasional 3 Bahasa Budi Luhur，茉莉芬茉華三語國民學校 Sekolah Nasional 3 Bahasa Mitra Harapan，北竿少英三語學校 Sekolah Darma Yudha 等等。

　　從各地的資訊來看，我們可看出一些趨勢來。首先，三語學校只是官方認同的學校型態，其中有公立學校也有私立學校，但其三語教育的實施內容，各校各有不同，可以說是各行各事。其次，這種以三語學校為名義的學校是各地都有，可見得三語學校的成立是得到印尼主流社會的認可，雖然現在根據印尼的教育法規，印尼境內的學校必須對所有的族群開放，因此並不存在過去只有華人就讀的華校，而三語學校與華人的分布仍然有關係，可見得當華語文教育的價值被肯定之後，華語文教育進入印尼學校的體系是被接受的。從三語學校在各地成立的態勢，可以說是受到主流社會接受而且歡迎的。現在已經在 2012 年成立了三語學校協會，可能在未來有更多的整合。可以知道三語學校的教育內容實施情況還在發展中，適合當地的華文教材尚待發展。

　　另外一個更值得討論的議題，是有關印尼的主流學校的發展。印尼的教育體係自成一格，由於人口眾多，其實是很重要的人力資源。印尼政府是次於泰國政府，宣布華語文可以成為其第二外語的東南亞國家，那麼印尼的各級學校都可以安排華語文教育的課程。我們主張，對於印尼的華語文教育市場的長遠發展，一定要以打入印尼主流學校為目標。切莫因為印尼的華人社會已經足夠龐大了，將眼光侷限在華人社會。但是可以將兩者的目標結合，例如以華人為主來培養師資，再以這些具有雙語能力的師資，進軍主流教育。

　　筆者過去走訪過很多印尼的主流大學，深知印尼的大學中欠缺高水準的華文或是漢學的人才，因此也很少有這樣的科系或課程。舉兩個例子來說明，第一個是印尼的大學城 Yogyakarta，在此區域內有將近幾十所的大學，學生人數是超過 50 萬人，筆者在此做過訪問學人，走訪過很多大學，發現有中文系或是漢學系的大學十分有限，甚至有開設華文課程的大學都很少。但是如果與大學討論發展相關的課程，都表示十分歡迎，這是因為印尼高等教育有認知到他們過去缺乏華語文教育相關人才的培養，同時其政策機構十分支持相關的做法。筆者就曾多次促成印尼教育部資助其師範大學來台取經，考察華語文教育人才培育的相關機構。

　　另一個例子是有關印尼的一個大學教育系統穆罕默迪亞，因為該系統具有伊斯蘭色彩，與台灣的接觸較少，但是在過去筆者

因為研究印尼的關係，與這個大學系統的核心成員有較多的接觸。整個大學系統擁有近百所大專院校，筆者與其大學系統的總校長討論多次，他們對於華語文教育有相當大的興趣，如果有好的配套他們願意來設立相關科系。以宗教系統的學校來學習不同的語言做為第二外國語,這對大部分的宗教學校而言都是一個敏感的議題，[87]對於伊斯蘭大學系統而言，古蘭經曾經提到，要求取智慧，即使到東方中國去學習都是應該的，由於早年阿拉伯世界與古代中國的互動關係良好，很容易使得伊斯蘭教育系統接受中文語言教育做為第二外國語的學習。[88]對筆者而言，與伊斯蘭大學系統的交流合作的確如此。這些例子都顯示了，如果台灣的華語文教育對外推展策略，應該針對不同背景的對象採取不同的策略。如何沒有考慮到對象的特殊性，要在像印尼這樣的人口大國推展華語文教育是很困難的。

印尼現在的政治新局是個十分特殊的情況，首先是印尼第一位平民總統佐科威剛剛上任成為總統，他原來是個傢俱商人，在一個特殊的情況下，短短幾年內成為印尼的總統，其間的歷練只有梭羅市的市長，然後是雅加達的市長。佐科威本人對台灣很熟悉，也對台灣的經貿關係有期待。由於佐科威在雅加達市長任內，

---

[87] Ben-Rafael, Eliezer and Hezi Brosh, "A Sociological Study of Second Language Diffusion: The Obstacles to Arabic Teaching in the Israeli School". *Language Problems and Language Planning*, 15 (1):1-24, 1991.

[88] Yang Fuchang, "China-Arab Relation in the 60 Years' Evolution". *Journal of Middle Eastern and Islamic Studies (in Asia)*, 4(1):1-15, 2010.

挑選華人為其副手，也被認為是重視經貿關係，因此對於各地華商十分友好的國家領導人。[89]加上印尼在東協自由貿易區即將實施的當口，印尼對於其經貿關係欠缺華語人才是有所認知，目前對於華語文教育在印尼推展，是十分理想的契機。

從台灣與東南亞國家關係看印尼華文教育的典範轉移

第二次世界大戰以前，海外華人在東南亞各地建立了華文教育的現代學校，戰後東南亞各國爭取獨立，建立現代國家，都曾經有一段壓抑或限縮華文教育的歷史過程。不過現在雨過天青，華文教育不再只限於華人的語言文化傳承，現在更進一步成為國家重要的國際語言教育選項。泰國及印尼兩國是最早將華文教育界定為第二國際語言的兩個重要國家，本論文將以國家語言政策的架構轉變為主軸，討論華語教育在當地國家性質轉變的關鍵因素及階段歷史變化，文中指出，台灣與當地國的關係必須因應這樣的變化趨勢，也做出調整，對華文教育的態度及認識也要有所改變。

---

[89] 楊聰榮，〈從印尼華語文教育新局看發展策略〉「全球僑民教育與華語文教育學術」研討會，中原大學海外華人研究中心，2014 年 12 月 05 日。

　　過去傳統上一般討論海外華人相關的國家政策，馬來西亞和本文所要討論的印尼及泰國，正好是在天平的兩端。馬來西亞是華人爭取華文教育的重要範例，印尼與泰國正好相反，常常被當成是同化政策的案例。而印尼與泰國，又被認為是在另一個天平的兩端，印尼被認為是強迫性同化政策的代表，而泰國是自然漸進式的同化政策。後冷戰時期的發展，兩國都有新的變化。這篇論文的討論，是以泰國及印尼作為具體例子，討論這樣的新變化，並且從關係史的角度，台灣如何因應這樣的變化。

　　以下的討論說先討論第二次世界大戰後的華文教育，這是我們討論華文教育轉變的起點，由於時間的距離，在這裡重在架構的差異，提供主要問題的重要評述，並沒有對具體的發展做詳細的討論。然後分別討論兩個國家在華文教育的轉變，先各自在不同的國家範圍內討論，再互相比較，從較長的時代脈絡可以看出變化的意義與軌跡。最後以最近台灣與印尼，以及台灣與泰國的關係做為結尾，看看是否因應了這種典範轉移的主軸。

　　第二次世界大戰到冷戰時期是東南亞華語文教育的寒冬，對於許多人來說就是一個不堪回首的歷史。尤其發生在等一下要討論的主題泰國及印尼，印尼與泰國都經歷了一場限縮或禁止華文教育的過程。這也並不是兩個單一的例子，其實所有的東南亞華文教育都遭遇到同樣的問題。簡單地說，第二次世界大戰前所發展出來的華文教育的規模，面臨第二次世界大戰之後新興民族國

家興起的時代，華文教育都必須面臨轉變。只是處理的方式不相同，在這幾個國家例子裡面正好是比較極端的例子。

第二次世界大戰對於東南亞來講，是現代史轉變的分水嶺。第二次世界大戰之前，東南亞除了泰國以外，都是西方的殖民地。印尼就是由荷屬東印度轉變成獨立國家。泰國雖然不是西方殖民地，不過也在西方的衝擊下產生轉變。因此對於華文教育而言，我們將起點設在第二次世界大戰前後是相對來講清楚的。

以印尼來說，第二次世界大戰後是華文教育的歷史高峰。第二次世界大戰結束之後立刻就獨立的印尼來說，雖然在政治上一直都還是擾擾嚷嚷問題很多，但是華文教育到 1958 年以前，不論數量及深度，都有長足的進步。這一段期間是印尼華語文教育的階段是印尼華語文教育的復興期，戰前因為殖民地時代的新客與土生華人各自分離的情況，在經過日本佔領的經驗後有所轉變。土生華人的家長在戰後將子女送到華文學校，因此這是印尼華文教育的黃金時期。現在印尼華文教育復興，許多主要推動人士都是在這個時代接受華文教育。

表面上看大家都以為是政黨輪替造成僑務政策的改變。在陳士魁擔任僑委會主委的時候，已經很清楚的顯示這種轉變。這是由陳士魁所做的簡報。在 2016 年 4 月 14 日是所做的簡報，標題是僑務工作與展望化僑力為國力。首先強調的是僑務情勢今與昔，及核心概念就是從「零和遊戲」到「服務競爭」，一句話道盡

了僑務政策轉變的方向。特別表明僑務工作不以僑社為交易對象，將華僑的名稱改為僑民。

台灣發展印尼教育市場的策略建議

在印尼的教育市場，這是一個人口龐大而又是曾經有華語文教育傳統的地方，應該有不同的策略，尤其是華語文教育在印尼近代史中存在一個十分曲折的發展過程。在印尼剛剛開始將華語文教育解禁時，本人曾經提出應該對印尼採取專案處理的作法來因應其局勢，現在這個時機已經又過了十多年，但是應該對印尼華語文教育市場有特殊的作法，這個想法到現在應該仍然適用。

就印尼的地域分布而言，印尼是一個國土因為島嶼而分離的國度，特別不適合單一窗口的設計，從地域的角度應該設置多管齊下。具體而言，台灣過去對印尼的直接連繫機構，都是以首都雅加達為主，雅加達雖然是大都會，但是如果只以雅加達為接觸點，可以接觸到訊息的人就會十分有限。如果我們以華人人口聚集的地方而言，泗水、萬隆、棉蘭、坤甸等地都是華人人口很多的地方，當地也有很好的華文相關機制，應將接觸點設到這些地區。印尼也有一些城鎮或鄉村地區，華人聚集，也應該有相應的聯絡點發展出來，如邦加、勿里洞、山口洋等。

　　附帶一提的地方是印尼最近這些年的民主化，表現在政治運作上就是權力由中央下放到地方。現在新任的總統佐科威，原來就是地方型的政治人物。如果要發展與當地華語文教育市場，應該要能與地方政府打交道。有意思的地方是，印尼自從民主化以後，許多對多聯絡的機制是透過地方政府與外國城市締結姐妹市。目前台灣與印尼就有楊梅市與印尼的山口洋市締結姐妹市。

　　留心印尼與台灣關心的人應該會注意到，近年來這些締結姐妹市的構想都是由印尼地方政府先發動，前述楊梅市與山口洋市的關係就是個例子，但是台灣方面有時不太理解印尼的變化而錯失機會，例如日前棉蘭要求希望能與台灣的都市建立姐妹市，但是台灣方面的回應並不積極。其實棉蘭是過去華語文教育發展很好的地方，華人的華語文的水平是高過印尼其他地方。同時也由於棉蘭當地華人眾多，十分重視教育，當地的教育水準極高，在印尼也是很有名，同時棉蘭地區有許多台灣各大學的校友，是發展與台灣成為優良的教育交流平台是十分理想的。但是台灣雖然有民間與印尼人員往來的事實，台灣地區卻缺乏對印尼各地方的知識，十分可惜。

　　以上述山口洋市做例子，雖然有很多互相訪問的活動見諸報端，但是卻沒有人相到應該在華語文教育方面交流。實際上山口洋市是全印尼華人人口佔當地人口比例最高的地區，因此山口洋市在民主化之後，都可以選出華人來擔任市長，這是在印尼相當

罕見的地區。若能以此為基地，吸收人才來成為華語文教育的師資，台灣可以利用這個管道，在印尼華語文師資培育方面，提供不同的機會。

這裡所提供的例子，都是顯示雖然過去台灣與印尼有很多關係，但是台灣並不擅長與印尼的主流社會打交道。以地域的分布而言，台灣有與亞齊建立良好的教育文教關係，每年有亞齊政府選送學生到台灣進修，這是非常好的計劃。但是從印尼的角度來看，距離印尼的主流教育來說還有很大的距離。前述的山口洋與台灣的姐妹市關係，從印尼的角度來看也是十分邊緣的例子。日前有傳出棉蘭市主動接觸，希望能與台灣的相對應都市來建立姐妹市關係，反而是台灣各都不熱衷，此事不了了之。其實棉蘭市的教育水準很高，應該可以建立很好的合作管道。這些例子顯示，台灣對於印尼的文化外交政策是各行各事，沒有徵詢印尼研究專家，也沒有因應印尼的特殊國情加以調整。在目前亞洲各地強調區域整合的時代，台灣的區域政策顯得十分的落伍。

印尼華語文教育市場的特性與新發展

要發展印尼華語文教育市場的策略,必須要對印尼的華語文教育的特性有所掌握,要能成為為具有競爭力的方法,就是根據其特性建立一套差異化的策略。如前面的討論,印尼人口眾多,而現在是印尼有國家教育政策支持華語文進入其正規的教育體系之中,因此應該把握契機,加強培養可以赴印尼從事華語文教學工作的師資。印尼的薪資水準不高,因此要台灣本地的學生去從事華語文教學工作,多半須要在有輔助的情況,或是短期的工作期間,或是在實習的情況下前往。這些情況在過去一段時間,已經陸續展開。現在的問題是,如何能夠創造一定的數量。台灣發展印尼華語文教育,要針對印尼華語文教育的特性加以思考。

要發展印尼華語文教育市場的策略,這策略不但要配合印尼特色,而且必須能長久持續。台灣發展印尼華語文教育,必須要配合當地的人力需求,以培養印尼本地的師資為主。印尼的海外華人人數眾多,應該要加強印尼的僑生管道。同時應該注意,印尼因為過去的歷史,學生的華語文程度是很不平均,有的學生已經有相當不錯的程度,也有很多有意願來台灣,卻缺乏學習機會的學生。目前台灣對於外國學生取得學生簽證來台求學,原來只有越南要先考華語測驗,現在已經要要求印尼學生,這是不瞭解

印尼情況所制定出來的政策，不利對印尼學生推展華語文教育。

　　這裡最重要的論點，是希望台灣應該因應目前發展印尼華語文教育市場的契機，成立專門小組，研擬具體的對策，以專案的方式來進行。主要的原因是因為印尼的人口眾多，其計劃通常會有較大的規模，如果不是以專案的方式處理，一般台灣的計劃會顯得規模太小，對印尼來說，只是聊備一格的計劃，起不了太大的作用。同時另外一個問題是，台灣的教育法規，很容易讓台灣的大專院校喜歡和歐美的國家打交道。對於印尼這樣的國家，為數龐大的學校，是依本地需求建立起來，許多並不在世界排名的範圍之內，如果台灣都是制訂國際標準來和印尼打交道，會難得對準印尼的特性。這是我觀察的心得，一個缺乏對當地系統瞭解的交流計劃很難成功。

　　理解印尼的特性，我們應該有個針對印尼主流社會拓展華語文教育的長期計劃，這樣才能有比較長期而準確的作法，而目前台灣既有的與印尼的交流管道，應該可以視為台灣目前與印尼關係的基礎，以這樣的基礎來發展長期的策略，筆者仍然建議應該以進入印尼主流社會為目標，才能使得華語文教育在印尼得到認可，這樣才能事半功倍。以目前的情況，印尼人因為有禁止華文的歷史，普遍上認為華文是相當困難學習的語言，有些人甚至對漢字的學習有恐懼感。筆者認為甚至可以設計一個以印尼的學習者為主的華文學習教材來配合，這才是發展因地制宜的華語文教

育發展策略，應該走的路。如果能夠有清楚的政策，長期的發展，才不會像現在只有點的拓展，缺乏整合連繫，反而成為資源浪費。

參考文獻:

Arifin, Evi Nurvidya, M. Sairi Hasbullah, Agus Pramono, Chinese Indonesians: how many, who and where?, *Asian Ethnicity*, 18:3, 310–329, 2017.

Aris, Ananta, Arifin Evi Nurvidya Bakhtiar, "Chinese Indonesians in Indonesia and the Province of Riau Archipelago: A Demographic Analysis", in Suryadinata, Leo (ed.), *Ethnic Chinese in Contemporary Indonesia*, Singapore: Institute of Southeast Asian Studies, 2008, pp. 17–47.

Ben-Rafael, Eliezer and Hezi Brosh, "A Sociological Study of Second Language Diffusion: The Obstacles to Arabic Teaching in the Israeli School". *Language Problems and Language Planning*, 15 (1):1-24, 1991.

Dawis, Aimee, "Chinese Education in Indonesia: Developments in the Post-1998 Era". Leo Suryadinata ed., *Ethnic Chinese in Contemporary Indonesia*. ISEAS–Yusof Ishak Institute, 2008, pp. 75-96.

Govaars, Ming, *Dutch Colonial Education: The Chinese Experience in Indonesia, 1900–1942*. trans. by Lorre Lynn Trytten. Singapore: Chinese Heritage Centre, 2005.

Yang, Fuchang, "China-Arab Relation in the 60 Years' Evolution". *Journal of Middle Eastern and Islamic Studies (in Asia)*, 4(1):1-15, 2010.

第六章

馬來西亞華語文教育
的文化獨立性與多元性

　　本章將從國家研究與比較研究來討論馬來西亞華語文教育所包含的文化認同獨立性，以及在這種文化認同發展下，與多元文化發展的關係。並且從與東南亞各國的華人情況做比較，可以得到較好的認識。首先會從馬來西亞社會與語言的基本結構談起，由於特殊的歷史條件，馬來西亞從建國開始就是多元文化社會，三大民族的人口結構，構成馬來西亞社會的基本條件。接下來討論馬來西亞華人移民的歷史，在討論其歷史的同時，也會討論到華語文教育的歷史。然後特別討論獨立中學體制的華語文教育，然後討論馬來西亞的族群政治，最後我們以獨立中學體制的華語文教育傳承中華文化的功能來論述馬來西亞華語文教育的文化獨立性及多元性。

馬來西亞社會與語言的基本結構

　　馬來西亞，簡稱大馬，馬來西亞是一個由十三州和三個聯邦直轄區組成的聯邦體制國。馬來西亞人口在 2017 年馬來西亞總人

口將突破 3200 萬人，其中馬來人占總人口的 68.8%；華裔人口占
23.2%，華人人口有逐年減少的趨勢，印度裔人則佔 7%。社會人
口方面，馬來西亞是由多元種族文化組成之國家，馬來人約占
62.25%，其次為華人占 22.5%，印度人占 6.8%，期他少數民族占
1.2%，以及外籍人士占 7.3% 。馬來語為官方語言，通用英語和
華語。馬來西亞的馬來人大多數人信仰伊斯蘭，其他多為華人宗
教及印度宗教，以及西方宗教。[90]土地可分為兩部份，一是馬來西
亞半島，位於中南半島的南端，二是東馬來西亞的沙巴與砂勞越，
是在婆羅州島北部，兩者土地總面積為 329,589 平方公里。

　　馬來西亞的地理位置十分優越，位居東南亞的核心位置，以
東南亞的中南半島，同時又鄰近麻六甲海峽，是海洋東南亞與半
島東南亞的連接。馬來西亞地屬熱帶地區，平均溫度約為攝氏
26-32 度。馬來西亞地理位置優越，坐落在東南亞的中心點，約在
東經 100 度至 120 度之間，而南部做頂端為北緯 7 度，離赤道頗
近。馬國北方鄰國有緬甸、泰國、寮國、柬埔寨和越南；以南則
有新加坡、印尼、以東則有島國菲律賓，介於東南亞的水路與空
路的重要的航線上。同時馬來西亞的地理位置，使其處在嚴重的
自然災害範圍以外，比較不會受地震、火山爆發或颱風的影響。

---

[90] 邵岑、洪姍姍，〈馬來西亞華人人口現狀分析與趨勢預測〉。《華僑華人歷史
　　研究》，第 2 期，頁 11-23，2020 年。

　　馬來西亞語言就是個多元體系，因為屬於多元種族的國家，馬來西亞政府和教育部提倡「強化馬來語，提倡英語，並掌握母語」的教育制度，使馬來西亞人民會說至少兩種語言，馬來西亞華人大多都會講華語，馬來語，英語跟家鄉的籍貫語四種語言，馬來西亞印度人會講三種語言，分別是馬來語，英語跟印度家鄉語，由於馬來西亞印度人主要是使用淡米爾語，因此是淡米爾語、馬來語，英語的組合。而馬來人會講兩種語言馬來語跟英語。馬來西亞同時使用這麼多種語言是個常態，也形成相當特殊的多語並存旳現象。[91]

　　我們可以從馬來西亞的日常生活及飲食習慣來說明華人一方面保持其文化特色，另一方面又受到馬來西亞各族的影響，產生出具有別具一格的特殊文化特色。原來華人飲食的主要食物是飯米，華人食物從街邊小攤子到酒店中菜館，具有特色的食物有釀豆腐、蝦麵、炒粿條、咖哩麵、清湯粉、薄餅、海南雞飯、瓦煲雞飯、餛飩麵、廣式點心、肉骨茶、檳城辣沙等，種類繁多。來自馬來西亞的肉骨茶算是本地華人食物的特色，早期由於在山上的華人苦工食物不足，會打野豬，將豬肉切成大塊肉然後加上藥膳，形成了現在大馬風格的肉骨茶。

　　對比馬來飲食，馬來人的食物以辣為主，其中較出名的食物

---

[91]　Asmah Haji Omar, *The Linguistic Scenery in Malaysia*. Kuala Lumpur: Dewan Bahasa dan Pustaka, 1992.

有沙爹、馬來糕點、椰漿飯、竹筒飯、黃姜飯等，沙爹即是雞肉、牛肉及羊肉串。印度人的食物也以辣為主味，其中最有名的是印度拉茶及印度煎餅。我們現在可以看到的馬來西亞特色美食，基本上就包括這些不同的族群的食物，也可以看到不同作法或是佐料的互相影響。馬來西亞多元社會，在食物等方面同樣表露無遺。

馬來西亞各個民族都有自己的文化傳統及習俗。馬來人有馬來傳統藝術，宮廷舞及音樂有相當悠久的歷史，有源自阿拉伯或是印度，也有從馬六甲王朝流傳下來的，民間音樂及宮廷音樂都有流傳。另外，馬來人的手工藝術也相當有名，雕刻也有相當悠久的傳統，喜用森林裡的硬木如龍腦木、菩提木和軟木來雕刻花紋及各種植物圖案，用來裝設牆壁、走廊、門柱、窗口和家具等。除了木雕以外，臘染布料及錫製品都很有名，臘染布料是馬來人與印尼民族的傳統服飾，而馬來西亞是世界上主要的錫產國，錫製品的製作很發達。在馬來西亞的文化特產，可以看到不同民族的文化傳統。以慶典節日方面來說，是兼容並蓄，各民族有各民族自己的節日，因為節日的日期各自不同，不會發生混雜的情況。如1月25日是大寶森節，是慶祝印度的節日，會有花車在大街上遊行。而農曆新年則是華人的節日，馬來人也有馬來人的節日，從各個層面都可以看到馬來西亞多元族群的社會基本結構。

馬來西亞華人移民史

馬來西亞的華人移民史，形成馬來西亞和東南亞其他地方的不同。每個地區都有華人重新建立自己的歷史觀，馬來西亞華人的移民相對其他地方要早，最早可以追溯至漢代。然而有華人社區聚集，應該是明代就有清楚的記載，明代鄭和下西洋時曾多次在馬六甲停留，明史將馬六甲稱為滿剌加，鄭和訪問當地時，就都有在當地遇到華人社區，華人因為和當地人通婚，開始馬六甲形成聚落定居，當時的記錄已經對這樣的型態有詳細的描述。明朝之後，華人的後裔因交通不便以及滿清海禁政策等因素，與中國關係疏遠，華人社區變成當地聚落。

華人大量移民到現今馬來西亞各地，主要是十九世紀末到二十世紀初的發展，大規模移居的歷史是在清代鴉片戰爭之後開始，英屬馬來亞與婆羅洲的英殖民政府因《北京條約》大量引入華工，清朝容許外國商人在中國招聘漢人出洋工作，一直到馬來西亞獨立建國之後，華人已成為當地的第二大族群。由於英國殖民者需要人力開發馬來亞半島，大量的華工就來到馬來亞半島成為礦工、碼頭工人或農場工人，亦稱為苦力。這些後到的華人與早期定居的華人大不相同，被稱為新客華人，而早期定居的華人

和當地混合已久,生活習俗都已經改變,稱為峇峇娘惹。[92]後來新客華人數量急劇上升,大幅超越峇峇娘惹,華人社會成為以新客華人為主的社會。

剛開始華人移民中男女比例嚴重失衡,勞工們的僑鄉意識濃厚,並沒有定居的打算,而是希望賺夠錢回到老家故鄉,1929 年全球經濟大蕭條,華僑婦女開始大量移民馬來亞,男女人口比例結構趨向平衡,許多華人在此成立家庭。二戰後,世界進入冷戰時代,英屬馬來亞正值馬共叛亂,移民條例收緊,中國抵馬的移民潮逐漸減少甚至停止。華人參與馬來亞獨立運動與建國運動,並認同當地,將馬來亞視為第二故鄉,而不再只是僑鄉。

馬來西亞華語文教育也有很長期的歷史,由於華人在此定居很早,根據正式的史料記載,第一間華人在馬來亞設立,弘揚中華文化的私塾是 1819 年在檳城的五福書院,而 1854 年閩商陳金鐘創辦萃英書院,也是早期的記錄。1904 年檳城的閩商海澄人林克全,以及同安人柯孟淇聯合創辦中華學堂,是有名的傳統私塾。私塾的傳統持續,由漢文老師教學童學習四書五經,並且作詩寫文,直到第二次世界大戰時期日本佔領,也還有傳統私塾的存在。

同一時間所開辦的現代學校,才有大規模的華人子弟進入學校,接受教育。記錄上所提到的 1906 年,吉隆坡尊孔學校成立,

---

[92] 顏清煌,《新馬華人社會史》。北京:中國華僑出版公司,1991。

同年在檳城的海澄新垵邱氏龍山堂集資創辦立的邱氏新江學校，都是新式學校，也引發當地華人辦學的熱潮。如 1908 年檳城閩商陳新政及吳世榮發起創辦了鐘靈學校，是由當地閩僑集資而創辦的福建學校。又如 1907 年在吉隆坡開辦的尊孔學校、坤成女校、商務學校等，後來在怡保開辦育才學校，彭亨開辦育華學堂，自此新式學校取代了傳統私塾，成為華人子弟接受教育的主要方式。到了 1931 年，鐘靈中學首先創設高中班級。除了日本佔領期間，華文學校關閉，二次大戰結束後又恢復過來。1946 年馬來亞地區有華文學校 1 千多間，學生總數達 16 萬 8 千人。至於第二次世界大戰後華文教育的發展，我們以獨立中學體制做為討論的重點。

獨立中學體制的形成

要理解馬來西亞的華人具有文化的獨立性，我們必須從獨立中學體制的建立談起。獨立中學辦學的目的開宗明義就是要傳承中華文化和延續母語教育，馬來西亞在 1950 年代末期成立初期即走上馬來民族中心主義的窄路，對非馬來族採取限制、打壓和同化的政策。在這樣的格局下，華文教育運動，特別是獨中運動被逼著走上一條以維護民族語文、傳承中華文化為主的道路。馬來西亞的華語文教育後來發展成為獨立中學體制，可以說是一連串

的教育法令的壓縮，在華文社會與主流社會彼此互相拉拔的過程中形成。[93]

在 1946 年殖民地政府提學司芝士曼（H. R. Cheeseman）提出《教育政策白皮書》，其要點為：（一）免費的小學教育，以母語（巫、華、印、英）為教學媒介；（二）所有學校將教授英文；（三）男女教育，機會均等；（四）後期小學將包括以英文為媒介而兼授母語，或以母語為媒介而兼授英文，各民族教育都還是互相平等的立場。到了馬來西亞獨立時，政府法令以《1956 年拉薩報告書》、《1960 年拉曼達立報告書》、《1961 年教育法令》來看，強調馬來文是國家團結的語文，在建立民族國家的概念下，塑造團結的馬來西亞民族，已經塑立了馬來文做為國家語文的優越性。《1996 年教育法令》可以說是延續馬來西亞的政策，因此華人社會支持一個不受國家政策支持的獨立中學體制。

1948 年馬共叛亂，英殖民地政府宣佈進入緊急狀態，為防止左傾分子利用華校宣傳共產主義，殖民地政府對華文學校嚴加管制，212 家華文學校遭關閉。1949 年中共政權建立後，以往華僑子弟返回祖國就學之路就此暫停。中國一向為馬來亞之中小學師資主要來源，英殖民地政府為防共而拒絕簽發入境證，造成馬來亞地區華文中小學師資的嚴重短缺。1950 年 9 月 9 日，原籍福建

---

[93] 董總，《馬來西亞華文教育運動－馬來西亞華文教育 184 年簡史 (1819-2003)》。吉隆坡：董總，2003 年。

同安的陳六使以「福建會館」主席身份，在為會館旗下之華文學校籌款會上提議創立一所華文大學，陳表示，「二十餘年前，吾人出洋，思想為賺錢，賺錢入手，榮歸祖國，建家立業，可謂得意，今日見解已不同，自二次大戰後，吾人已認識馬來亞無異吾人故鄉，既有此新見解，自當為吾人馬來亞之子孫計，以南洋群島吾僑之眾，中學生之多，非從速辦一大學於 中心地點之新加坡不可，願各位賢達共促成之。」，這是東南亞華語文教育建立自主體系的開始，是以馬來亞為中心來開展。

　　接下來在馬來西亞開始一連串的社會行動，是為了要維護華語文教育而努力。1951 年林連玉號召成立的馬來亞聯合邦華校教師會總會。1952 年馬來亞聯合邦制定《1952 年教育法令》，確定以英文及馬來文為教育媒介語，將華文及印度族群之母語淡米爾文列為第三種語文，將華文學校及淡米爾文學校，排除於政府教育制度之外。1953 年 1 月，陳六使再於福建會館的執監委員聯席會議中提出開辦華文大學的建議，獲得新馬華人社會的熱烈反應。南洋大學創立之初，籌委會發表宣言，揭示創校主要目的為：(一)為本地區華文中學畢業生提供深造之機會；(二)為華文中學培育師資；(三)為本地造就專門人才；以及(四) 適應人口增加之需要。1956 年南洋大學以「南洋大學公司」名義，以私人公司性質，完成社團註冊手續。自創校後，聘請臺灣各大學之知名學者專家前往任教。1957 年馬來亞獨立時，境內有 60 間華文中學，新加坡

有 23 間華文中學，1961 年新、馬地區共約有 150 間華文中學。等於一個自立的華文教育系統在很短的時間建立起來。

馬來西亞獨立以後，華語文教育問題的爭議也越來越激烈。1958 年柔佛新山的寬柔中學表示不願接受政府津貼，成為第一間華文獨中學。華文獨立中學的誕生，非但延續華文學校的傳統體制，銜接了華文小學教育，也表現出馬來西亞華人為維護民族固有傳統文化作出的奉獻與犧牲精神。1959 年新加坡之「人民行動黨」執政，通過「南洋大學法」(Nanyang University Ordinance)，正式承認南洋大學為新加坡教育制度下之高等教育機構，仍不承認南洋大學授予的學位。此時星馬分家之後，馬來西亞的華語文教育必須考慮，是否建立自己的華語文教育體系，過去南洋地區華語文教育共同合作分享資源，在新的民族國家架構下切分開來。

1961 年教育法令通過之前，西馬共有 70 所華文中學，經過改制的浪潮衝擊下，只有 16 所華文中學不接受改制自動成為獨立中學至今。其餘 54 所接受改制成為國民型中學。而馬來西亞西馬和東馬現各存有 37 所和 23 所獨中。西馬獨中除原先不接受改制的 16 所之外，20 所為改制後復辦的獨中，1 所為 1962 年創辦的班台育青中學；東馬全數獨中則無經過改制。1961 年國會通過以《達立報告書》所建議之政策，制訂新教育法令，強調「馬來亞必須發展一個以國語為主要教學媒介的教育制度」。法令中明白規定，馬來亞只有兩種中學，即「全津貼中學」和「獨立中學」

兩種。1964 年西馬地區取消小學升中學的會考，東馬地區於 1971 年後取消小學會考。等於以斷絕政府津貼以及切斷小學生源來打擊獨立中學，華文中學面對改制的危機，接受政府津貼的華文中學得以改制成國民型中學，並以英語為教學媒介語。[94]董總前主席郭全強指出長期以來馬來西亞華文教育未獲得政府充分的照顧和公平的資助，面對各項發展的難題，而華社仍本著維護民族文化的意志和決心，利用國家憲法賦予各族母語教育的權利，公開地與排斥華文教育的勢力進行鬥爭，並自立更生，堅持自己辦華文中學。[95]

自從馬來西亞制定新的教育法令開始，這類改制的華文中學進一步從初中一年級開始轉換教學媒介語為馬來語，直到 1980 年，馬來語已全面取代英語的教學課程。已故教總主席林連玉先生曾對此事發表演說：「我們認為傳統相承已經數千年的文化，不但要加以保存，還要發揚光大，因此我們必須不惜任何代價維護下來。這就是說，津貼可以被剝奪，但獨立中學不能不辦。」[96]獨立中學在馬來西亞的教育體系下是個特殊的產物，一方面華人是馬來西亞三大民族之一，民族文化教育得到一定程度的認可，

---

[94] 鄧日才，〈中等教育趨勢與獨中發展〉。《馬來西亞華文教育》，半年刊，第 2 期，董總，頁 1-5，2004 年。

[95] 郭全強，〈馬來西亞華文教育的展望〉。《東南亞華人教育論文集》。台灣：國立屏東師範學院，頁 299-312，1995 年。

[96] 教總，〈華文中學是華人任何的堡壘——林連玉主席在教總工委會議上的講話〉。《教總 33 年》。吉隆坡：教總，頁 448-449，1987 年。

另一方面，馬來西亞希望建立以馬來文化為中心的民族主義，又為華人所不能接受。最後發展出來一個獨特的教育體制，即獨立中學的華語文教育系統。

因而馬來西亞國內現存的 60 所獨立中學可說是華人社會在馬來西亞這個國家努力保持華人文化特性的特殊歷史產物，以傳統中華文化的思想為依歸的辦學方針，馬來西亞華校董事聯合會總會簡稱董總。董總與馬來西亞華校教師會總會—教總，合稱董教總。董總目前的規模含總務處與學務處，總務處其下的組織包括：會務與組織局、人事局、庶務局、財政局、出版局，資訊局和電腦組，而學務處則含：考試局、課程局、師資教育局，學生實務局，技職教育局、體育局、教育研究局和獎貸款學金組。整個組織多達一百多為職員，堪稱得上在馬來西亞國家教育體制外的教育部。

1965 年 新加坡脫離馬來西亞聯邦，使得南洋大學變成外國大學。1968 年在雪蘭莪中華大會堂舉行發起獨立大學大會，除發表宣言外，並成立獨立大學籌委會，引發捐款潮，設立馬六甲分會。獨大之創辦，後因政府的拒絕而失敗。1973 年 4 月霹靂州董聯會率先發起「獨中復興運動」，這可說是一項民族教育的救亡運動，兼具民族性和群眾的基礎，以延續民族文化，發展母語教育，培育民族子女為先。獨中復興運動並獲得董教總以及華社廣泛的支持，籌募獨中發展基金，解決了當時獨中面對的經濟危機，也

落實了同年 12 月的《華文獨中建議書》，為獨中的生存和發展提供了物質條件。《華文獨中建議書》提出「四項使命」和「六項總辦學方針」作為獨中發展的依據。1973 年在霹靂獨中工委會的推動下，為華文獨立中學籌募運動從霹靂州展開。獲得巨大迴響，並引起全馬來西亞華文獨立中學復興運動。

1975 年 6 月，寬柔中學成立高級商科班。1975 年 12 月 8 日舉行第一屆獨中統考。獨中統考成功舉辦，意味著馬來西亞華文教育的發展，走向自立自強。馬來西亞各商業機構也以統考文憑作為徵聘職員的遴選標準之一，得到社會的支持，特別是華人社會的支持。1977 年成功出版第一套華文獨立中學統一課本。至此馬來西亞建立一個獨立於政府的教育體系之外，又在馬來西亞華人社會得到強力支持的教育系統，就是獨立中學體制的教育系統。

以上的討論是馬來西亞獨立中學體制的華語文教育發展的經過。現在馬來西亞的華語文教育，已經走過風雨飄搖的時代，現在是屹立不搖，成為東南亞華語文教育的核心。現在的馬來西亞，站在華語文教育的獨立中學體系之上，也開始向高等教育發展。1990 年 3 月獲教育部批准，成立南方學院，同年 12 月，寬柔專科部的商學系及馬來系學生，正式轉入南方學院，成為南方學院第一批學生。為馬來西亞第一所民辦非營利高等學府。校園風景宜人，富有濃厚的中華民族色彩及多元文化氣息，體現「一個馬來西亞」的精神。1994 年 8 月董教總正式提呈申辦「新世紀學院」

的申請，三年後終於獲得馬來西亞教育部批准開辦。辦學經費源自馬來西亞民間，所以學院也重視回饋社會精神之養成。

　　馬來西亞的華語文教育現在可以說是自成一個體系，馬來西亞在 1980 年代提出成為「東南亞區域教育中心」的願景，許多私立高等學院如雨後春筍般設立，並首創與英、美，加、紐，澳等知名大學的「雙聯」學制。而華人社會也籌辦了南方學院（1990）、新紀元學院（1997）以及韓江學院（1999）。2002 年拉曼大學成立，是由教育基金會創辦的一所非盈利高等教育學府，創校宗旨是成為一所卓越大學，在提升學術外，也注重學識的傳達、專業人才的培養，以作育英才、建設國家。有 4 個校區，巴生谷地區的八打靈再也（Petaling Jaya）、吉隆玻和雙溪龍（Sungai Long），以及在霹靂金寶的主校區。2010 年 9 月，拉曼大學中華研究院/中華研究中心成立，宗旨為提倡中華學術研究、提升其素質，並成為本區域中華文化、漢學與馬來西亞華人最重要的研究中心之一。這些高等教育機構的成立，使得馬來西亞的華語文教育體系更為完整，並且自成一格，成為具有當地特色的華語文教育，然而其華語文教育的核心仍然是建立在獨立中學體制的基礎之上。

　　除了獨立中學體制以外，華人組織的架構也是與華語文教育的發展互相配合。既然華語文教育成為承載中華文化的主要途徑，華人社團及華文報紙都會與這個維護華人文化的總目標互相

配合。在這種條件之下所形成的涵蓋式華人組織，就具有代表華人總體意志的意味。例如馬來西亞華人總商會，馬來西亞華模聯合會，馬來西亞華校董事聯合會。馬來西亞的改變最主要是社會外力的形成。日本入侵馬來西亞華人動員共同抗日，華人組織因此從原來的廣東福建客家等族群認同提升為中國人華人的認同。在這個提升的過程之中也形成了對於新國家的認知與認同，因此在第二次世界大戰之後，馬來西亞邁向獨立自主的國家，華人於是轉向，爭取成為這個新國家的組成份子。1991 年成立馬來西亞華人大會堂聯合會，算是馬來西亞的華人政治提升到一個正式的層面。在此之前華人政黨也讓華人族群在社會上有自己的利益代表的國家。這些都構成在國家政治上認同馬來西亞的前提下形成華人的文化認同。在華人認同的因素其中，最重要的是華語文教育的認同關係。因為華人文化的認同必須由華語文來承載。其他的領域也有同樣的發展，原來的不同方言區使用共同的漢字，因此就在普通話發音的華語進行溝通。華語文教育成為各地華人共同認同的對象，用於鞏固華人文化認同的基石。因此華文教育的發展就成為與華人相關的問題主軸。在這個體系裡面有幾個重要的機制，首先當然是華文學校。除了華文學校以外還有華人的報刊、廣播等大眾傳播媒體。都是以華語文教育做為凝聚華人認同的核心。

由比較觀點看馬來西亞的族群政治

我們這裡由一則新聞報導，可以從這裡談華人與主流族群的關係，我們這裡的主流族群，指的是馬來族群，主要的原因是三大族群中，印度人所佔的比例不高，並非掌握大局的族群，而馬來人除了人數眾多，也是主要掌握政治權力的族群，因此在馬來西亞，族群政治通常來自馬來人與華人的看法與價值觀不同所致。這則新聞主要是來自當時的首相馬哈迪認為，將英文小學改制為馬來文小學是個失敗的政策。[97]首相馬哈迪承認，把英文小學改制為馬來文小學是一項失敗的政策，因為馬來文小學并沒有達到吸引各種族學生就讀的目標。政府當初是基於國民主義，而把英文小學改制為馬來文小學，希望借此吸引各族學生的就讀，但是華裔和印裔學生不願意就讀，因而成為馬來人的小學。最後馬來西亞同意，採取數理科英文政策，讓小學制度必須回到英語教學，雖然不是整個制度，而是數學和科學兩個科目。可以說過去用英語學習數理，是馬來西亞原來有的優勢，現在要馬來語化的過程中，希望仍然可以保留英語學習數理的優勢。[98]

---

[97] 星洲日報，〈英文小學改制為馬來文小學　馬哈迪承認政策失敗〉。《星洲日報》，2002 年 10 月 12 日。

[98] Tan, May; Ong Saw Lan "Teaching Mathematics and Science in English in Malaysian Classrooms: The Impact of Teacher Beliefs on Classroom Practices and Student Learning". *Journal of English for Academic Purposes. 10 (1): 5–18, 2011.*

何以馬來西亞華人要拒絕政府改用英語做為數理科教學語言？為何印度尼西亞發生經常發生暴動，但是華人仍願意生活在當地？這些都是與當地族群政治有關。台灣其實是印尼華人歸僑的大本營，與馬來西亞的來往也很多。將以最近印尼與馬來西亞與華人族群相關的爭議事件為例，來分析不同的族群政治(Ethnic Politics)的類型，以期對理論與兩地社會有更深入的理解。

華人社會如何看待這個議題，一般估計，家長可能是歡迎的。然而雪隆華校董聯會主席葉新田博士說，針對華小數理科改用英語教學課題，該會嚴肅、認真看待這項教育課題，並清楚表明一貫立場，堅持反對這項措施，希望這樣的措施，不要變成政府干預華文小學的方法。代表華人社群教育專業的董教總，仍然強調華語教學的重要。董教總從母語教育、教育原理和教育實效的多個角度來客觀、全面的剖析華小數理改用英語教學的課題，認為基於學生採用最熟悉的母語學習數理是最直接和最有效，又基於保持華小的數理優勢和維護華小的本質及特徵，數理科一定要用華語教導。[99]而馬來人則表示，維護國家尊嚴大馬人應使用馬來文。[100]從這些新聞所報導的族群互動之中，我們可以看到華人與主流族群對於華語文教育互相不信任的態度。

---

[99] 星洲日報，〈華人領袖反對 雪隆華校董聯會 堅持反對英語教學措施〉。《星洲日報》，2002 年 7 月 19 日。

[100] 星洲日報，〈馬來文語文局總編輯：維護尊嚴 大馬人應使用馬來文〉。《星洲日報》，2002 年 7 月 16 日。

　　在馬來西亞獨立以後，就慢慢開始了將原來因為殖民地的歷史所形成的英語，改為馬來文的名字。路名是最明顯的，將一些殖民地時代遺留下的名字消除掉，皆改為馬來文的名稱，這些路包括在吉隆坡的 Jalan Mountbatten，Jalan Campbell，Jalan Parry 等等，這些路名被改為馬來西亞文的名字，如 Jalan P. Ramlee, Jalan Tun Perak, Jalan Dang Wangi 等。不過，經過一段時間往馬來文化前進之後，反而現在認為矯枉過正。以地名來說，發展商不願意在新發展區內以 Teratai Permai 或是 Pondok Mutiara 等命名，因為太過於馬來文的地名，會讓人感到不夠現代化或是不夠先進的感覺。西方式名字受到歡迎，許多在吉隆坡地區新建的高樓，不喜歡採用馬來文來命名。這是不分族群，多數人會產生這樣的感覺，簡言之，大部份馬來西亞人更喜歡採用 KL Tower，而不稱之為 Menara KL。英語仍然是三大族群共享的文化。

　　另外一個發展的趨勢也十分值得注意，即越來越多的馬來同學與印度同學，選擇來上華文班。華文班在大專院校中設立，受到非華語背景的同學歡迎。受歡迎的程度超越一般人的想像，除了馬來同學之外，還有印度、卡達山甚至受英文教育的華裔同學，由華裔的大專生擔任義務的老師。一個班幾十個各族大學生在老師的帶領下學習粗淺的華文。這種情況與過去討論華語文教育受

到馬來人政治領導排斥的情況已經完成不同。[101]

　　馬來西亞過去的族群政治一直是圍繞著華語文教育的問題打轉，這是馬來西亞族群政治特色，簡單的說就是政治議題族群化，族群議題政治化。幸運的是因為馬來西亞華人領袖的堅持，使得馬來西亞成為東南亞區域內華人唯一擁有完整華文教育體系之國家，現在支撐過了黑暗的歲月，來到了全球化的時代。現在多語能力及多元文化成為社會主流，人們不再以狹隘的眼光來看待語言文化的教育。因此華語文教育成為馬來西亞的優勢，同時更是馬來西亞華人的驕傲，多語能力使得馬來西亞華人更為人所重視。「做個有「根」的華人」，莫泰熙（2004）指出在馬來西亞獨立之前，英殖民者雖允許各語文源流的學校存在，但卻獨尊英文、扶持馬來文並限制華文。但在當時受英文教育可以「左右逢源」的時代，因許多華裔家長還是把孩子送進華文學校，使當時的華文教育生機勃勃，甚至還創辦了南洋大學，其中一個重要的原因是華裔家長普遍希望自己的下一代要做個「像華人的人」，一個熱愛國家，自身民族傳統，有民族自尊，有「根」的人。因此，要傳承文化，要做一個有「根」的人，就得將孩子送進華校。

---

[101] 星洲日報，〈熱愛上華文班〉。《星洲日報》，2000 年 9 月 25 日。

　　如果我們要從比較的觀點來看，為什麼馬來西亞的華人可以保有完整的華語文教育的體系？如果從歷史的角度來看，這是馬來西亞華人經過長時期的努力所爭取來的成果。如果我們從族群的理論來說，族群是文化承載單位，因此不同族群就有不同的文化傳承。而族群界限理論讓我們知道，族群文化有可能隨時間改變，但是所形成的界限會一直存在。[102]族群是一種組織型態，族群界限導引社會生活，區分族群界限意味著同享的文化價值與道德標準。因此像馬來西亞從建國開始就是三大族群的組合，族群的界限不會輕易被抹煞，同時族群衝突形成有強化族群意識與族群特性的效果。馬來西亞建國以後的族群政治，反而強化了華人的認同。反過來說，主流族群的政策看起來就像是同化政策，反而讓華人族群在華語文教育的相關議題團結起來，因此才有今天的成果。

　　另一個角度是族群特性是存在、實踐與知識的行動組合。族群的特性及文化都是須要有知識的支撐，以及日常生活的實踐。馬來西亞華人以維護華語文教育，用來使文化傳承得以生生不息，族群特性是在實踐中展現。族群文化遺產創造行為與表達方式，透過語言，族群文化遺產可代代相傳，歷久不衰。[103]少數族

---

[102] Fredrik Barth, *Ethnic Groups and Boundaries*. Boston: Little, Brown and Co. 1969, pp. 10-19.
[103] Richard Schermerhorn, "Ethnicity and Minority Groups", *Comparative Ethnic Relations*, New York: Random House, 1970, 12-14.

群是在人口數量上以及掌握政治權力上都居於劣勢者。而語言是族群區分的標誌。[104]語言能力的取得與族群有直接關係，母語能力是在族群社會生活中取得，這與長大成人以後所學習的語言不相同。族裔團結(ethnic solidarity)是指對於族裔成員產生對族裔的義務與責任。族裔政治運動是指由族裔間的差異而轉換成在政治上的訴求，而產生社會行動。族群行為是族群個體理性選擇的結果。族群集體行為也應該是集體理性選擇的結果。[105]因此馬來西亞華人將資源投注在華語文教育，也形成文化認同的核心，即保存文化及語言能力以延續族群的發展。

我們可以從新經濟政策來討論馬來西亞族群政治的特色，相較於其他東南亞的其他國家，馬來西亞族群政治的特色都是族群意識顯性呈現。以印尼來說，印尼的政治風格很少直接討論其族群政治，但是實際作為中大抵是採用同化主義政策。以泰國來說，華人族群其實是穩居第二大族群，泰族之後就是華人，但是其政治風格中卻是避談族群事務，都是以含混的方式帶開議題。相較之下，馬來西亞反而是凸顯族群政治，許多制度性的安排，都是特別強調族群意識，可以說是制度性保持族群意識。這主要的理由，是馬來西亞的社會關係主要由族群關係切割，族群問題難以

---

[104] Manning Nash, "The Core Elements of Ethnicity", *The Cauldron of Ethnicity in the Modern World*, 1989.

[105] Michael Hechter, "A rational choice approach to race and ethnic relations", *Theories of Race and Ethnic Relations*. Cambridge, 1986, pp. 268-77.

避免。同時,由於各民族的權益是不平等的,而法律上保持不公平待遇,也使得族群意識難以減低。同時,馬來西亞主流政黨的政治領袖,歷來的政治語言操弄種族課題,也是造成馬來西亞族群政治風格的主要原因,這是從馬來西亞政治強人馬哈迪開始就保持這個風格,這樣的政治風格透過主流政黨的強化,一直流傳到現在。

有幾個馬來西亞的政治分水嶺都是由族群衝突所引起,著名的五一三事件就是明顯的事件,由於族群衝突成為可怕的記憶,族群議題就經常會被強化,成為明顯的政治議題。因此馬來西亞的制度性安排,都有族群政治的考量,最後形成制度性的族群界限的維持。[106]以政黨而言,過去長期執政的國家陣線為族群統合政黨聯盟,是以巫統為核心,與華基政黨合作,過去長時期的執政,主要就是告誡民眾族群問題的可怕,並以此來鞏固政權。後來推翻國家陣線,還是族群統合政黨聯盟,後威權政黨的時代,仍未能擺脫族裔政治陰影。

因此在馬來西亞的政治議題,長期都是族群團結,祇是族群團結的方向各自不同。其中特別形成不同特色的地方,是馬來西亞的政治議題是族群政治,而族群政治的核心議題是華語文教育。這是馬來西亞的政治特色,馬來西亞的反對黨,主要是華基

---

[106] Goh, Cheng Teik, *Malaysia: Beyond Communal Politics*. Pelanduk Publications, 1994.

政黨，而華人關注政治的問題核心，是華語文教育，這是其他國家所沒有的現象。

馬來西亞華語文教育的文化獨立性之形成

馬來亞到馬來西亞的華語文教育，是使得當地華人傳承文化認同很重要的管道。文化認同是有關種族、語言、生活習慣、民俗等文化屬性的認同，是文化群體成員之間共有的社會行為模式跟價值裡面的系統，這是須要透過學習的，必須要有一個學習的體系來支撐。特別是華語文的養成教育，由於華語文的結構，必須要經過較長的時間學習，同時就文化的體系而言也包含比較多的內容，沒有經過一個比較長的時期，無以養成完整的文化能力。文化認同會反映在文化群體中的日常行為、習俗、宗教、藝術文化、教育社會、經濟政治的體現，因此要維持文化認同的傳承，在文化的學習上，就須要有一段較長時間來涵養與傳承。在這樣的情況下，各地華人要傳承語言文化，要有華語文的教育體系才能達到這樣的目標。

馬來西亞的華語文教育，以獨立中學體制而言，等於是背負著中華文化傳承的辦學宗旨或方針，即「維護民族語言和傳承中華文化」的特殊使命。華語文教育具「民族教育」的神聖使命，獨立中學體制的華校更被譽為「中華文化堡壘」。這就是獨中的特

殊性。不願意接受改制的獨中在《1961 年教育法令》下失去政府的津貼，緊接著 1965 年政府又宣布取消小學升中學會考，將六年的國民義務教育延至九年，升學考試的取消讓小學的畢業生可以直升中學繼續學業，致使獨中學生來源幾乎斷絕。因此論及馬來西亞華語文教育的這一段歷史，多以華文教育的「悲壯」來形容。獨立中學體制的華校被認為是中華文化重要的堤防以及薪火相傳的根。後來在華文社會的強立支持下，獨立中學體制的華校終於生存下來。

　　普遍代表馬來西亞華文教育發聲，被喻為民間教育部的華教團體董教總，根據 1951 年聯合國教科文組織會議的決議：「學生一開始上學就應該以母語作為教學媒介，並且儘量將母語的使用，推向教育的更高階段上去。」長久以來所秉持和堅持母語教育的依據是：基本人權的捍衛、攸關民族文化救亡、維護民族尊嚴以及要求獲得公平合理的國民權益。因此華文教育的群眾性和堅持傳承民族文化成了華文教育的兩大特徵。1999 年董教總明確提出「母語教育宣言」聲明指出，母語是一個民族的靈魂，是傳承民族文化的根基，與民族的特徵、尊嚴和地位有著密切關係。[107]因此在馬來西亞華語文教育的發展，與民族平等政策在教育領域的體現有緊密的關連。華語文教育是以維護母語教育，傳承中華文化為號召，用以塑造華人意識的公共志業。換言之，獨立中學

---

[107] 董總，董教總『母語教育宣言』，吉隆坡：董總，1999 年。

體制的華語文教育所推行的不只是所謂的母語教育，而是進一步提升至「文化教育」了。綜合而言，獨中教育強調培育的是具有民族文化的華裔子弟，以維持華族文化邊界和避免被同化，而整個國家的教育政策，則是以建立一個民族國家，培育公民意識為主要論調。

談到華語文教育中所包含的精神價值，從馬來亞到馬來西亞，這個國家從 1950 年代經英國殖民，人民自組政黨組成政府自治，進而獨立有民選政黨組成政府統治國家，雖在政治上面臨巨變。但民間在華文教育方面還持有相當大的辦學自主的力量，而還能維持著傳統的運作，造就華校及其學生特有的東方的人文精神和風格，也即是屬於東方華裔人文傳統的文化意識，主體是以重德型的儒家思想精神，而有別於西方的希臘主體以重知型的文化意識。[108]獨中工委會教育研究員林國安指出，獨中統一課程強調：「以本國客觀環境之需要為原則，更應儘量保留和發揚華族文化遺產，配合當前國家原則的意識，進而創造多元種族的新文化。」在這裡指出獨中在課程的總目標內容要涵蓋兩方面的需求，既注重多元社會公民的社會功能的培養和五育均衡的發展，也不忽略中華民族優秀素質的保持。[109]這就是我們前述所說的，獨中體制

---

108 蘇新鋈，〈五十年代新、馬華文學中文化意識的類別、性質與貢獻〉。《南洋學報》，第五十七/五十八卷。南洋學會，頁 66-99，2004 年。

109 林國安，〈馬來西亞華文獨立中學課程目標研究〉。《馬來西亞華文教育》，半年刊第 2 期，董總，頁 6-19，2004 年。

一方面為維持文化的獨立性，一方面要發展配合國家多元文化的目標。林國安同時也指出，課程總目標在具體落實的時候，產生與原來設定的方式略有調整的做法。即許多獨中因應生存和迎合家長的意願和要求，採納「雙軌制」或「多軌制」的辦學制度，對同一種教學內容採兩、三種語言進行教學，以便同時可以參加不同媒介語的公共考試，以便同時參加獨中統一考試和政府教育文憑考試，這是適應環境調整結構的做法，仍然是在前述所說的發展方向中前進。

文化群體對文化價值的選擇。個人同時可以有不同的認同。在馬來西亞發展一個非常特殊的認同心態，就是在族群認同上認同自己是一個華人具有獨立的華人文化，但是在國家方面就是單一國家的認同，也就是馬來西亞的認同，在這個情況下馬來西亞就必須是多元文化的認同。獨中教育雖然在國家教育體制之外，但對獨中生而言，一方面即要傳承發揚自身的文化而與其他教育體制有所區別，另一方面在國家的教育政策下，又要實踐作為一個公民的角色。在所謂的國家與文化傳承的衡量。馬來西亞華人所構成的文化認同必須同時兼具族群上的單一認同的獨立性以及國家屬性的多元文化認同的多元性。

吳建成認為華文獨中具備五項特質：「民族性、群眾性、獨立性、現實性以及先進性。」其中民族性主要是：「華文獨中首先必須具有華族的民族性。這一民族性具體表現在：以華族為主要的

董事、家長、教師及職員；以華族民眾為主要的支持者；以華族子弟為主要的教育對象；以華語為主要教學媒介語；以統考為考試目標；以繼承及發揚中華文化之優良傳統為基本的德育仏容；以德育貫穿及指導智、體、群、美育；以華社為主要服務對象等等。失去了這個民族性，華文獨中也就要變質，淪為英文或巫文獨中了。」[110]馬來西亞華社最初是創立華文教育學校以便使用和傳播華語文以及讓華人文化得以繼續傳承。華文學校從國家獨立開始幾乎都受到教育政策的忽略以及壓抑，受獨立中學華語文教育的學生因為其教育背景，必須承擔教育資格沒有受到政府認可的問題。當時的政府想要廢除華語文教育並讓所有馬來西亞人接受馬來語和英語教育，華人在這事件上的抵抗而得以維持其文化邊界的願望。[111]

從這個地方可以來討論馬來西亞華人的獨特性。從馬來西亞的社會組成來談，馬來西亞在第二次世界大戰以前所形成的社會就如同其他的華人社會一樣，是一個強調祖籍親緣認同的社會。前者是指地緣關係，通常是族群的角度，強調的是血緣關係，只要是強調宗族的角度。原來的華人社會是具有這些地緣及親緣組織所構成的，與其他一般的華人社會並沒有本質上的不同。在日

---

[110] 吳建成，〈華文獨中的特質〉。《今日獨中》，董總，頁 302-308，1991 年。

[111] Amy L. Freedman, *The Effect of Government Policy and Institutions on Chinese Overseas Acculturation: The Case of Malaysia*. Cambridge: Cambridge University Press, 2001.

常生活上這些社團組織，藉由不同的社會、經濟、政治、文化、教育及宗教的功能，為華人的生存跟發展提供的良好的條件。這是為什麼論及馬來西亞的傳統社會師都會談到會館組織，會館組織就是構成了缺乏國家存在的華人傳統社會的結構，如果華人社會的關心焦點只到這個層次，這樣馬來西亞華人與其他世界各國的華人社會也沒有什麼差別。然而獨立中學的教育體制卻更進一步，提出獨中教育肩負「特殊使命」與「一般使命」，「特殊使命」即「維護民族語言和傳承中華文化」；而「一般使命」則是「培養完整人格和培訓人力資源。」「特殊使命」得以使獨中與其他源流的中學區別，「一般使命」則讓獨中與其他源流的中學肩負同一任務。吳建成也總結 21 世紀的資訊時代賦予華教運動一個中心任務，即：提高民族素質。「華教工作者必須以維護民族語文、傳承中華文化的特殊使命，以及培養完整人格、培訓人力資源的一般使命為兩個基本立足點，努力去實現提高民族素質這項中心任務。」[112]這個兩個使命的基點，就是同時強調華人文化的獨立性，同時強調馬來西亞的多元特性，這種平衡不容易做到，卻是馬來西亞華人獨特性之所在。

---

[112] 吳建成，〈華文獨中教育改革〉。《第三屆東南亞華文教學研討會論文集》。馬尼拉：菲律賓華文教育中心，頁 15-30，1999 年。

馬來西亞文化獨立性

與東南亞其他國家互相比較，馬來西亞的華人教育相對來講，是完整的規模的華文教育，華人的華語文程度也是公認比較高。馬來西亞的華語文教育有自己的體系，華語文教育一方面是做為維持文化認同的內容，把華語文當作是中華文化的承載，同時又是多元文化教育的一環，這使得得馬來西亞的華語文教育有其特色，我們以文化獨立性來論述這個特色。換而言之，馬來西亞的華語文教育具有文化承載的功能，而不是單單祇是語言教育。由於這個文化獨立性，華語文教育與以英語教育所存在的西方文化，或者是馬來語教育所存在的伊斯蘭文化，有截然不同的關係。由於馬來西亞制度的安排，是一個國家多元族群中的一環，導致現在形成獨樹一格，具有特色的華語文教育。

在這個情況下華語文教育背景的成員，就會分成三種不同的源流。在小學部分大家都接受一樣的華文教育，到了中學開始有三種不同的選擇。首先如果是接受完整的華語文教育，就是有小學的華文小學，加上獨立中學系統的華文教育。第二種是接受英語教育，第三種是中學的時候接上馬來文的教育體系，這是所謂國民中學系統。因此同樣是華人社會的一員，教育的背景有所不同。然而這是多元族群國家不得不然的選擇，這是一個國家在成立之初的基本結構中已經包含的多元性，長期經過互相折衝所形

成的教育體制，到了今天成為具有特色的教育體系安排。

　　馬來西亞這樣的教育系統的多元性，也創造出不同的文化群體，有不同的類型。除了上述三種理想類型之外，在真實世界中，還有許多不同教育背景的不同源流，特別是馬來西亞華人也移民世界各地，隨著華人散居，華人子弟也有可能會經歷各種不同的基本教育。總之，現在的馬來西亞華人自成一格，是各種不同類型的集合。在這種情況下，各種源流的文化傳統所包含的不同文化內容裡面，也會產生不同的世界觀與文化觀，體現在日常生活的實踐上，社會活動的差異性就越來越大，然而馬來西亞華人的文化風格是卓然成氣候，清晰可辨。

參考文獻：

Abramson, Paul R., Ronald Inglehart, Generation Replacement and Value Change in Eight West European Societies. *British Journal of Political Science*, 22(2): 183-228, 1992.

Tan, May; Ong Saw Lan "Teaching Mathematics and Science in English in Malaysian Classrooms: The Impact of Teacher Beliefs on Classroom Practices and Student Learning". *Journal of English for Academic Purposes*, 10 (1): 5–18, 2011.

Freedman, Amy L., *The Effect of Government Policy and Institutions on Chinese Overseas Acculturation: The Case of Malaysia*. Cambridge: Cambridge University Press, 2001.

Inglehart, Ronald, "Post-Materialism in an Environment of Insecurity". The *American Political Science Review*, 75(4): 880-900, 1981.

Omar, Asmah Haji, *The Linguistic Scenery in Malaysia*. Kuala Lumpur: Dewan Bahasa dan Pustaka, 1992.

Goh, Cheng Teik, *Malaysia: Beyond Communal Politics*. Pelanduk Publications, 1994.

吳建成，〈華文獨中的特質〉。《今日獨中》，董總，頁 302-308，1991 年。

吳建成，〈華文獨中教育改革〉。《第三屆東南亞華文教學研討會論文集》，馬尼拉：菲律賓華文教育中心，頁 15-30，1999 年。

林國安，〈馬來西亞華文獨立中學課程目標研究〉。《馬來西亞華文教育》，半年刊第 2 期，董總，頁 6-19，2004 年。

邵岑、洪姍姍,〈馬來西亞華人人口現狀分析與趨勢預測〉。《華僑華人歷史研究》,第 2 期,頁 11-23,2020 年。

教總,〈華文中學是華人任何的堡壘——林連玉主席在教總工委會議上的講話〉。《教總 33 年》,吉隆坡:教總,頁 448-449,1987 年。

郭全強,〈馬來西亞華文教育的展望〉。《東南亞華人教育論文集》,台灣:國立屏東師範學院,頁 299-312,1995 年。

董總,《馬來西亞華文教育運動—馬來西亞華文教育 184 年簡史(1819-2003)》,吉隆坡:董總,2003 年。

董總,董教總『母語教育宣言』,吉隆坡:董總,1999 年。

鄧日才,〈中等教育趨勢與獨中發展〉。《馬來西亞華文教育》,半年刊,第 2 期,董總,頁 1-5,2004 年。

顏清煌,《新馬華人社會史》,北京:中國華僑出版公司,1991。

蘇新鎏,〈五十年代新、馬華文中學文化意識的類別、性質與貢獻〉。《南洋學報》,第五十七/五十八卷。南洋學會,頁 66-99,2004 年。

第七章

菲律賓華語文教育的定位

　　本章主要是論述菲律賓華語文教育的歷史變遷，以及從菲律賓華語文教育的歷史變遷中，其教育的主軸及定位。特別是三十年來的變遷，並且認為 30 年來的變遷，可以視為菲律賓華文教育的復興。菲律賓華文教育的復興，可以歸為兩個方向，一個是教育改革，以菲律賓華教中心所推動的華語為第二語言教學為代表，另一個方向是資源整合，可以用菲律賓華文學校聯合會或其相關機構所連結的各種教育資源的匯入。其中菲律賓華文教育的教育改革，雖然參與這個教育改革的華教機構只是菲律賓華文教育機構的一部分，但是這個教育改革做出重大的宣示，認為菲律賓華文教育應該採行第二語言教育，並且在這個旗號下，投入資源來強化華文教育。菲律賓華文教育的性質，是否為第二語言教育，還待進一步地釐清，以第二語言教育為名號所投入的資源，能夠達到動員教育資源的目的，實際上調整了菲律賓華文教育在進行「菲化政策」之後羸弱的體質，因此以第二語言教育為口號的教育改革，雖然在第二語言教育的內涵尚待釐清，卻實質上改

變了菲律賓華文教育菲化政策的方向，意外地符合當初宣稱要因
應菲化政策的教育改革目的。

菲律賓華語文教育的定位

　　菲律賓華文教育的發展，過去的討論將之視為一個單方向的
直線發展，是華僑教育轉變華文教育，是華文全盛時期轉為菲化
政策，是華文教育慢慢走向式微的過程。本文認為，菲律賓的華
文教育，應該有一個新的視野，即近 30 年，菲律賓的華文教育得
到一個新發展，雖然這個新發展未必能使華文教育回到過去鼎盛
時期的情況，但是這個發展相對於過去所謂「菲化時期」而言，
應該是個清楚的轉折，在此以華文教育的復興稱之。本章首先要
對這個歷史轉折加以描繪，並且分析其成因，同時在這個歷史轉
折過程中，有個關於菲律賓華文教育性質的問題被提出來，本章
也將討論這個問題。[113]

　　菲律賓華文教育的復興，可以歸為兩個方向，一個是教育改
革，以菲律賓華教中心所推動的「以華語為第二語言」教學為代
表，另一個方向是資源整合，可以用菲律賓華文學校聯合會或其

---

[113] 本文源自研討會論文，楊聰榮，〈菲律賓華文教育是不是應採第二語言教育？
從菲律賓華文教育近二十年的新發展談華校語言教育的定位〉「2010 海外僑
教與華文教育國際研討會」台北：國立臺灣師範大學國際與僑教學院，2010
年 5 月 16 日。論文經過大幅度的修改，以配合本書章節。

相關機構所連結的各種教育資源的匯入。這兩個華文機構的成立，時間都是在 1990 年代的初期，因此從這個時間開始到現在，差不多有 20 年的時間。

菲律賓華文教育簡史

有關菲律賓華文教育簡史，主要是採取菲律賓華教人士的說法，綜合整理而成。根據長期擔任中正學院(Chiang Kai Shek College) [114]校長的施約安娜的分類，華律賓華文教育可以分為草創時期、發展時期，督察時期以及菲化時期。[115]而擔任菲律賓華教中心的主要領導人顏長城及黃端銘，則將分為華僑教育時期(1899-1973)及華人教育時期，前者由創始時期、擴展時期、復興時期到停滯時期，後者則由轉變時期到新生時期。[116]無論時期如何劃分，但對於早期的歷史史實的認知並無太大的差異，只有所強調的重點不同。但是到了所謂菲化時期，則有比較不同的態度。

---

[114] 中正學院成立於 1939 年，位於馬尼拉，校名來自於蔣中正，為菲律賓華人所創立，擁有從幼兒園、小學、中學、大學至研究所的完整教育體系。

[115] 施約安娜，〈華文教育在菲律賓的發展〉。《菲律賓華文學校聯合會成立十週年紀念刊》，范鳴英主編，馬尼拉：2003 年。頁 21-23。

[116] 顏長城、黃端銘，〈菲律賓華文教育的演變〉。《菲律賓華文教育綜合年鑑（1995-2004）》。馬尼拉；菲律賓華教中心，2008 年。頁 116-119。

菲律賓華文教育的創始時期，一般都是以 1899 年為開頭，即以中西學校創立開始。這個開頭時期有幾個特殊意義，以菲律賓華文教育與中國的互動來看，1898 年清光緒皇帝變法圖強，推行維新政策，採納維新派的主張進行教育改革，廢科舉而設學堂，下詔諭設京師大學堂，復通令全國開設中學堂，於是興學之風盛行，建立了新式學堂，而菲律賓僑界在隔年，即 1899 年即開辦小呂宋華僑中西學校(Anglo-Chinese School)，由大清駐菲(小呂宋)第一位總領事陳綱[117]在領事館內創辦，次年交由華僑善舉公所管理，改名大清中西學堂。由此可見菲律賓僑界與中國國內的互動關係應是極為密切。

傳統海外華人史或華僑史，論及海外華人新式學堂的建立，多半以 1900 年康有為到南洋，提倡新式學堂為主流論述，但是以實際成立新式學堂為例，即使是華文教育發展蓬勃的馬來西亞，時間也晚於菲律賓，東馬最早的新式華校是 1903 年創立的沙巴古達區樂育小學，而西馬的第一所現代式華校則是中華官音學堂，係在滿清駐檳城理事張弼士的大力捐助下，於 1904 年在檳城正式開課，後改為檳城中華義學。其後吉隆坡尊孔學堂創辦於 1906 年，吉隆坡坤成女子中學及新山育才學堂則設立於 1908 年。新加坡則

---

[117] 陳綱，僑領陳謙善之子，1871 年生於菲律賓，祖籍為福建泉州同安，1895 年清光緒甲午科舉人，除中西學堂外，也在清光緒 32 年(1906)籌辦廈門中學堂。

在 1905 年成立崇正學堂，後改名為崇正華校，是新加坡最早的新式華校。以南洋華文教育來說，菲律賓華文教育雖然沒有康有為等維新派人士加持，但發展與中國國內同步，與其他華文教育主要地區相比毫不遜色。因此也有華文教育著作指出，有南洋地區眾多華僑學校設立的風潮中，中西學校算是南洋華僑新式教育的第一聲。[118]

除了早期的創始時期以外，華文教育的發展時期主要是由 1930 年代到 1955 年，如果採用施約安娜的說法，這一段時期可以稱為發展時期，而在顏長城及黃端銘的分期中，則更強化二戰 (1941-45) 日本佔領期間的影響，將日本佔領時期稱之為停頓時期，將此之前稱為擴展時期，將其後稱為復興時期。這樣說來，各家說法對於史實的認定差別不是太大。除此之外，開頭的時期也略有不同，差別在以一個以 1912 年中華民國成立為開頭，一個以 1935 年菲律賓成立自治政府為開頭。不論如何，這段時期都被稱為發展時期。1955 年之後，即開始另外一個階段，即菲化政策。

關於菲化時期的討論，歷來有不少文獻討論這個時期的發展，在此僅比較時期劃分不同的說法。在施約安娜的討論中，1956 年到 1976 年是所謂的督察時期，即所有華僑僑校，均需向菲政府立案，並受督導。在這段時期，有菲律賓華僑學校聯合總會，簡

---

[118] 劉繼宣、束世澂，《中華民族拓殖南洋史》。台北：台灣商務印書館，1971 頁 186。

稱校總。在顏長城及黃端銘的架構中，這段時期被稱為停滯時期。綜合不同的說法，雖然起因或為菲政府擔心中共滲入菲律賓，[119]但這應該是菲律賓將華校視為外僑教育的階段，菲律賓政府當局與在台灣的中華民國政府協商而簽訂督察僑校協約，應該是廣義菲化的一部分。

至於 1976 年以後，就進入所謂的全面菲化時期，這是 1973年菲律賓政府公佈外僑學校全面菲化的法令，給外僑學校三年緩衝期，而在 1976 年全面實行。從此僑校成為菲校，學校董事及行政主管，必須全數為菲律賓公民，外籍學生不得超過全校學生人數的三分之一。菲化以前，華文中學為高初中六年制，菲化後改為四年制，華文教學上課時間中小學均限定每週六百分鐘。

華文教育近三十年的復興

筆者認為，菲律賓華文教育的發展，應該將最近 30 年的歷史，視為菲律賓華文教育發展的一個轉折。即華文教育的菲化政策被認為是華文教育最黯淡的一頁，菲化政策的執行，使得華文教育漸漸式微。然而從 1990 年代以來的發展，卻使得菲律賓華文教育得到了很多新的資源與發展，應該以華文教育的復興視之。這段

---

[119] 李恩涵，《東南亞華人史》。台北：五南出版社，2003 年。

期間，華文教育的統籌及整合資源的機構相繼成立，華文教育不再是孤軍奮鬥的寂寞事業，相反地華文教育受到華人社會普遍的關注，透過組織的運作，使得華文教育得到了新的資源挹注，這些發展都是前所未有的。華文教育的發展，已不再如同當年開始菲化政策時，人們所悲觀預期的，是日趨下滑的直線發展。

這樣的觀點，並非僅是個人意見，也有其他的研究者觀察到同樣的趨勢，因而有不同人士持有共同的看法，如以菲律賓華文教育為論文題目的陸建勝，在其論文中，即發現了這種現象：「事實上就筆者的瞭解，菲律賓華文教育一直持續發展，並沒有因為菲化而停頓。雖然華語文教育在菲律賓因為政府政策的改變，確實低迷了很長一段時期，但是華校在菲化之後逐漸轉型，在 1990年代開始進行各項改革，至今華文教育頗有復甦的前景。」[120]

來自中國大陸的華教工作者史周，來到菲律賓之後，聽到很多人提到華教式微，他這樣描述：「翻開菲律賓華文的報刊書籍，或是在和菲華人士的談話中，華教式微的感慨聲、嘆息聲接踵而來，從華社領袖人物到華教界領導，再到華文界文人墨客，無人不搖碩，無人不吶喊。」[121]然而，在他比較過華文教育的歷史變

---

[120] 陸建勝，〈菲律賓華校的華文教育〉。國立暨南國際大學歷史學研究所碩士論文，2001 年。頁 5。

[121] 達肯‧史周，〈社會交際需要是語言生存發展的基石：警惕菲律賓華語發展中潛在危機〉。《菲律賓華文教育綜合年鑑（1995-2004）》。馬尼拉；菲律賓華教中心，2008 年。頁 74-75。

遷之後，他認為「從上面所述情況看來，華教並不式微，而是比歷史上任何時期都勢強」。

華文教育的復興，主要分為兩個層次，一是教育改革，一是資源整合。在教育改革方面，主要是以華教中心為核心，提倡以第二語言教學來教授華文。而資源整合則以菲華文教服務中心及相關機構，推動華文教育資源的投入與整合。在資源整合方面，執行推動華文教材的編寫、華文教師的研習與訓練、華文實習教師與華文短期教師的投入以及華文教育數位中心的成立等等。

在教育改革方面，主要是由菲律賓華教中心所推動的，《菲律賓華文教育綜合年鑑（1995-2004）》出版時，號稱是菲律賓歷史上第一次出版的華文教育綜合年鑑。這一本年鑑所標示的菲律賓華文教育的變遷，即是本論文要討論的華文教育變遷，雖然這本年鑑是以 1995 年開始的 10 年為起點，但是考慮其中所主要描繪，這段時間的變遷，應該是以 1990 年代開頭時就漸漸展開，因此本論文所討論的菲律賓華文教育改革，應該是最近 20 年的現象，應該是符合現實的說法。

在 1991 年成立的華教中心,在華文教育範疇中以教育改革的基地自居,推動華語教學為第二語言教學,利用公開教學、座談,將其理念及作法,由僑中學院[122]開始推廣到其他華校。[123]菲律賓華文教育是否應該以第二語言教學為原則,這個議題留待後續討論。然而以第二語言教學為口號,確實是個有效的動員方式,以教育改革為名義,安排了大規模的師資培育計劃,加上各種資源的投入,可以看到菲律賓的華文教育,因此得到了新的資源投入。

以大馬尼拉華教協會為例,可以看出在華文教育在新的組織架構集結下的發展。大馬尼拉華教協會是菲律賓華教中心下屬的地區性組織,「為了促進和加快馬尼拉地區華文教育改革,走第二語言教學的路子,總結和推廣使用第二語言教學所用的華語教材的經驗」,[124]該協會舉辦了大規模的華語教師培訓班、華文學校集體備課活動、公開課教學活動,每個活動都是動輒幾百人參加的活動。

---

[122] 僑中學院(Philippine Cultural College),1923 年成立於馬尼拉,由僑領陳謙善創立,是第一所以中文─他加祿語作為教學內容的學院。

[123] 顏長城,〈發揮基地作用拓展華教領域〉。《菲律賓華文教育綜合年鑑(1995-2004)》。馬尼拉;菲律賓華教中心,2008 年。頁 60-61。

[124] 陳金燦,〈百尺竿頭更進一步:大馬尼拉華教協會工作總結〉。《菲律賓華文教育綜合年鑑(1995-2004)》。馬尼拉;菲律賓華教中心,2008 年。頁 69-70。

菲律賓華文教育是否應為第二語言教育

　　從幾個角度來看，菲律賓華文教育是否應為第二語言教育？是一個未經證實的命題，可以有進一步的討論。從語言運動的角度，菲律賓的華語文教育，在第二語言教育的口號之下，出現很好的集結行動，第二語教育的口號，相對於過去，的確是提出了新的說法，因此新的資源投入和新的師資培訓就成為必要的措施。第二語言教育同時對於中菲雙方而言，都是新的政治正確。對於菲律賓政府的角度，假如華語文是第二語言，那麼華語文不會構成對國家政策的威脅，對於中國政府來說，因為華語文只是第二語言，那麼派出華文教師或是推行華語政策，也都是符合與菲律賓的友好關係。從菲國政府的角度來看，第二語言教育的說法，解決了菲化政策的焦慮，在符合菲化政策的前提下，華文教育找到大力推展的正當性，因此理所當然得到資源挹注的途徑。

　　從目前已經出版的菲律賓華文教育歷史相關文獻資料來看，第二語言教學被引入菲律賓，並不是對菲律賓的語言使用情況以及華文教育機構有清楚的理解以後，因而才做出的選擇。而是先選擇了第二語言做為華文教育改革的方向，然後進行教育改革與推廣。菲律賓華教中心在 1991 年 5 月成立，而就在同年 10 月，華教中心舉行菲律賓首次華語教學講習會，「聘請中國對外漢語專家，世界漢語教學學會會長、北京語言學院前院長呂必松教授主

講第二語言教學的理論與實踐」，然後在菲律賓連續三週的週六與週日講課，共講了九次，「呂教授分析菲律賓華族兒童學習語言先後的情況，認為華族兒童首先學的是菲律賓當地語言，華語學習實際上第二語言學習，因此他認為華校華語教學應該是第二語言教學。」[125]

究竟菲律賓的華人社會是否已經改變？第一語言是否已經改變成為菲律賓語？其實這是一個沒有經過仔細討論的問題。根據沈文所做的菲律賓華語教師的抽樣調查，華校教師的課堂教學語言，分別是英語 33.4%，菲語 29.5%，閩語 90.5%，華語 1.6%。[126]由於問卷是複選題，所以總數會超過 100%，從這裡我們可以看到，閩南語做為教學語言，仍是最為普遍的，最多我們可以說，因為學生有其他語言的輔助，難以單純用閩南語來教學，必須輔以英語或菲語。這種情況原來就反映了菲律賓華人社會複雜的語言使用現象。

第二語言教學當然可以用在華文教育的教學上，但是採用第二語言這個概念，就需考量第一語言與第二語言的定義問題。如果將閩南語與華語，純粹視為兩種語言，則以閩南語來學習華語，就是菲律賓華文教育原本的趨勢，由於以華語為第一語言的華人

---

[125] 沈文，〈菲律賓漢語研究與教學綜述 1994-1998〉。《菲律賓華文教育綜合年鑑（1995-2004）》。馬尼拉；菲律賓華教中心，2008 年。頁 120-121。

[126] 沈文，〈菲律賓華語教師的抽樣調查〉。《菲律賓華文教育綜合年鑑（1995-2004）》。馬尼拉；菲律賓華教中心，2008 年。頁 62-63。

家庭較少,主要是由中國大陸或者台灣移入的新移民,主要還是以閩南語為第一語言的家庭較多。這種情況,華語文的學習當然是第二語言的學習。如果採取這個定義,其實過去也是這樣,就如同邱榮禧所說的「當時如此,現在我們的華校也是這樣」。[127]如果說是因為學生的閩南語程度低落,無法再用閩南語來教學,如果是加上菲語及英語的輔助,甚至取代閩南語的角色,其實都沒有改變華語文教育做為第二語言教育的情況,那麼將過去的教學稱之為第一語言的教學就顯得有些邏輯不通,要以第二語言教學做為教育改革的方向也同樣說不過去。

　　另外一種定義方式,是將閩南語和華語,視為同一語系的兩種語言,彼此可以互相加強。那麼以現在菲律賓的華文教育,在幼兒園就開始實施,而華教中心人士主張,幼兒園就開始第二語言教學,以目前所引入的新移民教師,本身是華語的母語人士,用直覺法來教學,這些都是在目前華教中心的推廣下所出現的清況。[128]根據這樣的定義,其實所學習到的華語,也是近於第一語言的地位。問題的關鍵在於,除了學校教育之外華語是否有使用的機會?許多菲華人士,當初在有限的環境下學習,同樣也不見得會使用華語,但是日後如果有機會使用,就可以很快地上手。

---

[127] 孫香琳,〈普通話與閩南語教學孰輕孰重〉。《菲律賓華文教育綜合年鑑(1995-2004)》。馬尼拉;菲律賓華教中心,2008年。頁89-91。

[128] 陳金燦,〈第二語言教學應從幼兒園做起〉。《華文教育文集:第二語言教育應從幼兒園做起》。馬尼拉;菲律賓華教中心,2005年。頁1-6。

在這種定義下，華語並不必然是第一語言的學習，其實就是華語文的學習，並無所謂是第一語言還是第二語言。

本文所要說明的情況是，菲律賓的部分華教人士，以第二語言教學為名義所引入的教育改革，並不是都以第二語言教學理念的教育改革，例如改進教學方法、提高學習興趣、修改教材成為符合當地需求，都是從事語言教育人士應該與時俱進的工作，與是否為第二語言教學沒有直接關係。然而以第二語言教學的名義，卻使得更多的外在資源得以投入華文教育，成為華文教育復興的機會，反而能協助解決菲化政策實行以後，外來資源難以進入的問題。

然而就菲律賓的華語文教育是否應實行第二語言教育，則還有很大的思考空間。一位來自大陸的華語老師，來到菲律賓之後發現，當地人們主要使用 Bisaya 來溝通，也可以用 Tagalog 和英語來進行交流。[129]可見得菲律賓各地的語言混雜，何者是第一語言，本身也成為一個問題。同時，菲律賓華人社會和其他東南亞地區的華人社會一樣，存在多語混雜的現象，多數人的第一語言，可能早已多於一種語言。

同時也有多人提到，菲律賓的語言教育成效不彰，與父母的教養方式有關。由於菲律賓華校上學、放學時，大多是父母親自

---

[129] 危萍，〈漢語作為第二語言教學在幼兒的實踐與心得〉。《華文教育文集：第二語言教育應從幼兒園做起》。馬尼拉；菲律賓華教中心，2005 年。頁 19-28。

接送，所以極少有時間去與別的伙伴交流，所以幼兒缺乏社交互動的環境。[130]且現代的父母親很忙碌，有時候無法自己帶小孩，反而是讓保母照顧的時間比較多，久而久之，幼兒反而對保母的語言反應最好。加上母父親對自己的閩南語或華語，可能沒有信心，因此寄託在學校教育的期待較高。其實華文教育在菲律賓的發展涉及菲華社會對於族群共同語的期待，閩南語是菲華社會的共同語，年輕一代的閩南語能力低落，對很多人來說造成很大的焦慮，而華語則是菲律賓華人和其他地區華人溝通的主要用語，設法學好華語也是許多身為華人子弟的父母親的期待。如果是這樣，則應該考慮如何在家中為兒童創設語言學習的環境。[131]

重新思考菲化的影響

「菲化」是個有意思的概念，如果從中文的角度來理解，「菲化」一詞是中文世界對於菲律賓長時期一連串對於「菲律賓優先」或是「菲律賓人優先」相關政策舉措的稱謂，至於具體的「菲律賓優先」或是「菲律賓人優先」所指為何呢？則要根據實際的情況來說明。這樣的政策在其他國家也經常出現，不過在其他的社

---

[130] 林美曲，〈幼兒社會交往能力的培養〉。《華文教育文集：第二語言教育應從幼兒園做起》。馬尼拉；菲律賓華教中心，2005 年。頁 57-61。

[131] 庄惠蘭，〈淺談幼兒期華語表達能力的培養〉。《晉總華語督導看華校華語教學》。馬尼拉；菲律賓華教中心，2008 年。頁 318-324。

會脈絡中，有時被稱為「本土化」。不過對於關注菲律賓華人議題的中文世界而言，討論到菲律賓議題時，則多使用「菲化」一詞。

同樣的議題如果用英語來表達，或許應當用 nationalization（國有化）來表示，我們可以理解不同的字眼，在各自的語言世界中，已經有其預設的價值在其中了。「菲化」一詞並非正面價值的字眼，使用這個字眼暗示了原來的狀態才是正規，而「菲化」代表某種程度的扭曲。在英語世界的 nationalization（國有化）則隱含回歸正軌，暗示在未進行這個過程以前的狀態是不正規的。兩種不同的詞彙反映出不同的價值，也有各自的道理，以中文的「菲化」而言，有些華人過去長期施行的情況，現在國家要加以更改，「菲化」就是強行改變過去的固有狀態，當然不是受歡迎的舉措，許多情況下是包含有敵意的作為。但 nationalization（國有化）對於菲律賓主流社會而言，則是回歸正常，具有正面的價值。

以具體的例子而言，在 1954 年提出來的「零售商菲化案」，以及在 1960 年所提出的「米黍業菲化案」都是相近的例子。以「米黍業菲化案」為例，要求米黍業的零售商必須要是菲律賓公民，這當然是呼應 1960 年代「菲人第一」（Filipino First）的原則。就菲律賓的主流社會而言，米黍業是民生必需品，因此零售商規定要具備菲律賓人身份，本來是無可厚非的事。如果再對照當時民族主義的發展，1960 年代是亞非國家民族獨立最盛行的時代，菲律賓的做法相較之下，已經算是極為溫和的做法。

　　然而對於華人社會來說，歷來華人在菲律賓這塊土地經營米黍業已有很長的時間，至少有三百多年的歷史，從十六世紀西班牙人統治菲島初期，華人就已在經營米黍業，而西班牙當局的糧食採購，都是透過華人來進行，華人因而扮演中間人(middleman)的角色，由華商先貸款給菲律賓的農民，等到收穫後再用米黍清還債務，這種角色在東南亞幾個前殖民地國家都存在，這種角色極為吃力不討好。到了反殖民地運動及民族獨立運動時，夾在其中的華人更是經常兩面不討好，以東南亞的華商而言，因而吃盡苦頭的人很多。無論如何，站在華人的角度，將長期由華人經營的產業，一旦要做改變，將會造成很大的損失，自然不會認同這樣的政策。且在實行米黍業菲化之時，菲島的米黍商共有六千多家，絕大部分是屬於華商所有，華人自然認為這個政策的針對性很強，當然也對這樣的政策有強烈的反應。

　　儘管在事前，菲律賓華人對於這樣的政策有強烈的反應，然而當政策實際實行以後，慢慢地雙方都找到了解決之道。最後多數相關產業的華商都找到完善處理的方式，有些人選擇入籍，也有些人找具有菲籍身份者來擔任負責人。就實際的例子而言，只要形式上符合法律的規定，就符合菲化案的要求。顯然地，在當時的菲律賓華商，保持外僑身份的人數是主流，絕大多數並不願意加入菲律賓籍。然而到了現在，多數的菲華人士改持菲律賓國籍，形式上符合法律規定的人士很多，尤其是許多在當地出生的

新一代華僑多持本地證件，現在這些菲化案已經不再被認為是一種阻礙。

如果我們用同樣的角度來看菲律賓的華校菲化案，其中有許多異曲同工之妙的地方。當華校菲化案開始實施的時候，許多華校也感到不能接受。然而到了現在，多數華校一路走過來，已都能夠接受菲律賓國家法令的安排。而在實際的例子中，原有的華校由主要是外僑經營的華僑學校，改變成菲律賓的學校，也有清楚的規定。其中在華文教育的部分，在實際的執行面上，只要能夠符合華文課程的規定上限，即一週不得超過六百分鐘，其他方面也很自由，菲律賓官方不會為難華校。

所以經過一段時間的調整與適應，菲律賓的華校多半已經能夠接受菲化政策後的價值，至少這些學校都轉型成為菲律賓的學校，因此也有菲律賓的不同族群將他們的子女送來華校就讀，有些學校甚至成為該地區的明星學校。在這種情況下，當大家發現菲華子女的下一代中文程度低落，因此菲華社團將提昇華文程度當成是努力的目標。我們可以說，對於華文程度低落的危機感，其實是近 30 年來菲律賓華文教育復興的動力。

結論：

　　從這個歷史脈絡來理解菲律賓華文教育的發展，我們可以這樣來理解，近 30 年來，菲律賓的華文教育經歷了一個新的轉折，對照之前的低迷，這個轉折可以用華文教育的復興來形容。在這個過程中，最重要的改變在於華文教育再一次成為華人社會共同關心的焦點，來自不同陣營的團體，也站在復興華文教育的角度共同合作。而這段期間最大的發展，則是外來投入菲律賓華文教育的資源增多了，資源的分享與整合也更為普遍，同時，因為「菲化」政策而造成華校與外界比較疏離的現象也改善了，現在菲律賓華校與外界的聯絡管道已大為增加，如果學生願意到華語文地區去深造，其間的阻礙變小了，華語文的教育與學習，增加了許多的機會。

　　至於菲律賓華文教育引發的一個話題，即華文教育是否應為第二語言教育，則值得特別的關注。從目前已經有的資料來看，菲律賓的華文教育是否應為第二語言教育，尚待進一步的釐清，但是必須承認以第二語言教育為口號，的確是個有效的資源動員方式，這使得來自華語文為母語地區的資源得以大量的流入，也使得菲律賓本地的華文教育機構有了新的動力，大規模的師資培育及教學精進活動積極進行，新的教學方法與科技快速流入。到目前為此，外在資源的流入對菲律賓華文教育而言，都還是刺激

本地華文教育發展的正向發展，期待未來仍能夠產生互相提昇的互動與發展。

　　至於菲律賓華文教育的性質，從華文教育發展的歷史回顧中可以發現，菲律賓其實提供了一個十分理想的機會，給予語言教育研究者重新思考相關議題。從菲律賓華人社會的理解，現在正是發展的一個里程碑。由於菲律賓華人社會的實際需求，華語教育必須設法補足華人必須學習多語的情況，一般華人至少應該要學習四種到五種語言，即閩南語、華語、菲語及英語，有時在非呂宋地區，還要加上當地語言。仔細分析菲律賓華人的需求，便會明白這些不同語言的社會功能不同，不能夠隨意只以外來者的眼光加以改變。因此菲律賓華文教育，必須要在目前有限的教育時間中，發展出能夠符合其需求的教學方式。

　　在這樣的理解下，華文教育是否應定義為第二語言教育，這個命題有其功能存在，不需要太快立刻肯定或是立刻加以否定，這個命題引發我們做進一步的思考。即在有限的時間、資源情況下，如何能夠有效地學習多種語言。在這裡建議各方，不應做先入為主的斷定或本位主義的思考，如何因應菲律賓的教育環境與需求才是重點。新的教科書與新的教學法，或是新的教學科技等，都有可能在這個場域中蓬勃發展。從這個角度來看，現在不需要為菲律賓華文教育的性質加以定性，而尋找最合適需求的方式，才應該是開始要積極次第展開。

　　同時，菲律賓華文教育的研究，有可能可以放大其意義。我們所面臨的情況是:對於廣大的海外華人而言，究竟海外華人的華語文學習，是否可以直接比擬外國人學英文，或是外國人學華文的模式？還是只要在傳統的模式中，做學習教材與教學方法的改進以及語言環境的創發？海外華人的華文教育，雖然各地條件不同，情況各異，但是華裔人士的華語文學習，也許應該另成一格，將基本問題予以釐清，進而發展出合適的應用模式。本文回顧菲律賓華文教育的歷史，並且法兼顧教育史與語言教育的意旨，指出菲律賓華文教育的特色，也許在這樣發展的過程中，所凸顯的華裔人士的語言教育問題，可以做為未來其他地區的借鏡。

參考文獻：

危萍,〈漢語作為第二語言教學在幼兒的實踐與心得〉。《華文教育
　　文集：第二語言教育應從幼兒園做起》,馬尼拉；菲律賓華
　　教中心,2005 年。頁 19-28。

庄惠蘭,〈淺談幼兒期華語表達能力的培養〉。《晉總華語督導看華
　　校華語教學》,馬尼拉；菲律賓華教中心,2008 年。頁
　　318-324。

李恩涵,《東南亞華人史》,2003,台北:五南出版社。

沈文,〈菲律賓華語教師的抽樣調查〉。《菲律賓華文教育綜合年鑑
　　（1995-2004）》,馬尼拉；菲律賓華教中心,2008 年。頁
　　62-63。

沈文,〈菲律賓漢語研究與教學綜述 1994-1998〉。《菲律賓華文教
　　育綜合年鑑（1995-2004)》,馬尼拉；菲律賓華教中心,2008
　　年。頁 120-121。

林美曲,〈幼兒社會交往能力的培養〉。《華文教育文集：第二語言
　　教育應從幼兒園做起》,馬尼拉；菲律賓華教中心,2005 年。
　　頁 57-61。

施約安娜,〈華文教育在菲律賓的發展〉。《菲律賓華文學校聯合會
　　成立十週年紀念刊》,范鳴英主編,馬尼拉：2003 年。頁
　　21-23。

孫香琳,〈普通話與閩南語教學孰輕孰重〉。《菲律賓華文教育綜合

年鑑（1995-2004）》，馬尼拉；菲律賓華教中心，2008 年。頁 89-91。

陳金燦，〈百尺竿頭更進一步：大馬尼拉華教協會工作總結〉。《菲律賓華文教育綜合年鑑（1995-2004）》，馬尼拉；菲律賓華教中心，2008 年。頁 69-70。

陳金燦，〈第二語言教學應從幼兒園做起〉。《華文教育文集：第二語言教育應從幼兒園做起》，馬尼拉；菲律賓華教中心，2005 年。頁 1-6。

陸建勝，〈菲律賓華校的華文教育〉，國立暨南國際大學歷史學研究所碩士論文，2001 年。

達肯‧史周，〈社會交際需要是語言生存發展的基石：警惕菲律賓華語發展中潛在危機〉。《菲律賓華文教育綜合年鑑（1995-2004）》，馬尼拉；菲律賓華教中心，2008 年。頁 74-75。

劉繼宣、束世澂，《中華民族拓殖南洋史》，台北：台灣商務印書館，1971 頁 186。

顏長城，〈發揮基地作用拓展華教領域〉。《菲律賓華文教育綜合年鑑（1995-2004）》，馬尼拉；菲律賓華教中心，2008 年。頁 60-61。

顏長城、黃端銘，〈菲律賓華文教育的演變〉。《菲律賓華文教育綜合年鑑（1995-2004）》，馬尼拉；菲律賓華教中心，2008 年。頁 116-119

第八章

泰國華語文教育的國際化

　　本章論文以國際面向來討論泰國的華語文教育，這裡的泰國華語文教育，是包含在現行泰國現行教育體制中的華語文教育，本身包含不同的教育體制，文中歸納泰國現行教育體制的六大系統，分析不同體制的源流與變化，特別是在泰國對華語文教育政策改變過去的族群同化主義政策，而以目前的國際關係對華語文教育採取積極的立場，進而以亞洲的重要國際語言，引入泰國的教育體系之中。在這裡所指的國際面向指的是全球化與區域主義，以及泰國的國際關係。以這樣的角度重新衡量近年來泰國不同教育系統的發展，並且討論這樣的發展趨勢與泰國對多元文化觀念之間的關連性，這種發展對華語文教育是有積極面向的促進。泰國近年來在國際教育採取積極開放的政策，因而出現了上百家的國際學校，且各著名大學則紛紛開辦國際課程，並且強調亞洲語言的課程與不同國家之間的交流與合作。本文檢討這些發展的趨勢，並且討論在此趨勢下台灣與泰國教育的合作與交流。

泰國華語文教育之回顧

　　首先討論泰國華語文教育的歷史發展，從遠古到現階段的發展。華人移民泰國的歷史很早，東南亞的泰國，早在素可泰王朝（Sukhothai）就有華人移民，[132]十三世紀素可泰王朝蘭甘杏國王時代，蘭甘亨國王邀中國陶匠設窯製瓷，是華人來泰約可以追溯到的早期記錄，當時旅泰的華人即成立了私塾及書齋。[133]十五世紀間鄭和下西洋時與泰國人城王朝有接觸，當時的記錄就有提到在大城的定居的華人。鄭和七下西洋（1405-1433 年），隨行人員也有滯留當地經商的情況出現，華人移民日益增加，當官與經商致富者不少，這些早期移民的後代子孫大多已被泰人同化。

　　大城王朝的末期，[134]為泰國將緬甸驅離的鄭昭，也是華人，估計在當時有一定數量的華人在大城地區，才能讓鄭昭建立新的朝代，即吞武里王朝，泰王鄭信招募華僑抵抗緬甸的入侵，又吸引中國沿海農民移居泰國。18 世紀泰國開始設立華文學校，時值曼谷王朝一世(1782-1809)，於大城（Ahyuthaya）成立了第一所華

---

[132] 素可泰（Sukhothai）王朝，是泰國歷史上首個有資料可考的王國，存在於1238 年至 1438 年，現在被認可為泰國歷史第一個的王朝。首都的名稱也是素可泰，位於泰國中央平原。

[133] 蘭甘亨（Ramkhamhaeng）國王，他是泰國第一個有史可證的素可泰王國帕鑾王朝(1238-1438)的第三代君主，大約 1279 年至 1298 年（或 1275 年至1317 年）間在位。

[134] 大城（Ahyuthaya）王朝，是阿瑜陀耶王國，或稱大城王國，1351 年至 1767年所存在的泰人王國，現在被認可為泰國歷史素可泰王朝之後在泰國的王朝。

文學校，此時華文學校在泰國正式發芽生根。然而華人移民大量
增加，是在 19 世紀末至 20 世紀初，在 1851 年到 1910 年曼谷王
朝拉瑪四世蒙固和五世王朱拉隆功時，許多中國東南沿海人士移
民到泰國謀生。[135]泰國華人移民以廣東與福建人為主，其中潮州
人最多。華人要保留自己的文化，華語文教育也隨之而生，估計
當時也是以私塾教育為主，全部課程教授華文。

到了二十世紀初期，海外華人社會興起新式學校，曼谷中華
會館在 1908 年設立第一所華校，1911 年各僑社相繼創辦方言教學
之華校。1918 年開始，泰國政府頒佈《民校條例》，泰國政府開始
逐步加強對華校之管理控制。第一所受泰國政府同意開辦的華文
學校正式開辦，名字為華益學校，但其主要目的是宣傳革命活動，
實際上是忽視華文教育，但熱心的工作者，仍是繼續辦學，在主
要負責人離開後，並另外開辦另一間新民學校，此時泰國的華文
學校進入了第一波的興盛期，在泰國政府採取寬鬆的政府下，此
時的華文學校除了數量大量增加外，在教育體係也是採取全華語
來教授學生，其課程設計和教育體系，都是模仿中國內地，成為
泰國境內的外國教育系統。

與其他東南亞地區不同，當時東南亞地區主要是歐洲各國的
殖民地，殖民地政府對於華校多半採取放任方式，而泰國有自己
的政府，並不希望在泰國見到純粹只有華語文教育的華校，開始

---

[135] Annabelle Gambe, *Overseas Chinese Entrepreneurship and Capitalist Development in Southeast Asia*. Reihe: Sudostasien, 2000.

逐步關閉華校,這種趨勢一直持續到 1941 太平洋戰爭爆發,日本政府和泰國合作,由日軍駐泰,這個時候華校完全消失,1939-1945年日本進駐時期,並沒有華校可以存在,全部關閉。[136]

第二次世界大戰結束以後,泰國新政府對華語文教育採取寬容政策,1946 年中泰雙方訂定《中泰友好條約》,華校紛紛復校,形成蓬勃發展時期。好景不長,1948 年華校又開始受到打擊。泰國政府想推行泰化政策始於 1930 年代,當時的總理鑾披汶發動的民族主義政策,他們推行同化政策,想將泰國華人等少數民族同化成泰人,泰語成為官方語言,泰族文化成為官方文化。[137]1948年鑾披汶再度掌權,因此再次推行同化政策。同化政策的結果,形成目前在泰國族群難分的情形,無法由姓氏或是外觀直接分辨是否為泰人或華人。[138]在新一代的華人移民子孫並沒有受到良好的華文教育,華文師資在此時也大量消失,形成一個大斷層,既使泰國目前有許多華人移居,但多數人其實是不會說中文的,泰文是他們的母語,華文連第二語言也稱不上。

接下來是冷戰期間,泰國政府是站在反共的一端,特別是在1950年到1975年間,中國為共產黨執政,中泰關係基本上是停擺,同一時間華校受到嚴峻的打擊。這段時期受到中國採行共產輸出

---

[136] E. Bruce Reynolds, *Thailand and Japan's Southern Advance 1940–1945*. New York: St. Martin's Press, 1994.

[137] 鑾披汶(Plaek Phibunsongkhram),曾先後兩次擔任泰國總理(1938 年—1944 年,1948 年—1957 年)。

[138] Hugo Yu Hsiu Lee, "Losing Chinese as the First Language in Thailand". *Asian Social Science*, 10(6): 176-193, 2014.

的影響，泰國政府認為華語文教育會動搖泰國的政治，因此限制華文教育，更進一步壓抑華文學校。泰國的政策採取比較委婉的做法，華校法律上全名「兼教華文民校」，華文是兼教，但由於華文的經濟價值，華校受到壓抑，但不會取消或關閉學校。華語文教育內容，包含課本內容的審定則完全受泰國教育部所管轄與規定。1975 年中泰正式建交後，華語文教育逐步放寬，乃至支持鼓勵。但是這個過程很長，直到 1992 年華文教育才解禁。

這種情況到了 1990 年代政策改變，政府放寬華語文教育，各級學校以及各民間社團都可以辦理華語文教育，從 1992 年到現在，政府對華語文教育限制逐步放寬，民校可以成立幼稚園，學習的年齡也放寬，並且批准第一間華僑大學成立。[139]泰國對華文教育限制鬆綁後，泰國政府對華語文教育慢慢由放寬政策到鼓勵支持，如華文民校可以從幼稚園連續辦學到中學，華校可以直接從中國或台灣聘請教師，各個年級的學生可以選修華文，同時將華語文可以成為考入國立大學的一門科目。1999 年規定華語文可作為大專聯考一門外語考科，於是一般中小學或專科也增設華文課程。在大學方面，泰國大學的華文教學也開始發展，設立了幾個大學的中文系，也有中國的大學在泰國設立孔子學院。由於泰國政府準備在 2008 年前在全泰國中小學普遍開設華語課程，有的學校還將中文課程列為必修課。泰國各個大學及學院已紛紛開設相關系

---

[139] 陳艷藝，〈從華人認同看泰國華文教育的復蘇與發展(1992-2012)〉。《東南亞縱橫》，第 3 期，頁 67-72，2013 年。

所教授華語文。

　　1992 年以後泰國的華語文教育，就開始採行開放政策。這些開放政策包括華校可由幼稚園至中學，華校可於課餘時間增加華語課程，華校可直接聘請外國老師、各年級學生可選修華文以及中文列入國立大學考試科目。現在泰國的華語文教育，可以說是很積極。學校積極開設中文課程和中文專業，各校與大學都出現了中文課乃至中文系，積極開辦各種華文業餘學校、夜校、培訓班等，即非正規的華語教育興盛。從這個時期開始，泰國政府就積極推動華文教育，就國際合作而言，華語文教育有三種主要的外來力量，一是中國政府的政策，以「孔子學校」為代表。二是台灣的力量，主是由台商、政府與教育機構的合作。三是國際教育，主要來自歐美各國在泰國設立的國際學校。

　　這三種力量帶進來很多的人力資源，特別是華語文教育的師資。這些力量在過去是不曾有的，都是到了泰國採行了新的開放政策之後，才慢慢開始的。中國政府官方的「孔子學校」開設，2005 年後積極推動泰國華與教育人才，台灣的師大承辦「泰國華語教師師資儲訓班」，2005 年後已有數批教師前往泰國任教，台師大也和朱拉隆功大學合作開辦華語文教學的碩士班，開創了新的合作模式。[140]特別是 2008 年泰國政府將中文列為必修第二外國語，是東南亞國家中率先採取積極政策。而國際學校在泰國 1997 年亞

---

[140] 李珊，〈華語是門好生意——從泰國模式談起〉。《台灣光華雜誌》，2005 年。

洲金融危機之後，就快速增長，使得泰國成為亞洲各國國際學校數量最多國家，而曼谷成為國際學校最密集的地方，在國際學校都會提供華語文課程提供學生選修，同時在泰國也出現以華語文教育的國際學校。

台灣人在泰國，值得特別記上一筆，因為泰國開放華語文教育初期，華語文老師都是從台灣來泰國定居的人。台灣人早在 1920 年代就赴泰謀生，主要是隨著日本人來泰國的腳步，戰後也有不少台籍人士留滯泰國發展，漸漸開展出一席之地，這一輩的台僑開創了台灣會館的基礎，自此台灣會館成為泰國台灣人的代表組織。台灣人來到泰國，人數成長最快的時間是在 1960-1970 年代，台灣人多帶著工業技術來扶助泰國輕工業的發展，這批台灣人開創工商業，也成了泰國台灣人社群的主力。到了 1992 年華語文教育開放，在泰國教中文的師資，就是以這群台灣人為主力。由台灣人所構成的師資，在不同領域都有扮演一定的角色。

泰國華語文學校教育

這裡要討論從各種學校教育中，泰國如何發展華語文教育。泰國華語文教育相對於其他東南亞國家比較開放，泰國對華語文教育的政策最重要的是，華語文是重要的國際語言，是泰國的第二外語，因此可以在各級學校教授。我們在這裡可以歸納泰國的學校教育所提供的華語文教育，可以分為六大系統，第一個系統

是一般教育系統，從幼兒園到大學，都可以實施華語文教育。第二個系統是民校系統，是由過去的華校系統轉變而來。第三個系統是華人社團所辦的華語文教育。第四個是泰北華校系統。第五個是孔子學院，從泰國的角度而言，這是泰國與中國合辦的教育機構。第六個是國際學校系統，多數的國際學校，都會有華語文教育，做為外語課程選修。

首先介紹一般學校系統的華語文教育。在泰國不論是國立學校、私立學校，大學，補習班等都有華文課。代表泰國認同也接受華文成為一門外國語言等。在網路時代，很多線上教材你可以學習中文。這種氣氛帶動泰國的華語文教育，在沒有什麼限制的情況下，泰國的華語文教育越來越發達，也形成了學生學習華語文的興趣。很多泰國大學和中國大陸的大學合作交換老師，交換學生。泰國學生畢業後，如果有華語文能力的學生就可以找到比較多工作機會，也有不少學生因此有興趣去華語系國家工作或是留學。

民校系統也是泰國本地的教育系統的一部分，在泰國歷史悠久的華校體制。這些都是過去泰國華人所主辦的學校，即所謂的華校，從小學到中學都有，在泰國皆稱為「民校」，有接受政府經費補助，當然也受政府政策管制。在泰國，一般比較沒有額外資源的學生，可以在民校系統中接受華語文教育。一般民校設有教育慈善基金會，可依教育部條例，申請較多之教育福利金與學生學費補助費。學生學費之收入僅達四分之一，不足部分由校友會

爭取各界的贊助。這些華校初期與台灣關係較為密切,近年來大多與大陸、台灣等保持雙邊的互動關係,在教學上重視繁體字與簡體字的對照。

關於泰國華人社團與華語文教育的關係,我們在華人社團與華語文教育的地方再詳加討論,在這裡我們要特別介紹華僑崇聖大學,一方面是泰國正式的大學,另一方面又是泰國華人支持的大學,泰國重要的華文大學機構,也是目前泰國本土華語文教育師資培育的主要教育機構。華僑崇聖大學主要是由泰國華人社團共同支持,其中最主要的力量來自報德善堂,詳細的討論在後面論述。華僑崇聖大學的籌設過程,是 1991 年鄭午樓邀請泰華各社團首長舉行座談會,共商創辦第一所華文最高學府,獲泰國大學部的批准,1994 年揭幕典禮,恭請泰皇主持儀式,僧王暨列位高僧主持頌吉祥經。如果熟知東南亞華語文教育的歷史,應當知道 1950 年代東南亞華人領袖一直希望有東南亞的華文大學,從南洋大學在 1950 年集資,成立到 1980 年被關閉,三十多年的努力付諸流水。沒想到在泰國卻是如此順利,這是目前東南亞唯一以華僑命名的大學,也是華語文教育的重要基地。

此外泰北教育系統也是特別的一個教育系統,是個在政府管轄之內,又不在政府的教育系統。[141]即泰國北部在 1950 年代到 1960 年代由緬甸進入泰國北部的泰北難民所成立的華文學校,這

---

[141] 羅秋昭,〈泰北的華文教育〉。《國民教育》,45(4):67-71,2005 年。

些泰北難民是原來的中華民國國軍滯留在緬甸而形成，也有許多民眾是跟著軍隊一起行動，由於泰北難民是第一代移民，因而保持了較好的華文教育。泰北難民被安置在泰國北部，加上大部移民流入泰國北部清萊、清邁兩府，相繼建起難民學校。這些學校雖然仍受泰國政府法令的限制，但是泰北地區華人因屬於新客，保留華語文教育的傳統較強。[142]同時泰北的華語文教育系統，也因為歷史的關係，與台灣有深厚的連帶關係。[143]

孔子學院是泰國華語文教育也佔有一席之地。中文熱成為社會時尚風氣，泰國除了基層教育開始強化華語文教育，也希望在大學裡開設華語文科目，以期於大學時學生已有一定基礎，於是與中國合作設立「孔子學院」，由中國派任大量漢語教學志願者赴泰任教，泰國華教機構為提升教學品質，增加自中國聘請漢語師資赴泰教學。自 2006 年底開始，中泰雙方已經建設了 14 所孔子學院與 11 個孔子課堂，舉辦各式各樣的主題營隊活動，吸引各年齡層想學習華文的泰國人。也設立華文網路平台，積極研發漢語教材，泰國與中國已經聯手開發符合泰國學生之系統性教材，並且降低售價以符合市場需求。更開設華語師資培訓班，計畫在未來的泰國市場提供龐大的華語師資。中國與泰國政府已簽訂合約，輸出大量中國教師以滿足泰國發展漢語教學的需求。孔子學院的

---

[142] 禹志雲，〈對泰北華文教育的思考和建議〉。《華文教育》，第 2 期，2009 年。
[143] 若松大祐，〈臺灣現代史上的官方國族主義與泰緬孤軍形象〉。《大阪大學中國文化論壇》，no. 5，頁 1-14，2013 年。

部分，會在後面再詳加討論。

最後我們討論泰國的國際教育系統，其實泰國的教育系統國際化，並不只有國際學校。泰國一般大學進行國際教育，特別是國際語言教育，也會引進外國的教師。到了泰國對華語文教育政策開放之後，各級學校都可以教授華語文，也有引入外國的師資。我們已經在討論各種學校系統中都有提到，因此目前有關泰國的國際教育部分，我們以設在泰國的國際學校為討論焦點。其主要原因，還不是在泰國國際學校數量眾多，最主要的是泰國的國際學校很自然地將華語文教育帶入國際教育體制的一環，而實際的狀況是華語文教育的教師會互相流動，因為國際學校的資源豐厚，吸引華語文教育的師資，以國際學校為目標，因此國際學校就形成了與華語文教育相關的領域，產生一個互動關係，會帶動華語文教育與國際教育體制接軌。

泰國華人社會與華語文教育

華人社團支持華語文教育，在世界各國都是如此。在移居初期的華人是泰國的少數團體，因此更需要族群彼此之間的幫助和自救，保留自己風俗習慣、宗教信仰和語言文字來鞏固民族感情，更進一步透過婚姻、祭祀和教育活動來具體化這些感情行為，進而形成一個團體，泰國的唐人街就是最好的證明，其實不只泰國有唐人街，世界各地都有唐人街，就是大環境下移民潮下的產物，

為了使華人的下一代子孫能夠傳承中華文化，開辦華文學校教育下一代是相當直接且有效的方法。我們來看看泰國的華人社團與華語文教育的關係。

目前一般預估泰國華人約有六百萬人到九百萬人，這個人口總數在所有的海外華人社群中可以說是世界第二多的，僅次於印尼華人。泰國華人在泰國以人口數來說是泰國人口數最多的少數族群，約佔泰國 10%到 14%的人口數，是泰國境內重要的少數族群。[144]泰國的華人社會大多為潮州移民，少部分是福建、廣東、海南等地的移民，方言以潮州語為主，風俗習慣也大多傳承了潮州原鄉的文化形態。[145]但在泰國華人群中，各族群仍保有獨特的族群認同，以各種會社（associations）或俱樂部（clubs）凝聚其族群內部的認同、傳承語言文化、增加彼此的互動等等，至於在泰國採行同化主義政策的條件下，華人的文化傳承是否能夠維持，則是一個困難的問題，[146]無論如何，泰國的華人族群想要維持自己的認同與文化卻也是一個漫長而艱辛的過程。特別在於 1992 年之前，泰國政府禁止華文教育，導致許多華裔必須以不公開的方

---

[144] Theraphan Luangthongkum, "The Position of Non-Thai Languages in Thailand". In Guan, Lee Hock; Suryadinata, Leo Suryadinata, eds., Language, Nation and Development in Southeast Asia. Singapore: ISEAS Publishing. p. 191, 2007.

[145] 泰國華人的族群比例的特色就是以潮州人為主，當中以潮州人（當地稱 Teochew 或是 Teochiu）人居多數，有 56%；而客家族群有 16%居次，海南 （Hainanese）有 11%，廣東（Cantonese）與福建人（Hokkien）均約有 7%。

[146] Tong Chee Kiong & Chan Kwok Bun eds., *Alternate Identities: The Chinese of Contemporary Thailand*. Asian Social Science Series, Leiden, the Netherlands : Brill Academic, 2001.

式來傳授華語文或是母語，這時華人社團在傳承文化方面就成為
重要的機構。

　　會館是大區域的祖籍認同，同鄉會則是小區域的鄉籍認同，
會館與同鄉會主要成立的目的，在於聯絡同鄉的情誼，互相扶助，
協助鄉親如婚嫁喜慶與弔喪等事項，進而興辦學校、山莊、醫院
等慈善公益事業，倡導康樂文娛等活動。在華文教育的推動上，
同鄉會奠立了泰國華人的族群意識。[147]在 1930 年代泰國約有三
百三十多所的華文學校，主要都是會館和同鄉會所主辦。早期的
記錄提到了潮州華僑創立了大同學校、南英學校、新民中華學校
等，是潮州幫辦創立的學校，後福建會館設立培元學校，廣東幫
辦創立明德學校，客家幫辦設立進德學校，海南會館設立育民學
校等等。

　　由於泰國華人是以潮州人為主，潮州會館就成為重要會館，
而且幾乎潮州屬下各縣設有同鄉會。在華校方面，潮州會館設有
善智學校與彌博中學。廣東人則有廣肇會館，廣肇會館於 1877 年
成立，是最早成立的會館，設有廣肇醫院、廣肇學校與廣肇中學
等。而福建人所設立的福建會館，成立於 1912 年，設有培元學校
與中心公學。在泰國江浙諸地人士所成立江浙會館，1923 年成立，
設有安老院與江浙山莊，沒有專屬學校。在泰國客家人也不少，

---

[147] Tong Chee Kiong, Chan Kwok Bun, Rethinking Assimilation and Ethnicity: The Chinese of Thailand. *International Migration Review*, 27(1),140-168, 1993.

十四世紀起即有客家人成群地轉往泰國，19 世紀中葉有不少豐順、梅州等地的客家移民到泰國拓荒，於 1928 年成立客屬總會，設有進德學校與亞洲客屬商學院。總結來說，泰國的會館在設立學校，推動華語文教育，在過去是最重要的機制。

到了 1990 年代泰國開放華語文教育，卻是由不同的華人社團組織來扮演重要角色。其中泰國中華會館是重要的推手，1992 年泰國政府開放華語文教育時，即著手申請創立「中華語文中心」，其師資大多在台灣受過高等教育且有在學校任教的經驗，採用注音符號教學以及自然學習與溝通式教學法，也使用語言學習機與電腦補助教學，是泰國華語文教育指標性的機構。

宗教性社團是指華人各種寺廟與宗教的社團組織，早期興建的寺廟大多附設在鄉團組織下。寺廟大多是群眾聚資建設，可以作為華人社區形成與發展的主要標誌，也由當地華人結合成管理的社團組織。有的寺廟組織相當完備，也是一種大型的華人社團，華人社團原本或多或少會設置濟世救人的公益部門，經由共同的宗教信仰整合地方上的仕紳與群眾，在充沛的經濟資源下轉型為濟貧救災的慈善機構，於是在泰國就有這種兼具宗教性與慈善性的社團，最著名的是曼谷的大峰祖師廟的華僑報德善堂。

我們在這裡要特別介紹報德善堂，因為華僑崇聖大學就是報德善堂所設立的，我們來看看兩者的關係。報德善堂是泰國華人最大的慈善團體，原本是潮陽同鄉崇拜大峰祖師的神明會，基於祖師崇拜而開辦救濟事業，初期主要的福利工作是殮屍贈葬，使

孤魂野鬼入土為安。[148]此項工作一直延續至今，成為泰國處理意外事件與罹難屍體的慈善機構。二次大戰期間成立華僑救護隊，1938 年設置華僑助產護理院，為婦女提供分娩服務，1940 年改名為華僑醫院，1966 年計劃擴建為綜合醫院，提供各科醫療服務，1979 年二十二層的醫療大廈正式落成，是曼谷具現代化的大型醫院。報德善堂於 1981 年成立華僑學院，開設護理學系。1990 年成立社會福利學系，並計劃擴辦為綜合性華僑大學，1992 年舉行奠堂典禮，改名為華僑崇聖大學。1996 年開辦泰國華文師範學院，設立華文師資培訓班。從此華僑崇聖大學建立了培養華文教師的地位，成為泰國華語文教育的推手。

除了報德善堂，龍蓮寺也是重要的宗教機構，是泰國華宗大乘佛教中心。隸屬泰國宗教事務廳管轄，其盛大節日，泰皇要親臨或派代表主持上香禮儀，也是泰國重要的宗教機構。龍蓮寺也對華語文教育有貢獻，龍蓮寺設立教育基金，積極參與社會福利事業，設立佛教學院、民眾學校、高齡學佛院等，其教育的對象比起一般學校更為多元。

---

[148] 鄭志明，〈泰國華人社會與宗教（上）〉，《華僑大學學報（哲學社會科學版）》，4 期，頁 30-37，2005 年。

孔子學院與孔子課堂在泰國

　　中國與泰國有正式的外交關係，在泰國政府對於華語文教育鬆綁之後，中國也透過合作交流方式提倡華語文教育，其中最具規模的是孔子學院，建立孔子學院來推廣華語文教學，為了尊重其傳統，在這個部分我們會以漢語教學來稱呼，與本文所述的華語文教學並無二致。中國因此可以定期派遣漢語教師來泰國學校任教，推倡學習漢語，成為華語文教育的一個系統，估計在此學習的學生數量很可觀。目前孔子學院在泰國共有 16 家與孔子課堂共有 11 家，是亞洲國家中孔子學院最密集的國家。[149]孔子學院都設置在大學裡，而中國方也相對會有一所大學與之對接合作辦理。孔子課堂大多數設置在中學裡，只有一所設置在小學，一所與私立商業學院合作，僅少數 3 家有中國的中學合作辦理。

　　從時間點來觀察，孔子學院與孔子課堂都在 2006 年正式進入泰國，2006 年是孔子學院的主要推動年，開始就有相當大的規模，自 8 月起到 12 月底，成立了 9 家孔子學院，使得泰國成為中國推展孔子學院最成功的地方。2006 年孔子課堂只成立 1 家。而自 2007 年到 2009 年每年成立 1 家孔子學院，中間停頓了幾年，才又於 2015 年到 2018 年成立共 4 家孔子學院，目前總數為 16 家。孔子課堂的主要推動年，則明顯集中在 2009 年，第 2~11 家，均在此年成

---

[149] 達紅娟，〈孔子學院在泰國的發展研究〉，Bangkok: Thailand - China Research Center of the Belt and Road Initiative, 頁 19-32，2020 年。

立，總數達到 11 家，此後暫無新的孔子課堂成立。

　　以下簡單敘述孔子學院在泰國的成立經過。泰國首家孔子學院由孔敬大學與中國西南大學合辦，孔敬大學孔子學院 2006 年正式掛牌成立。孔敬大學是泰國東北地區的大學首府，可以為東北地區提供漢語教育及文化服務，有平衡地域發展的功能。為學生、教師和普通民眾提供漢語教學課程，這是孔子學院面向當地民眾的做法。第二家孔子學院 2006 年皇太后孔子學院正式揭牌，是由中國廈門大學與皇太后大學合作，為泰國北部漢語教學、師資培訓以及中泰文化交流的重要基地。2006 年 11 月 5 日全球首家孔子課堂揭牌成立，設在曼谷唐人街岱密中學孔子課堂，這是與中國天津實驗中學合辦的，可視為微型孔子學院，除了教學、組織比賽、才藝等多樣文化活動外，還為曼谷警察局警務人員開班授課。

　　2006 年同年還有清邁大學孔子學院，由清邁大學與中國雲南師範大學合辦，清邁是泰國第二大都市，也有華人社區，是重要的旅遊據點，推廣漢語教學及推廣文化特色，成為了中泰語言文化交流的視窗和橋樑。同年 12 月曼松德昭帕亞皇家師範大學孔子學院成立，由中國天津師範大學與泰國曼松德昭帕亞皇家師範大學，由於皇家師範大學是泰國主要培養師資的師範教育系統，等於是從教師教育就開始華語文教育，特別強調是與泰國教育部基礎教育委員會合作的成果。同年 12 月宋卡王子大學普吉孔子學院揭牌成立，是由泰國宋卡王子大學普吉分校與中國上海大學合作，總部位於普吉，下設董裡及素叻他尼兩個分部，服務範圍涵蓋泰

南 6 府，擁有 19 個合作教學點、7 個漢語考試分考點和 7 個社區圖書角。因為普吉是旅遊聖地，華語文教育的需求很高，目前普吉孔子學院已成為泰南地區最大的漢語教學中心、最大的漢語考試考點。

　　2006 年 12 月瑪哈沙拉坎大學孔子學院成立，是由中國廣西民族大學與泰國瑪哈沙拉坎大學合作，這是泰國東北部另一個重要據點，強調服務社區，教學層次實現從幼稚園到小學，從中學到大學，從學歷教育到非學歷教育，從基礎漢語到商務漢語、旅遊漢語等系列漢語教學全面覆蓋，我們知道過去泰國的東北部比較缺乏教育資源，從這樣的佈局與定位可以知道是下足了工夫。同年 12 月泰國川登喜大學素攀孔子學院設立，是由泰國川登喜大學與中國廣西大學合作，這是在泰國中西部地區，也是設計成為泰國中西部地區社區教育中心。2006 年 12 月勿洞市孔子學院成立，這是由中國重慶大學與泰國勿洞市市政局聯合辦學，是泰國唯一一所由大學與市政府合作建立的孔子學院。坐落在泰國也拉府勿洞市，這是泰南族群多元的地區，聚居著泰族、馬來族和華人等不同族群，是立足泰南，輻射新泰馬的好地方。[150]2006 年 12 月宋卡王子大學孔子學院成立，由中國廣西師範大學與泰國宋卡王子大學合作成立，宋卡也是泰南的重鎮，政治與文化的核心地區。

---

[150] 勿洞(Betong)位於泰國南部，是一個與馬來西亞接壤的山城，它是泰南也拉府(Yala)的一個小鎮，有「霧裡山城」的雅號。泰文中勿洞的意思是竹筒，據說這裡早期種了很多竹子，因為有勿洞此名的產生，人口約 6 萬，半數是信奉伊斯蘭的馬來族，45%是信奉佛教的華裔，5%是泰裔。

以上就是孔子學院在泰國開始的九家孔子學院及孔子課堂，綜觀孔子學院在泰國的佈局，可以說又深且廣，開始就涵蓋了泰國不同的地區，而且從外埠先開始，是相當周到的佈局與安排。

第 10 家孔子學院是泰國朱拉隆功大學孔子學院，是 2007 年 3 月 26 日成立，由泰國朱拉隆功大學與北京大學合辦，除了推動漢語教學、教師培訓和漢語水準考試外，朱大還為移民局官員等提供免費漢語培訓，由於朱拉隆功大學是泰國首屆一指的大學，這個孔子學院的成立有指標性的作用。2008 年成立泰國農業大學孔子學院，是泰國農業大學與華僑大學合作，農業大學是泰國有名的大學，多次受邀為泰國上議院、外交部、教育部等官員進行培訓。孔子學院與農業大學中文系多樣化合作，為學生開設學分課程，選派獎學金生赴中國學習，開展多層次的漢語教學和文化推廣工作。

2009 年主要是推展孔子課堂，分別成立合艾國光中學孔子課堂，是泰國最南端的孔子課堂。玫瑰園中學孔子課堂，是與山東大學附屬中學合作。彭世洛醒民學校孔子課堂，是泰國唯一的一所設立在小學的孔子課堂。明滿學校孔子課堂，位於泰國旅遊勝地芭堤雅市。清邁南邦府的南邦嘎拉婭尼學校孔子課堂，這是在清萊到清邁一帶，原來是泰北華文學校的勢力範圍，繁體字的大本營，吸引學生學習大陸簡體漢語和文化，說明中國的推廣政策，是不分地區的差別。吉拉達學校（ChitraladaSchool）孔子課堂，是與北京大學附屬中學合辦，這是與著名的私立學校合作，座落

于曼谷吉拉達皇宮內，是詩琳通公主母校，從幼兒園到小學、初中、高中、職業學校都開設了漢語課程，並開設了漢語培訓班和學生家長漢語培訓班。羅勇中學孔子課堂，設立於擁有113年悠久歷史的泰東名校羅勇中學，是與當地著名民校系統的學校合作。暖武裡河王中學孔子課堂，此校是泰國詩麗吉皇后賜名的學校，是泰國中部地區漢語網路推廣中心。普吉中學孔子課堂正式揭牌運營，成為泰國西南部唯一的孔子課堂，由普吉中學與華僑大學華文學院合作，這種合作方式，特別報請國家漢辦批准，成立普吉中學孔子課堂。這顯示相關的安排，有很大的靈活度及彈性，因地制地，依實際需求做出調整是相當成功的策略。

同年成立易三倉商業學院孔子課堂，坐落於曼谷市中心，易三倉商業學院孔子課堂將立足曼谷，利用孔子課堂豐富的教學資源優勢，積極在泰國天主教會系統學校推廣漢語教學，引領和帶動泰國天主教系統學校以及曼谷地區漢語教學的發展，努力成為泰國天主教系統學校漢語教學、中國文化推廣及留學服務中心。這個據點也是非常優秀的地點，顯示制定政策者對於泰國的情況相當瞭解，能做出良好的安排。

第12家孔子學院是東方大學孔子學院，由中國溫州醫科大學、溫州大學和泰國東方大學合作成立，積極推廣中國傳統醫學文化，是泰國首家在推廣漢語言文化基礎上引入中國傳統醫學文化為主要特色的孔子學院，建立海外中醫文化立體交流模式。2015年第13家孔子學院是海上絲綢之路孔子學院，設立在博仁大學，主要

由博仁大學與天津師範大學合作，除了博仁大學以外，泰國隆財基金會理事會主席趙昆通猜聯合博仁大學等26家教育機構共同申辦。將泰國的職業教育漢語人才培養作為工作重點以及特色發展之路，推出了一系列「漢語+」項目，助力泰國4.0戰略與「一帶一路」倡議對接。從這裡也可以看到中國的企圖心，已經將語言教育提升到戰略的層次，並且可以和泰國的主要國家發展項目銜接在一起。

2015年易三倉大學孔子學院成立，是由中國天津科技大學與泰國易三倉大學合作成立，易三倉大學是在泰國私立大學開設的第一所孔子學院，也是泰國首家設立的在天主教會大學的孔子學院，開展豐富多彩的漢語和中國文化教學活動，培訓本土漢語教師，開展HSK等漢語水準考試，提供中國教育、文化等資訊諮詢，開展中泰語言文化交流活動，為中泰企業架設橋樑等。

第15家孔子學院是華僑崇聖大學中醫孔子學院，是泰國華僑崇聖大學與中國天津中醫藥大學合作，在2016年10月20日成立，泰國首家中醫特色孔子學院，在拓展孔子學院傳統漢語教學、中國傳統文化活動外，也積極推廣中醫藥文化，傳播健康生活理念，深化中醫藥知識在泰國的普及。第16家孔子學院是海上絲路·帕那空皇家大學孔子學院，是由雲南省大理大學與泰國帕那空皇家大學在2018年在曼谷成立。以「助推中資企業在泰發展」為特色。

綜合孔子學院與孔子課堂在泰國的發展，可以知道在現代的國際關係中，以國家計劃項目來進行交流合作，可以達到不同的

境界。泰國政府對於華語文教育的推廣是有誠意的,而中國方面也及時把握住這個誠意,在設計泰國的孔子學院與孔子課堂的合作,不論就選取的地點,互相合作的機構,以及推動的重點,都有特別用心的設計。從泰國政府的角度,這是與外國政府的合作項目,也是泰國國際化事務的一環。

國際學校與泰國華語文教育的國際化

我們在這裡討論泰國的國際學校,以及對於華語文教育的貢獻。泰國是國際學校聚集的國家,根據泰國國際學校聯盟的數據,目前泰國國際學校主要集中在曼谷和清邁,其中曼谷有 61 家,18家採用美國學制、33 家採用英國學制,此外還有 IB 學校 1 家、澳大利亞學制 2 家、法國學制 1 家、瑞士學制 1 家,而在清邁也有各類國際學校 7 家。曼谷地區成為亞洲國際學校數量最多的大都會。泰國的國際教育優勢明顯,泰國擁有著世界認可的國際化標準教育體系,教師均來自北美及西方國家,教育質量與師資水平較高,學生可享受著與北美學校相同的教學環境,而學費與中國境內的國際學校相比也更為低廉。

絕大多數的國際學校都有提供華語文的課程,提供給學生。在國際學校,會比一般的學校有較多的國際資源,在語言教育上尤其會特別強調,國際學校的學生通常享有更多的資源及選擇性來學習國際語言,而以目前華語文在國際的地位,華語文課程對

於多數的國際學校而言是必要的選擇。多數國際學校的家長，如
果是從歐美國家來到泰國工作，也會希望子女在國際學校，可以
學習一種亞洲語言，在這種情況下，華語文就成為首選。

　　實際上，泰國的國際學校，對於將華語文教育的國際化有很
大的幫助，因為學制的銜接，當泰國的國際學校要教授華語文教
育，就必須要提供能與國際學制接軌的華語文教育。在這裡先介
紹泰國國際學校最常見的國際學制，主要有三大學制。分別是英
式學制、美國學制及 IB 文憑課程。英式學制是泰國最受歡迎的課
程，在泰國約有 52%的國際學校提供英式教育，畢業後可以銜接
英國當地的大學或英系國家的知名學校申請就讀。包括相當於國
際預科之前的中學基礎課程的 IGCSE，[151]以及相當於大學預科的
A-Level，[152]這些課程在英語系國家行之有年，是穩定的課程內容，
被全世界多數大學認可。這是相當於英國普通高中的課程，最終
測驗的成績可以申請就讀英國和世界各地英系國家的大學。 A
-Level 證書更是前往英國頂尖大學的主要途徑。在泰國，約有 32%
的國際學校採用美式學制，稱作 AP 課程，[153]，選擇 AP 課程的學

---

[151] IGCSE（International General Certificate of Secondary Education）
由英國劍橋大學創立的「國際中學教育普通證書」，針對 14 歲至 16 歲學生
的國際普通中學教育認證，是升讀 A-Level 國際預科課程之前的基礎課程。
[152] A-Level 全名 General Certificate of Education Advanced Level 的普通
教育高級證書，簡稱 GCE A-Level 或 A-Level，是英國普通高中的課程，最
終測驗的成績可以申請就讀英國和世界各地英系國家的大學。
[153] AP（Advanced Placement)課程，是美國大學先修課程。AP 課程可以讓就讀
的學生有機會透過 AP 課程的考試成績，折抵將來在美國唸書的大學學分。

生，需對特定的科目擁有興趣及熱情，並培養出高於基礎以上的學科程度。AP 課程雖然難於一般課程，但就讀的學生未來可以折抵將來在美國唸書的大學學分。目前全部採用 IB 文憑課程的國際學校，在泰國並不多，只有一所國際學校，但是有 14%的國際學校提供多種 IB 課程計畫。[154]

這三種國際課程系統，都有華語文課程的設計，因此如果要教授華語文課程，就要接受相關的課程訓練，甚至要取得師資訓練的證照。而在國際學校教華語文科目的老師，必須要和國際學校的其他行政人員及教師溝通，必須要將完整的教學計劃用英語來呈現，這些都有助於華語文教育的國際化。筆者有多位學生，在泰國教書一段時間之後，申請進泰國的國際學校教書，主要教授華語文科目，都經歷了這樣的過程。未來會有更多的資源來發展在國際課程體系中的華語文教育師資。

除了國際學校課程中的華語文教育以外，泰國的國際學校，也出現了以華語文教育為號召的國際學校。例如曼谷威爾斯國際學校(Wells International School)、泰國漢基國際學校（Chinese International School）、泰國新加坡國際學校(Singapore International School of Bangkok)、泰國中華國際學校(Thai-Chinese International School)等等都是以此為號召，表示在泰國有條件上國際學校的學

---

[154] IB 文憑課程(The IB Diploma Programme)，是由國際文憑組織，簡稱 IBO（The International Baccalaureate Organization），這是在 1968 年建立的國際教育認證體系。

生家長，也接受華語文為英語之外重要的國際語言，值得特別重
視。在這些學校中，以泰國中華國際學校與台灣的淵源最深，原
來泰國中華國際學校是由台商在泰國出資興建的國際學校，是泰
國一所私立國際學校，於 1995 年創立。學校採取的是美國的教育
制度。學校最初創立的目的是為駐泰國台商子女提供英文以及持
續在臺的國文教育，本來接受台灣政府的資助，是屬於台北學校
的型態。學校設有幼稚園，小學部，中學部及高中部。後來為了
發展成為真正的國際學校，就脫離了台北學校的定位，成為一般
的國際學校。然而有比較強烈的台灣連結，因此也是以華語文教
育見長，與台灣教育界互動頻繁，帶動台灣華語師資邁向國際課
程也有很重要貢獻。[155]

---

[155] 陳品、謝忠安，〈從「台北學校」到「國際學校」─「泰國中華國際學校」
跨文化交際華語文教學〉。《僑教與海外華人研究學報》，2 期，2013 年，頁
105-130。

結語：泰國華語文教育的特色與國際化

　　泰國的華文教育在幾過數十年的限制，在現今國際社會對於華語的重視及學習的潮流下，逐漸變得相當重要，在泰國也不例外，泰國政府對於華語教學也大力提倡。大曼谷地區是泰國人口聚集、國際化觀光金融城市，隨著東協國家經濟成長與中國經濟崛起，華語文教育這幾年在泰國漸受重視，學習華語人口增加，自小學起即有華語文課程。據統計，泰國學習華語文教育的人口超過百萬人，而八成的學習人口是在曼谷。然而華語熱除了曼谷地區顯而易見，泰國其他地區也很普遍。

　　我們在前面分別介紹了泰國華語文教育的六大系統，討論這些教育的發展歷史與特色。我們可以特別注意到，泰國因為將華語文教育界定為第二外語，是區域重要的國際語言，因此由政府帶頭，提倡推廣華語文教育。泰國的做法可以輕易地跨越過去的族群關係糾結以及歷史的包袱，簡單地說，當泰國本地的年輕人都熱衷學習華語文，對於境內的最大少數族群的語言教育就不會構成任何的問題。台灣與中國的華語文教育資源，對於泰國而言，都是國際語言教育的資源，並不構成問題。而泰國的國際學校，進一步推昇華語文教育，以國際課程來教授華語文課程，對於未來華語文教育進入國際市場，有很大的助力。

　　在這裡也特別說明台灣的角色。泰國是台商重要投資國家之一，據泰國商務部統計，台灣是第三大投資國。泰國每年有三千

億泰銖觀光旅遊收入，華人是主要客源。因此除教育界，產業界是一具潛力開發市場。雖曼谷就業機會較多，且觀光業發展蓬勃，但普遍工資偏低。倘若員工能具備華語能力，相對薪資可比一般員工高，因此華語學習需求相對增加。此外，泰國的工業區，吸引許多華人來此設廠，聘用具備華語能力的員工需求量大增。在未來職場需求的影響下，小學課程規劃不僅有英文課程，更紛紛加設華語課程。台灣人在泰國的活動，增加了華語文使用的機會，也推動泰國社會對華語文的重視。

台灣也進軍廣大的泰國華語文教育市場，台灣與泰國沒有邦交，但泰國在華語文師資政策上並不排擠台灣教師。而泰國皇家師範大學也向台灣師範大學請求援助，台師大曾在曼谷設立台灣教育中心，協助教育部派任近百名台灣師資赴泰任教。[156]這是始於在 2005 年 8 月台灣的國立台灣師範大學開設「泰國華語教師師資儲訓班」，而在當年 11 月，正式將台灣華文教師派遣至泰國任教，共有四批台灣教師赴泰任教。對於泰國來說，當泰國界定華語文是亞洲重要的國際語言，是泰國教育體系中的第二外語，因此與台灣在華語文教育的合作，也是其國際化的一環。

在東南亞，甚至全世界，泰國華人人口是數一數二多的國家。隨著區域整合以及中國國際地位提高，在泰國的華語文教學亦不

---

[156] 筆者曾於 2007 年到 2008 年擔任曼谷台灣教育中心主任，親自參與了協助泰國華語文教育的工作。

斷地擴展。然而泰國的華語文教育並非一直平順地發展,反而是歷盡坎坷,其中的曲折變化,必須要仔細分析才能理解其中的高低起伏。然而當泰國對於華語文教育有了清楚的定位以後,以國際語言的角度來發展時,可以說就容易跨越過去的歷史糾結,將一切助力,放在同一個天平上。本章論文呈現泰國華語文教育的變化與發展,以國際化的角度,重新界定了泰國華語文教育各個系統的性質,也對泰國華語文教育的特色有了不同側面的理解。

參考文獻：

Gambe, Annabelle, Overseas Chinese Entrepreneurship and Capitalist Development in Southeast Asia. Reihe: Sudostasien, 2000.

Lee, Hugo Yu Hsiu, "Losing Chinese as the First Language in Thailand".Asian Social Science, 10(6): 176-193, 2014.

Luangthongkum, Theraphan, "The Position of Non-Thai Languages in Thailand". In Guan, Lee Hock; Suryadinata, Leo Suryadinata, eds., Language, Nation and Development in Southeast Asia. Singapore: ISEAS Publishing. p. 191, 2007.

Reynolds, E. Bruce, Thailand and Japan's Southern Advance 1940–1945. New York: St. Martin's Press, 1994.

Tong, Chee Kiong, Chan Kwok Bun eds., Alternate Identities: The Chinese of Contemporary Thailand. Asian Social Science Series, Leiden, the Netherlands : Brill Academic, 2001.

Tong, Chee Kiong, Chan Kwok Bun, Rethinking Assimilation and Ethnicity: The Chinese of Thailand. International Migration Review, 27(1),140-168, 1993.

李珊，〈華語是門好生意──從泰國模式談起〉。《台灣光華雜誌》，2005 年。

禹志雲，〈對泰北華文教育的思考和建議〉。《華文教育》，第 2 期，2009 年。

若松大祐,〈臺灣現代史上的官方國族主義與泰緬孤軍形象〉。《大阪大學中國文化論壇》,no.5,頁 1-14,2013 年。

陳品、謝忠安,〈從「台北學校」到「國際學校」—「泰國中華國際學校」跨文化交際華語文教學〉。《僑教與海外華人研究學報》,2 期,2013 年,頁 105-130。

陳艷藝,〈從華人認同看泰國華文教育的復蘇與發展(1992-2012)〉。《東南亞縱橫》,第 3 期,頁 67-72,2013 年。

達紅娟,〈孔子學院在泰國的發展研究〉,Bangkok: Thailand - China Research Center of the Belt and Road Initiative,頁 19-32,2020 年。

鄭志明,〈泰國華人社會與宗教(上)〉,《華僑大學學報(哲學社會科學版)》,4 期,頁 30-37,2005 年。

羅秋昭,〈泰北的華文教育〉。《國民教育》,45(4):67-71,2005 年。

第九章

緬甸華語文教育與政局演變

　　緬甸最近的發展吸引了世界的眼光，緬甸最近十年的變化是戲劇性的變化，從民主化開始，使得各國視緬甸為東南亞發展最具爆發力的處女地，各國投資者紛紛搶入，民主化的過程伴隨著經濟發展，成為東南亞一顆閃耀的新星。在這個過程中，緬甸的華語文教育是一個重要的基礎，因為在緬甸的外來投資國，不少是使用華語的地區，以陸商、台商、港商、馬來西亞商人、新加坡商人以及泰國商人，很多人使用華語。而緬甸的華語文教育可以說是開花結果，多年來在緬甸華人苦苦支撐的華語文教育，原來只是華人保持自我認同的教育方式，卻在開放發展的時刻，發揮關鍵的作用。然而，比較為外人所忽視的是緬甸華語文教育的特色，以及其所經歷的艱苦歲月。本文將討論緬甸華語文教育的特色，以及華語文教育的發展歷程，以及緬甸政局對華人的新政策，以及這種新政策影響下緬華社會的新發展。

　　然而對於緬甸最近的政變，對於緬甸的民主與經濟發展，產生了倒退的現象。這個部分對於長期的華語文教育的影響尚很難

評估，因此本章論文的討論以長期的發展及影響為主，政變的發展則要看未來的走向。一般對緬甸的討論，以軍政府及民主議題為主，對於緬甸政府對於當地華人的政策，著墨不多。由於過去在 1960 年代曾經發生排華事件，多數對緬甸華人的研究，仍然停留在國有化政策與排華事件上。然而在田野調查與實地訪察方面，主要還是特定的時間點，主要是在緬甸民主改革開放以前的兩年前，以實地觀察與訪談研究，討論緬甸華語文教育的特色，並且認為緬甸華語文教育的成功，歸功於十分特別的歷史與地理的條件，這是討論緬甸華人問題時不可或缺的課題。

緬甸新政局下的緬華教育

緬甸在東南亞一向被視為孤立的國家，因為長期的軍政府統治，加上西方國家長期的經濟制裁，緬甸的情況長期被學術界所漠視。而緬甸華人的情況也因為外界缺乏理解，而經常被遺忘。筆者認為，台灣對緬甸的理解不應受到西方媒體的影響，只將注意力投注在緬甸的民主進程，即使關心緬甸的民主議題，也必須要多方面考察緬甸的情況，才能在緬甸發展的關鍵時期適時地揮作用。同時筆者認為台灣本地有長期與緬甸華人接觸的經驗，在處理緬甸華人社會發展的議題上，應該要培養自己看問題的眼光。筆者以近身觀察的方法，對緬甸華人社會直接進行觀察、訪

談，發現緬甸華人對於軍政府政策的轉變方向，有清楚的感受與
認知。筆者認為影響緬甸華人社會發展變遷的重要力量，在於緬
甸政府對華人的政策。從各種跡象顯示，緬甸政府對華人的政策，
在最近 30 年有重大的變化，這種變化使我們不應再以傳統的眼光
來看待緬甸的局勢。同時因應這樣的變化，許多週遭國家已經悄
然開始展開布局，我們也應該以新的眼光來因應。[157]

　　過去對緬甸華人的研究與討論，都以「緬化」做為主要的論
述主題。如莊國土認為『緬人化』是緬甸政府成立以後對華人的
主要政策，「緬甸政府成立後，隨即推行以『緬人化』為核心的民
族主義政策，對外僑施以種種限制。」，[158]所以要討論緬甸華人社
會的發展，必須先知道當地政府的政策為何。與「緬化」同時出
現的是「排華」，「排華使華僑加快了入籍和同化當地的步伐，並開
始儘量隱藏自我認同和華人的身份」。[159]「緬化」及「排華」是互
相配合的政策。然而，緬化政策不單單是被視為緬甸政府的政策，
中華人民共和國也有配合的政策，范宏偉也特別指出，緬化政策
也是中華人民共和國用來與東南亞國家發展正常外交關係的政

---

[157] 本文原自於研討會論文，楊聰榮，〈從緬甸族群政策看緬華社會—兼論緬甸
　　華文教育的新發展〉「孫中山—海外華人與兩岸發展」國際學術研討會會議
　　地點：國父紀念館會議時間：2009 年 11 月 11 日。論文經過大幅度的修改，
　　以配合本書章節。
[158] 莊國土，〈二戰以後東南亞華族社會地位的變化〉。《東南學術》，2003 年，
　　第 2 期，頁 59-67。
[159] 范宏偉，〈1967 年緬甸 6.26 排華事件與緬華社會研究〉。《台灣東南亞學刊》，
　　3 卷 2 期，2006 年，頁 47-72。

策。[160]這種意見不單是學者的意見，一般論及緬甸華人社會時，也會使用同樣的語彙，抱持同樣的意見。

出身緬甸歸僑的陳清風，後來成為《緬華社會研究》主編，他總結緬甸華人在當地長期生存的需求，寫道：「（緬華）必須轉變觀念，把『落葉歸根』轉變為『落地生根』，對於老一輩華僑華人來說，這一觀念上的轉變將是痛苦的，是難於接受的。然而必須理智地清醒地認識到這一轉變建基於實際需要，是長期生存的需要，符合面向當地，長期生存方針，有利於融入主流社會。」[161]這樣的意見所反映出來的，所認知的緬甸政府對華人政策方向，仍然是過去的方向，並未感受到因為新的政策方向，以及這種政策方向帶來當地華人社會的轉變。

除了以「緬化」及「排華」做為理解緬甸華人的處境以外，緬甸在國際媒體的形象，也使得一般理解緬甸政府的政策，都以為是高壓統治。緬甸軍政府自從鎮壓 1988 年的民主運動以後，在國際上就成為相對被孤立的狀態。本文要討論的是，現階段的緬甸軍政府，其實在對華人的政策上，已經悄然地由量變改為質變，已經不再針對華人事務強加管制。另外一個發展趨勢，是由於緬甸的華人在緬甸背景十分多元，在經過一段長時間的調適及世代

---

[160] 范宏偉，〈周恩來與緬甸華僑〉。《當代中國史研究》，2008 年，第 1 期，頁 31-37。
[161] 林清風，〈關於緬甸華僑華人的生存和發展問題的幾點思考〉，林清風主編，《緬華社會研究》，第三輯，澳門：澳門緬華互助會，2004 年，頁 10-17。

交替，緬甸的華人社群已經以複雜的面貌嵌入緬甸社會，難以用過去的單一政府來處理華人的事務。[162]多數長期在當地生活的華人領袖論及緬甸對華人的政策，都提到現在軍政府對華人的態度，與過去大不相同。一般的意見，認為 1988 年以後針對旅緬華人的政策已經開始有所轉變。

緬甸軍政府的分期在研究上各有不同，有人稱現在為第三期的軍政府，也有人認為是第二期的軍政府，不過一般都會以 1988 年做為劃分的時間點。雖然緬甸自從 1962 年開始即由軍政府掌權，不過在 1962 年到 1988 年的軍政府，尼溫兩度上台執政，[163]因此有人將其分為兩期，而認為現在的軍政府是第三次的軍政府。為了行文方便，以下的討論涉及軍政府者，都是指現階段執政的軍政府，而將 1988 年以前的軍政府稱為「社會主義軍政府」，或稱之為「尼溫時期軍政府」。[164]

不論分期方式為何，1988 年都是緬甸軍政府的重要分水嶺，在學術研究及一般意見的討論上，都會將 1988 年以前及 1988 年以後的軍政府時期分開討論，雖然都是軍政府，然而在華人政策上大不相同，可惜截至目前為止在對緬甸華人的研究上，卻較少

---

[162] Lex Rieffel, *Myanmar/Burma: inside challenges, outside interests*. Brookings Institution Press, 2010. pp. 95–97.

[163] 尼溫（နေဝင်း，1910-2002），緬甸獨立建國三十志士之一，軍政府領導人，1958-1960 年、1962-1988 年間實際控制緬甸政權。

[164] 例如 Christina Fink 即以尼溫執政做為這一段時期的名稱，參見 Christina Fink, *Living Silence: Burma Under Military Rule*. London: Zed Books, 2001.

反應這種看法。不論是 1988 年以前或 1988 年以後，這兩個時期都是軍政府的型態，同時緬甸軍隊本身是一個延續性的集團，國際上稱為 Tatmadaw，在不同時期的軍政府，掌握政權的軍事集團，還是同一個集團，許多相關議題的討論，也認為兩者之間有延續性，但在政策上，則有相當大的實質差異。[165]

現階段軍政府一直被外界以為尚採取高壓軍事統治，自 1988 年上台的軍政府，雖然領導人有幾次更迭，但仍然由同一個軍事集團執政。1988 年曾爆發大規模要求民主的抗議活動，緬甸軍政府血腥鎮壓，造成重大的傷亡。其間雖然經過 1990 年一次民主選舉，然此次的選舉結果，隨即被軍政府宣告無效，這段期間也陸續發生過數次要求民主的示威遊行發生，但毫無成效。2008 年也爆發了番紅花革命，是以僧侶為主體的抗議活動，受到國際社會極大的注目，然而緬甸的軍政府都屹立不搖。在這種情況下，緬甸對待華人的政策自然會被認為是延續先前的政策，也極少有人討論緬甸軍政府對華人的政策是否存在著很大的落差。

造成這種現象的原因，主要與緬甸軍政府在西方媒體中呈現的形象有關。在涉及緬甸相關議題時，民主化歷程向來最受到西方媒體所著重，既然最受到矚目，以致於經常會掩蓋對於其他事務的關注。形成這種情況與翁山蘇姬(Aung San Suu Kyi)息息相

---

[165] Maung Aung Myoe, *Building the Tatmadaw: Organizational Development of Myanmar Armed Forces*, Singapore: ISEAS, 2002.

關，[166]過去緬甸被認為是相對的遺世孤立，直到 1988 年緬甸國父翁山將軍之女翁山蘇姬回到緬甸，緬甸才又重新受到西方媒體所重視。緬甸建國領導人物翁山原先接受日本資助推翻英國殖民，後改與盟軍合作，在第二次世界大戰結束後成為最後一任英屬緬甸總理，終生致力緬甸獨立運動。

1988 年翁山蘇姬剛從英國完成學業返國，目睹了民主示威漫延全國的情況，為了調解軍政府和示威人士介入政治事件，她投入民主運動，由於翁山蘇姬擁有博士高學歷與美麗的容顏，夫婿為具權威地位的牛津學者，她代表西方所認同的價值，這一事件對西方媒體而言，本身即具有十足的戲劇性，因此一開頭就給予高度的關注。而翁山將軍在緬甸建國運動中被視為國父，並且是能夠得到各少數民族信任的緬族領袖，代表著緬甸能團結成立新國家的象徵，翁山蘇姬在其父的光環之下，一開始就被各種反對軍政府的勢力認為是足以統合反對勢力的代表人物。

翁山蘇姬 1988 年 9 月 24 日成立了全國民主聯盟，隨即發展為最大反對黨，她被緬甸人民視為民主運動的精神領袖，從 1989 年 7 月 20 日起，以煽動騷亂的罪名遭到軍政府軟禁 6 年。雖然全國民主聯盟在 1990 年全國選舉中贏得勝利，獲得超過八成 國 會席次，但卻無法順利取得政權，因此軍政府受到國際社會譴責。

---

[166] 緬甸人沒有姓氏，只有名字，翁山蘇姬分別取自父親「翁山」祖母「Suu」母親「Kyi」三人的名字而成。

翁山蘇姬在被軟禁期間，陸續獲得沙卡洛夫人權獎、諾貝爾和平獎，[167]代表翁山得到國際輿論的強烈支持，因此就國際媒體來說，緬甸的民主運動和翁山蘇姬是緬甸相關新聞的重點所在，其他的事務則難以得到相同的注意。

在整個過程之中，緬甸軍政府的國際形象顯得粗暴、愚笨並且不講道理，翁山蘇姬不論是在軟禁期間，或是在 1995 年 7 月 10 日獲釋後，活動範圍雖僅被限制在仰光，但都吸引了大批的追隨者聚集在其身邊，這些都是吸引國際媒體目光的重要因素。翁山蘇姬在 1991 年獲頒諾貝爾和平獎，為了緬甸的民主奮鬥，堅決不肯離開緬甸，以免因為離境而再無法再回到緬甸奮鬥，因此未能前去親自領取諾貝爾和平獎，甚至連丈夫在英國去世，也無法見到最後一面，這些都是十分具有戲劇性的過程，因此形成軍政府與翁山蘇姬互相對峙的戲碼，在 20 年受軟禁期間一再成為世人的焦點。

例如 2000 年 8 月翁山蘇姬不顧軍政府禁令，率領 10 多名支持者企圖離開仰光，出席在曼德勒召開的「全國民主聯盟」會議，和軍警對峙 3 天後再次遭到軟禁。2002 年 5 月經過聯合國秘密協

---

[167] 沙卡洛夫（Sakharov）有蘇聯氫彈之父之稱，為 1975 年諾貝爾和平獎得主。沙卡洛夫人權獎（Sakharov Prize for Freedom of Thought）是歐洲議會設立，表揚奉獻己力捍衛人權及思想自由的個人和組織，歷年得主有南非曼德拉總統等，翁山蘇姬是在 1990 年獲得這個獎項。

商而重獲自由，但於 2003 年 5 月翁山蘇姬在緬北的瓦城，[168]三度遭軍政府逮捕，再度受到軟禁。雖然根據緬甸法律，逮捕令最多只能延長五年，但 2007 年因為經濟問題而引起的「番紅花革命」（Saffron Revolution）[169]民主運動，其中一個訴求就是「釋放翁山蘇姬等政治犯」，可見翁山蘇姬仍然受到幽禁。2008 年因為有美國人潛入其住宅，又使翁山蘇姬被判刑而失去參選資格，在這個過程中，軍政府被襯托出來就是不理性的形象。翁山蘇姬的戲碼不僅是緬甸國內政治的戲碼，也是國際新聞的重頭戲，國際上一直有要求釋放翁山蘇姬的聲音，例如前聯合國秘書長安南在任時，曾向緬甸軍政府請求釋放翁山蘇姬，東南亞國協也對緬甸頗有微詞，美國好萊塢影星也曾經聯合聲援翁山蘇姬。緬甸軍政府對於這些聲音卻一直置之不理，相形之下，緬甸軍政府好像是鐵板一塊，不知如何因應國際社會的要求。

　　如果我們將視野集中在政治體制與民主進程上面，緬甸的情況的確令人感到失望。但是如果我們將視野拉遠，以較長的歷史眼光來看，現在的軍政府在上台後的 20 多年時間，並非一成不變，也並非是鐵板一塊，只有威權軍事統治的面向存在。緬甸雖然受

---

[168] 瓦城即是曼德勒（緬甸語：မန္တလေး；英語：Mandalay），是緬北第一大城。

[169] 2007 年 2 月開始即因政府取消能源補助，導致民生物資狂飆 1-5 倍，讓緬甸的貧富差距、民生凋蔽的情況更加凸顯，而引起人民的抗議，相關示威活動到八月開始由學生、佛教僧侶主導，最後在九月遭緬甸軍政府使用武力鎮壓，期間國際間紛紛表示關注，歐美國家更想藉由對緬甸進行經濟制裁施加壓力。

到國際的經濟制裁，但是並非全無缺口，也受到全球化浪潮衝擊。

　　特別是因為 1988 年之後歐美國家對緬甸進行經濟制裁，形成影響力真空期，讓中國與印度得以在緬甸展開權力競逐，在這 20 年的時間內，緬甸仍然有中華人民共和國的支持，同時也在這段期間內，加入東南亞國協，成為區域主義合作發展的一員，自然無法自外於國際社會之中，也必須要隨著國際經濟的發展，往前邁進。

　　本文所討論的緬甸政府對華人政策的轉變，主要是指緬甸政府現在已經不再強論同化主義，對於華人社會所進行的保存華人文化活動減少干涉，也對於華人社會發展的華文教育採取十分寬鬆的立場，甚至於更進一步，緬甸政府可能意識到緬甸華人在經濟領域上可以發揮溝通外界的力量，甚至鼓勵緬甸華人發展海外關係。本文的主要論點，是在緬甸華人社會中實地進行訪談時所得到的啟發。多數緬甸華人在描述緬甸華人社會的發展，自覺或是不自覺地，都提到了這種政策的改變。這樣的政策，也許難以發現有訴諸文字的公開宣示，或是足以表明政策的文件，但是從受到政策影響的對象而言，這種轉變已經被清楚的感受與體會。

華人政策的新發展

現階段緬甸政府對華人社會採取比較寬鬆的態度,是在緬甸的華人的共同意見。這種新的轉變可以由華人社團活動的恢復、華文教育的成長、華文報紙的出刊可以看出。這是傳統上討論華人社會的三大重點,即華團、華教與華報。在訪談中,多數報導人會提到緬甸政策的轉變,多半以新的軍政府上台以後做為標誌時間,意指在 1988 年以後上台的軍政府。

在華人社團來說,許多社團恢復了活動,也有新的華人社團開辦,或是華人社團有了新的發展,如蓋了新的華人社團會館等。詢問相關華人社團活動發展的時間,多半是在 1990 年代陸續發生,也有一些新的變化是在 2000 年代得到更進一步發展。整體而言,筆者訪問的各地華人社團領導,多半都意識到這個政策的轉變。政策上雖然是有開放,但是緬甸政府並不會明文表示政策的轉變,很多情況都是華人社會感受到政策的寬鬆,但是並不知道政策的底線在什麼位置,都是靠申請批准,才知道哪些可以做,哪些還不可行,算是摸著石子過河,一路發展才一路知道政策開放的規模。

以仰光為例,華人社團活動在 1990 年代,新的軍政府上台之後有了長足的發展,許多華人社團漸漸地從過去的沉寂的狀態,開始增加了活力。有 145 年歷史的老社團,緬甸福建同鄉總會,

在 1960 年代會務幾乎停擺，只有一個小辦公室設在慶福宮內，到了 1999 年發起認捐籌款，建立了新的會所。仰光雲南會館，在 1995 年將原來傾右的雲南會館及傾左的雲南同鄉會合併，重新開始發展，並且在 2006 年首度發行了會刊。

以東枝為例，東枝的華人社團主要是東枝雲南聯誼互助會、福建同鄉會、廣東同鄉會、福州三山同鄉協會、果敢文化會等社團。其中，這些社團多在 1990 年代初期成立或者重修，其中福建同鄉會的會館是在 1991 年落成，廣東同鄉會在 2000 年遷建了廣東義山，雲南聯誼互助會及福州三山同鄉協會都在近期整修了新的會館。果敢文化會則是在 2007 年新大樓落成，新的會館氣勢雄偉，有極寬闊的室外廣場及室內禮堂，顯示會務蒸蒸日上。筆者親自走訪東枝地區各主要華人社團，都表示最近 20 年華人社團的會務發展，是政策放寬的結果。

以仰光為例，華人社團活動在 1990 年代，新的軍政府上台之後有了長足的發展，許多華人社團漸漸地從過去的沉寂的狀態，開始增加了活力。有 145 年歷史的老社團，緬甸福建同鄉總會，在 1960 年代會務幾乎停擺，只有一個小辦公室設在慶福宮內，到了 1999 年發起認捐籌款，建立了新的會所。仰光雲南會館，在 1995 年將原來傾右的雲南會館及傾左的雲南同鄉會合併，重新開始發展，並且在 2006 年首度發行了會刊。

從華社到華語文教育

　　華語文政策的轉變，另一個清楚而有力的證明是紛紛開辦華文學校及華文班，在仰光地區的華人是最深刻可以感受到政策改變的歷程，當政策開始鬆動的時候，仰光的華人開始做出改變。仰光地區的華文教育是由福建人所建的慶福宮開始在寺廟中以研讀佛經為名義，開辦華文教育班，被認為是仰光恢復華文教育的先聲在仰光地區的華文教育，以福建同鄉最為積極。然而廟宇辦學還是不算是正規的學校，後來學校也開始設立了，有華人以過去的華文學校的校友會投入華文教育。例如由前中正學校的校友所組成的華文教育，有中正補習班，以及正友語言與電腦中心，其中只有正友語言與電腦中心強調他們是目前在仰光唯一以正體字教學的華文學校。[170]這是在緬甸政策上對外開放的前幾年，從這些政策的轉變可以知道發展的路向。

　　談到華文教育，緬甸的華文教育在 1960 年代的國有化政策中折損最慘重，當時緬甸各地有超過兩百多所華文中小學被政府關閉，多年經營累積而成的校地與校舍，在一夕之間收歸國有，對當時從事華文教育的人來說是十分嚴重的打擊。有些人可能在家中以私人補習的方式學習華文，有些沒有機會學習華文者，就成為所謂緬化的華人。然而，華文教育卻在 1980 年代後期開始，慢

---

[170] 研究者在 2009 年 8 月 4 日與緬甸仰光正友語文商業中心校長林錦峰訪談。

慢地重新發展起來。最早是在上緬甸地區,以佛經學校為掩護,開辦了華文學校,才有重新發展的可能。後來政策鬆動越來越明顯,華人開始以電腦或語言中心的名義開辦華文學校,原來的私人補習班也慢慢合併,成為較大規模的華文補習班。在 2002 年 9 月 1 日開辦福星語言與電腦學校由緬甸福建同鄉總會捐資開辦的「福星語言與電腦學苑」,實為華文學校。[171]後來又有緬甸華商會、緬甸福建同鄉總會、緬甸廣東工商總會等八個緬華社團聯合興辦的「東方語言與商業中心」。[172]

在東枝地區也有同樣現象的發展,東枝地區的三個同鄉會館,就開始合辦華文學校,東枝廣東會館、福建會館及三山會館,就在 1994 年開辦了東華學校,這是因為在 1990 年代初期,已經感覺到政府的政策已經開始放鬆,東枝地區的華人即以宗族鄉親而組成的華人社團,紛紛投入了華文教育的發展,東枝福建同鄉會、東枝廣東同鄉會、東枝福州三山同鄉協會,三個在東枝的社團合辦了新華學校,都是很好的例證。[173]東枝地區的會館悄然恢復了華文學校。緬甸其他有相當規模華人社區的城市,都有同樣的發展,都是在同一個時期重新發展了華文學校。

現在的緬甸華文教育,已經在一段時間的開枝散葉後,可說

---

[171] 研究者在 2009 年 8 月 12 日與緬甸福建同鄉總會會長呂振臏訪談。
[172] 研究者在 2009 年 8 月 10 日與緬甸華商商會總幹事蘇天寶訪談。
[173] 研究者在 2009 年 8 月 3 日與緬甸東枝東華中學校長林光輝訪談。

是蓬勃發展。以仰光為例，除了前述由宗親會館所辦的「東方語言與商業中心」與「福星語言與電腦學苑」之外，還有中正補習班，以及正友語言與電腦中心。也有不少華語教師在仰光地區以家教的方式教授華文，這種蓬勃的氣氛可以說感染了許多人，新的華文學校也在蘊釀成立的過程中，仰光的雲南同鄉會，曾經明白表示將準備創辦華文學校。[174]

從華文報章的開辦也可以看得到這種政策的影響，1998 年 11月 4 日在仰光發刊的緬甸華報（Myamar Morning Post），被認為是緬甸 30 多年來首度對華文報紙解禁。原來在 1965 年華文報紙被禁止以前，當時在仰光發行的中文報紙有 6 家，有親台灣的「自由日報」、「中國論壇報」，也有親北京的「人民報」、「中國日報」、「中華商報」和「新仰光報」，先後都被吊銷執照而停刊。緬甸華報開始創辦時即小心翼翼地進行，可以看出對於政策的不確定性仍然是影響華人心態。果然在 2005 年以時局不穩，軍政府暫停了所有外文媒體的出刊，緬甸華報從此消失。直到 2007 年，緬甸又有一家華文報紙誕生，「金鳳凰」在 2007 年 10 月 1 日創刊，成為現存唯一的華文報紙。[175]

總結在華團、華教與華報的情況，多數人能夠清楚的表述兩個不同時代的政策差異。在緬甸華商商會百年紀念特刊上，提到

---

[174] 研究者在 2009 年 8 月 12 日與緬甸仰光雲南會館理事長虞有海訪談。
[175] 研究者在 2009 年 8 月 12 日與緬甸仰光金鳳凰中文報社多位幹部訪談。

這種不同時期的轉變，就很清楚地描述出來：「1964 年，緬甸實行了國有化政策，華僑華人工商業受到嚴重的打擊，我會處境也極度困難，會務幾乎停頓...1988 年，緬甸現政府推行了市場經濟政策，開放邊貿。」短短數語，已經清楚地點出現階段的軍政府與以前的社會主義軍政府，在本質上有極大的差異。[176]

明顯的政策轉變

緬甸對華人社會的政策，如果放在一個較長的歷史架構來看，則最近二十年的發展，與之前緬甸華人所受到的待遇，可以說是很明顯的政策轉變。只不過這種政策的轉變，是難以找到任何的政府文件中明白表示出來。至少到目前為此，緬甸政府並未就其對華人的政策，表示過正式的意見。然而即使在這二十年之中，緬甸政府對華人的政策尚未到穩定的地步，但是對比 1960 年代的時空，可以很清楚明白，現階段緬甸對華人政策，已經是一個很大的轉變。

本章論文以實地觀察與訪談法，重新審視了緬甸政府對華人的政策，討論到緬甸在 2011 年民主改革之前幾年的時間，緬甸對外的政策還未正式開放之前，對華人政策及華語文政策已經有很

---

[176] 華商商會特刊編委會，〈華商會史略述〉。《百年商旅──緬甸華商商會世紀華誕紀念特刊，1909-2009》。2009 年，頁 32-35。

大的轉變。整體而言，對華人的政策是採取比較寬鬆的態度，讓緬甸華人可以發展自身的文化特色，並且可以維持華文教育的發展。實際走訪緬甸華人社會，可以感到緬甸華人現在是處於等待好機會的時刻，如果有朝一日，緬甸往正常國家發展，推行民主政體而得到國際社會的全面接納，則緬甸的華人可以以其優勢，在相關的領域中，得到很好的發展。

如果將緬甸華語文教育的發展，放到一個較長的歷史架構來看，可以說是華語文教育與華人政策，通常是一個互動發展的狀態，在本章研究的這個時段，其實是處於開放政策初期，尚未對外說明，但是由華語文教育與華人政策的開放，可以知道整個社會氛圍的改變。在這段時間，華語文教育隨著緬甸的經濟發展，已有顯著的變化，但是當時未有任何政府的文件，表示對於華文教育的開放政策。至少可以確定的地方是隨著各地華人的移入，許多人對於華語的學習有很高的興趣。在經濟發展的潮流中，過去打壓華語文教育的情況，已經不復存在。這一時段的研究對於過去的華語文教育的歷史，可以清楚地看到這種政策的轉變過程。

參考文獻：

Fink,Christina, *Living Silence: Burma under military rule*. London: Zed Books, 2001.

Maung Aung Myoe, *Building the Tatmadaw: Organizational Development of Myanmar Armed Forces*, Singapore: ISEAS, 2002.

Rieffel, Lex, *Myanmar/Burma: inside challenges, outside interests*. Brookings Institution Press, 2010. pp. 95–97.

林清風，〈關於緬甸華僑華人的生存和發展問題的幾點思考〉，林清風主編，《緬華社會研究》第三輯，澳門：澖門緬華互助會，2004 年。頁 10-17。

范宏偉，〈1967 年緬甸 6.26 排華事件與緬華社會研究〉。《台灣東南亞學刊》，3 卷 2 期，2006 年，頁 47-72。

范宏偉，〈周恩來與緬甸華僑〉。《當代中國史研究》，2008 年，第 1 期，頁 31-37。

莊國土，〈二戰以後東南亞華族社會地位的變化〉。《東南學術》，2003 年，第 2 期。頁 59-67。

華商商會特刊編委會，〈華商會史略述〉。《百年商旅——緬甸華商商會世紀華誕紀念特刊，1909-2009》。2009 年，頁 32-35。

第十章

柬埔寨華語文教育的特色與挑戰

　　柬埔寨的華語文教育，在現在東南亞各國之中，是最具有過去傳統華文教育的特色，這些特色在東南亞的西方殖民時代發軔，後來多數的東南亞國家因為國家獨立及民族主義抬頭，這些特色是難以保留，而在現在的東南亞國家是難以行得通，卻在柬埔寨仍是以這種傳統華校為主流。然而這些特色並非一成不變，到現在也面臨了新的挑戰。現在的柬埔寨的華語文教育是在柬埔寨經過長年的內戰之後而重建的，有意思的是，現在的柬埔寨的華語文教育主要是由華人領袖所組織的柬華理事會來領導，而柬華理事會的組成結構，是由華人各地區的會館所組成，即所謂的各幫會館所組成，分為潮州幫、福建幫、廣肇幫、客家幫及海南幫，這是東南亞在殖民時代的華人事務代理人的結構，已經在其他的東南亞現代國家不復存在。由柬華理事會所帶領的華文學校體系，原則上是政府所容許，不太會受到如同其他東南亞國家一樣，民族主義者或者國家官僚體系的干擾。因此多數的柬埔寨華人，都有機會有一段時間進入華文學校。因此華人社群保留華語

文的能力，並不是嚴重的問題。這些情況都使得柬埔寨華語文教育的特色，在東南亞之中顯得獨具一格，特別值得討論與探究。

和平重建後柬埔寨華語文教育研究的意義

首先我們討論柬埔寨華語文教育在柬埔寨和平重建以後的復興。主要討論柬埔寨華語文教育從 1990 年代開始到現在的發展中所出現的重大轉折。柬埔寨華校教育系統的建立，值得從比較研究的立場去考察，因為這是當今社會少數仍然存在系統完整的華校教育，比較接近第二次大戰以前，在現代民族國家興起以前，海外華人在東南亞各地所建立的華校系統。從這個角度來說，柬埔寨華語文教育是有其特色的，處在當今世界各國都以新興民族國家為型態建立現代國家，像舊式華校系統對任何現代國家而言，都是代表國家整合未完成，是現代國家難以容忍的教育體系，所以東南亞各國的華校系統在現代國家建立以後，都面臨必須改變及轉型的命運。柬埔寨華語文教育是在 1990 年代才開始重建，卻能以保持戰前華校的特色而運作存在，是有特殊的歷史條件才能形成。

柬埔寨華校教育系統的建立與柬埔寨的歷史息息相關，如果不是因為柬埔寨到了 1990 年代開始重新建立社會秩序及和平穩定，可能未必有同樣的機會。然而這個狀似發展完整的華文教育

系統卻面臨很重大的挑戰，以致於一個強調改革的趨勢已經開始，即使是尚在發展中的議題，卻是未來華校系統在柬埔寨生存的核心問題，如今已經開始浮上枱面，是決定未來存續、發展最重要的課題。

柬埔寨的華語文教育有許多特點，值得學術界的特別關注。從華語文教育的性質而言，柬埔寨是東南亞中少數保留傳統華教系統的國家。所謂的傳統華校，就是做為當地國家的華裔公民，組織起來以排外性的方式，在現代國家的教育系統之外，保留完整華語文教育的教育系統。在多數的現代國家中，政府莫不希望將國民教育課程放在國家教育體系的範圍中，接受統一的教學課綱，很少能容許傳統華校系統的存在，柬埔寨的華文教育是少數的例外。雖然柬埔寨的華校，都是在柬埔寨恢復和平之後所重建，基本上是 1990 年代後陸續所建立。與其他國家最為不同的地方是，柬埔寨的華文教育是在柬埔寨國家政策的支持下發展起來，這種特色也使得柬埔寨華文教育有其獨特性，一方面是現代仍可以觀察到傳統華校的地方，另一方面因為是在國家恢復和平後的重建，又使其與傳統華校有所不同，特別是教育系統與國家社會的關係而言，可說是東南亞少數得到國家支持而發展的華校系統。

近代台灣與柬埔寨雙方曾在 1947-1958 年互設領事館，1970-1975 與龍諾政府互設代表團，後來在 1990 年代後期短暫設立過代表處之外，洪森主政的柬埔寨政府因為親共，禁止台灣設

立辦事處，雖然官方互動處於停滯狀態，但是台灣民間與柬埔寨的貿易、投資、金融等互動維持成長，特別是成衣加工業，投資規模約占柬埔寨成衣產業的四分之一。柬埔寨是台灣第 43 位進出口貿易國，2019 年貿易總金額超過 8 億美金，其中出口總額約佔 7 億。[177]

柬埔寨的研究在台灣相對比較少，在柬埔寨華文教育方面的研究更加稀少。尤其台灣與柬埔寨目前雙方缺乏正式聯絡管道，[178]柬埔寨的華文教育，目前幾乎可以說是與台灣斷絕了關係，相較台灣與其他東南亞國家深厚的華文教育事務之往來，柬埔寨的情況十分獨特。為了研究柬埔寨的華文教育，筆者在過去長期針對相關人士進行個別訪談與焦點團體訪談，並且曾在 2010 年參與組織研究團隊，前赴柬埔寨進行實地的訪查，以實地考查的方式取得研究材料，並且與相關人士進行訪談。本文即是以人物訪談與實地考查的資料來做為基礎資料。

---

[177] 駐胡志明市台北經濟文化辦事處經濟組編，〈亞洲商情〉。《經貿透視》雙週刊第 567 期，經濟部國際貿易局。

[178] 台灣與柬埔寨的相關事務目前由越南駐胡志明市台北經濟文化辦事處兼辦。由於執行「一個中國」的政策，2016 年後柬國陸續將數十名台灣籍詐欺犯遣送中國。

柬埔寨華語文教育在東南亞國家之間的比較

　　要說明柬埔寨華語文教育的特色，必須要理解東南亞傳統華文學校系統的建立。以及後來東南國家在第二次世界大戰之後獨立，國家民族主義興起之後，對於東南亞傳統華文學校系統的敵視，以及由現代國家系統要求傳統華文學校系統做出改變或者是消除。

　　東南亞國家是海外華人分布最多的地區之一，現代華文教育的體系也在殖民地時期就已經深入東南亞每一個國家，以及在東南亞地區每一個有華人聚集的地區。雖然東南亞國家的華語文教育體系的建立，並不是十分長久的時間，但是其規模與廣度，受到很多矚目，各國的出版品很早就在特別的關注。一般的討論，多以在 1901 年巴達維亞建立的八華學校，視為東南亞現代華文教育的起源。自此東南各地的華人社區設法成立華文學校，此時東南亞各地多為西方國家的殖民地，多半對於教育方面採取開放政策，只要是華人社區自己籌辦的華文學校，並沒有特別的限制。因此在東南亞各國的殖民地時代，華文學校數目很多，可以說是有華人聚集的地區就有華文學校，而華文學校主要著重華文的學習，構成傳統華文學校的龐大體系。

　　東南亞國家在第二次世界大戰國家民族主義興起之後，現代國家政府對於傳統華校，莫不視為是一大威脅，印尼從 1945 年獨

立開始，即不斷出現要求取消華文學校的民意，無論是右派或左派人士所支持的華校，到 1965 年都全部被勒令關校。菲律賓也有同樣的情況，從 1946 年完成獨立後，即採階段性逐步管控華文學校的策略，在 1956 年開始對華校進行督察，在 1973 年公布所謂的菲化法案後，於 1976 年正式實行的國家化政策，將華校納入菲國國家教育體系中，並限制華語授課時間。馬來西亞雖然獨立較晚，在 1957 年才宣布獨立，到 1963 年才確定現在的國土範圍，馬來西亞的華文教育始終是族群衝突的重要議題，如果考察相關的言論與政策，早在 1946 年馬來亞聯邦(Malayan Union)爭論開始時，華文教育的存廢與發展就是關注的焦點。泰國雖然沒有經過殖民主義及獨立運動的衝擊，但是民族主義的情緒也在同一時間發展，泰國的華校系統(後稱為民校)在第二次世界大戰開始受到壓抑，也應該放在同一個脈絡來看待。緬甸的國有化政策，與越南的民族解放，華校雖然並不是在國家獨立的同時受到衝擊，也都是在後來民族主義情緒的發酵下，在政權變動的同時，將華校系統消滅掉。在這種條件下，柬埔寨的華文教育的發展變得很突出。

總結傳統華文教育系統的特色，就是以華文教育為華校的授課核心，而在當地國家獨樹一格，而且學生主要是華人子弟，從學校、教師到學生，都是以華人為主的教育。從另一個角度來看，就是外僑學校。在國家獨立及民族主義的風潮影響之下，大批長期居住在當地的華人，維持外僑學校的做法，為多數國家所不能

容許。何以柬埔寨可以保有傳統華文學校的特色，是我們討論的
重點。而柬埔寨的華文教育，最重要的是經過和平重建以後的發
展，才有今天這樣的格局。

柬埔寨華語文教育的田野研究

　　筆者個人曾分別訪問過中華民國高棉歸僑協會、自由僑聲雜
誌社以及知風草文教基金會等等相關的機構。筆者所參與組織的
研究小組，組織成員有玄奘大學海外華人研究中心主任陳偉之教
授和中央研究院社會所黃庭康教授等，協同進行柬埔寨華文教育
研究的課題。研究小組在 2010 年 1 月 29 日下午在善導寺玄奘大
學教育大樓，舉行座談會，邀請現居台灣的柬埔寨歸僑，共同參
與座談。

　　研究小組並且在 2010 年 1 月到 2 月之間赴柬埔寨進行實地田
野研究計畫。以研究動機而言，主要訪問柬埔寨華人的社區重建
與社區組織運作方式，並聚焦在與柬埔寨華文教育的相互關聯
上。柬埔寨的華人過去因為戰亂的關係，一直缺乏研究。目前有
的資料主要是 1960 年代初期的研究，隨即柬埔寨陷入內戰，直到
1993 年開始才得以休養生息。現在柬埔寨華人組織華人五幫（潮
州、福建、廣肇、海南及客家）及其所屬會館已經恢復運作，本
文將以華人五幫的社區重建與社團組織運作方式為主題，並且討

論這些華人組織與華文教育的關係,主要地點為柬埔寨境內華人最為集中的首都金邊市[179]為例。除了金邊市以外,研究小組也有機會到外埠地區,考察其他研究議題,但華文教育相關議題主要在金邊市進行。

　　研究以柬埔寨華人為主要訪查對象,主要訪問金邊及暹粒,[180]調查行程是在 2010 年農曆春節前的 1 月 30 日到 2 月 9 日,第一階段訪談行程在金邊市進行,停留一個星期,訪問對象以華人社團組織為主,以柬華理事總會及其轄下的華人社團為對象,並且拜訪華人社團相關的華文學校,此外,也訪問了華文報紙、華語電視公司、社會福利機構、學術研究機構以及外國駐柬埔寨的 NGO 組織等,希望從比較全面的角度來理解柬埔寨社會在和平重建後的發展,特別是華人社會的社區發展情況。在華文教育方面,主要是透過金邊柬華理事總會及轄下各華人社團介紹,訪問當地不同型態的華文學校,從幼兒園到中小學,並且也訪問大學的華語文課程,並且討論海外華人社區與這些不同性質華文教育的關係。

---

[179] 金邊市是柬埔寨最大的城市,也是政治、經濟、工業、文化、旅遊中心。在 15 世紀中葉曾經取代吳哥成為高棉帝國的首都。1866 年柬埔寨國王諾羅敦(Norodom)訂定為首都與政府的永久所在地。

[180] 暹粒是柬埔寨暹粒省的首府,14 世紀古蹟吳哥窟(អង្គរវត្ត Angkor Wat,意為寺廟之城)、大吳哥城皆位於暹粒市之北。

柬埔寨近代歷史與華人社群的發展

柬埔寨近代史可以說十分坎坷，自從 1953 年柬埔寨脫離法國殖民統治以後，建立了一個君主立憲的現代國家，原本期待一個新的局面，建設一個興盛繁榮的國家，不幸的是，實際的歷史發展事與願違，反而是一連串災難的開始。與大多數的東南亞國家不太相同的地方，柬埔寨從殖民地到獨立國家，並沒有經過長期的鬥爭與戰鬥，而是搭了時代的順風車，與法屬印支三邦的其他地區，即越南及寮國，成為獨立的國家，沒有經過長期本地民族主義的風潮，相對的華人在獨立的過程也沒有受到如印尼、越南等國家因為本地民族主義風潮而形成對華人的壓迫。

如果從華人的角度來看柬埔寨近代史，華人原本來到柬埔寨，多為躲避中國境內的災難與戰亂，打算找尋一個可以安定生活的淨土，華人近代第一批大規模移入是 1920 到 1930 年代的潮州籍，有 48%潮州人居住於農村，佔農村華人的九成。[181]移入的歷史高峰正是第二次世界大戰之後，主要是由中國南方移入，以廣東人士最多，根據 1962 年的統計資料中，柬埔寨登記為華人的163,000 人中約有 10 萬是潮州人，可說是當時最大的華人族群。[182]

---

[181] Willmott, William E., *The Chinese in Cambodia*. Vancouver: University of British Columbia, 1967, pp.17.
[182] Willmott, William E., *The Chinese in Cambodia*. Vancouver: University of British Columbia, 1967, pp.104.

華人人口的增加，在不同時期有不同的增加比例，統計上因為立基的基礎不同，人口統計的數字也有很大的差異，然而潮州人成為柬國華人人口的多數，是二十世紀華人移民的基本結構，在 1970 年的統計資料中約佔華人總數的 77%，[183]華人社會生活中即是以潮州話為主要的溝通語言，廣東話次之。

以人口來說，根據 W. E. Willmott 的研究顯示柬埔寨華人移入的特質，大抵可以說，從十九世紀以來，持續有華人由中國南方移入柬埔寨，但直到 1867 年成為法屬殖民地之後，法國殖民政府才有了初略的推估，1890 年柬埔寨的華人總數大約有 13 萬餘人左右，雖然這個人口的絕對數不能算高，但是當時柬埔寨也並非人口眾多的區域，華人人口約佔全境總人口數的十分之一。[184]到了二十世紀時，每年都仍維持一定數量的人口成長，在 1920 年代後期，每年的成長大約在 6 千人至 8 千人之間，但是到了 1946-1949 年間，柬埔寨華人每年增加 3 萬人，因此可以說是第二次世界大戰之後，華人由中國移居柬埔寨的人數增長最快。到了柬埔寨建國之初，1953 年左右，華人人口已經達到 42 萬 5000 華人。根據當時僑委會的統計，在當時全世界海外華人人口數佔第八位。[185]依

---

[183] Willmott, William E., *The Political Structure of the Chinese Community in Cambodia*, University of London, The Athlone Press 1970 , p. 7.
[184] Willmott, William E., *The Chinese in Cambodia*. Vancouver: University of British Columbia, 1967, pp. 15.
[185] 林志忠，〈近百年來柬埔寨華校教育發展之探討〉。《台灣東南亞學刊》，5 卷 2 期，2008 年，頁 7。

這樣估算，可以推斷出在柬埔寨獨立之初，約莫有三分之二的華人人口都是第一代移民。

柬埔寨獨立以後的歷史階段，變化很大，在此簡述如後。第一個時期(1953-1969)是施亞努（Norodom Sihanouk）時期，在施亞努親王的領導下，[186]成為一個憲政君主政體的國家，希望致力於國家的建設。這段時期雖然國家還在邁向現代化建設的初期階段，但是國家建設的基本架構已經浮現，當時政府主張大規模地擴充學校數量，使得整個國家教育體系在 1968 年時包含了 5,857 所初級學校、180 所中級學校以及 9 所高等學府，筆者訪問的機構領導人與意見領袖，都是在這個階段接受高等教育的人才，教育被視為建設國家培養人才的方法，這段期間，柬埔寨華校也有長足的發展，可以說 1991 年和平重建後的華校系統，即是以這段時期的華校系統為藍本，循跡重新恢復起來。

第二個階段(1970-1975)是從 1970 年龍諾（លន់ នល់ Lon Nol）將軍發動政變開始，到其失敗倒台為止。這段時期正是東西方冷戰的高峰期，也是越戰的熱戰時期，柬埔寨是被越戰的炮火直接波及的國家，美國為了對付在柬埔寨境內的越共，多次發動攻擊，轟炸柬埔寨地區，在這個動亂的年代。國家被意識型態的左右派

---

[186] 諾羅敦·施亞努(Norodom Sihanouk, នរោត្តម សីហនុ) (1922-2012)為柬埔寨王室領袖，經歷法國和日本的殖民、占領後，1953 年帶領柬埔寨獨立建國。他曾兩度擔任國王，也曾因國內外政治勢力的鬥爭而出亡海外，與中國、北朝鮮親善。

別而造成分裂，[187]龍諾將軍的政變被認為是右派的勝利，施亞努親王則以中國為基地，與紅色高棉組成同盟。這段時期華人的記憶是很紛歧的，與其他的東南亞國家一樣，華文教育組織也受到意識型態影響在立場上分左右，互相是對立的。當時台灣政府則因為意識型態相近，並得到美國的支持，與龍諾政府比較友好，也促成了相當程度的交流，其中教育的交流也是其中重要的一環。根據筆者的訪問，當時台灣的政府仍然直接協助柬埔寨的華校，有當地華文學校老師來台灣就學，做為師資培訓的管道，也有台灣短期派駐到當地教書的老師。

第三個時期(1975--1978)是恐怖的紅色高棉時期，[188]柬埔寨由波布（Pol Pot）政權統治，至今仍然是一個夢魘，人們還很難平和地面對這段歷史。紅色高棉又稱赤柬(Khmer Rouge)，紅色高棉統治時期，將所有都市人口趕往鄉村，意欲藉此徹底改造成一個極端的共產主義社會，而屠殺及人口清洗卻以改造思想為名義，

---

[187] 意識型態原屬於哲學範疇，是與一定社會的經濟和政治直接相連繫的概念的總和，受思維、環境、教育、價值取向等影響。不同的意識形態，對同一事物的理解、認知也會有所不同。一般意識型態所指的左派、右派，來表達並代表完全對立的政治、經濟和各種社會議題的看法，雖然沒有準確定義，但大致可類分：右派有保守、主張穩妥、秩序、漸進的改革方式，強調維護舊有傳統的特性；右派有激進改革、反對階級統治、主張世界主義和國際主義的傾向。

[188] 紅色高棉起源於 1951 年成立的高棉人民革命黨，最初是對柬國左派勢力的統稱，後用於指代柬埔寨共產黨及後繼的民主柬埔寨黨等政黨。紅色高棉得到中國共產黨和領導人毛澤東的大力支持，因此在柬國實施農業社會主義，仿效中共推動「大躍進」等活動。

在各地上演，造成了二十世紀亞洲地區最恐怖的極權統治與屠殺時期，根據 2009 年柬國法院的調查報告可知，在短短 4 年內，因為飢荒或政治迫害，造成超過 150 萬人死亡，約為當時人口總數的五分之一以上。[189]這段期間為了全面改造既有的社會制度，原有的機構，如教育機構、文化機構與社會機構全部關閉，導致各級學校全面關閉。這段時期的影響十分深遠，直到現在仍然還在修補該時期所破壞的社會制度。華人社區在這段時期也受到強力的鎮壓與迫害，華人因此而喪失生命，死亡的比例也很高。[190]筆者訪問的華校領導人，幾乎無一倖免，全部在這段時期發放到鄉下地區進行勞動改造。至於華人在這段時間的人員傷亡數目，一說高達數十萬人之多。

第四個時期(1979-1994)是橫山林（Heng Samrin）到洪森（Hun Sen）時期，這段時期在 1979 年 1 月 7 日越南軍隊佔領金邊後，成立柬埔寨人民共和國政權，推舉橫山林為總統開始，1984 年 12 月洪森接任總理職位，皆被視為親越南的魁儡政府，這段時期持續在柬埔寨境內與紅色高棉鬥爭，國家仍處於不穩定的狀態。然而僅管在前十年間政局不安全，但隨著衝突減少，國家逐漸復甦。而後 1989 年越南撤退，國家改名為柬埔寨王國，國王施亞努在自

---

[189] Elizabeth Becker, *When the War Was Over*. New York: Public Affairs, 1986, p. 243.

[190] Ben Kiernan, "Kampuchea's Ethnic Chinese Under Pol Pot: A Case of Systematic Social Discrimination." *Journal of Contemporary Asia*, 16(1986): 18-29; p. 18.

我流放十三年後返回家鄉。1991 年 10 月於巴黎國際會議所簽定的「柬埔寨和平協定」，促使聯合國暫時地接管柬埔寨，監督舉行全國大選、和平進程。1993 年全國大選後，成立聯合政府，由人民黨的洪森接任總理職務，並確認恢復君主制，由施亞努再度擔任國王。

我們應該將 1994 年為界，劃分出不同的時期，雖然洪森在這個過程之中，一直都是掌握實權的人士，[191]但是在 1994 年達成和平協議之前，國家仍處於動蕩的狀態，而且經過各方協調後所舉行的大選，才是取得完整政權合法性的開始，雖然 1997 年洪森透過政變來控制新政府，但在此之後，柬埔寨進入一個新的時期，多年的動亂算是告一個段落。

第五個時期(1994~)是從巴黎和會達成和平協定後到現在的時期，柬埔寨在歷經數十年的戰爭破壞後，社會秩序又再度慢慢地重建起來。這段時期最主要目標是達成各政治勢力的和解，柬埔寨設法讓過去敵對的各派系都能夠共同為建設國家而努力，因此即使是造成破壞的紅色高棉，也僅象徵性地審判了少數的高層指標性人物，其他則儘量將之納入新的體系中，以便展開各方面的重建工作，從政治體制的改革到經濟的發展，各項基礎建設都有

---

[191] 洪森雖然在不同時期都是實權人物，但是因為政權的性質不同，我們仍將他掌權的時期劃分開來，詳見刑和平，《柬埔寨三朝總理洪森》。金邊：柬埔寨華商日報社，2001 年。

重頭做起的決心。

我們所要討論的華語文教育，就是在這個時期發展起來的。在這個時期中，世界的局勢已經大不相同，與前述第二次世界大戰結束以後亞非各國興起的民族主義時期風潮相比，許多事物都必須重新定位，華文教育的角色也是其中之一。在民族主義時期，東南亞各國的華文教育或多或少都受到本地民族主義的壓迫，華文教育被認為是東南亞各國內部一個很難以被新國家整合進來的部分，這是從 1940 年代到 1960 年代的主旋律。到了 1990 年代，華文教育卻受到重視，甚至是國家支持的政策，華文教育在這個時期開啟了一個重新發展的契機。

華語文教育在這個時代不但沒有受到壓抑，反而十分戲劇性地受到柬埔寨領導人的重視與鼓勵。柬埔寨的華人在當地不但沒有受到歧視性的待遇，相反地，華人生活中所反映出的文化價值，反而在柬埔寨被普遍地接受，從過年過節的習俗到抽象的倫理精神，都受到尊重。在這個獨特的時代，特殊的歷史過程，華文教育如同柬埔寨的華人一樣，熬過了漫漫的黑夜，現在黎明已經到來，據柬埔寨華教人士說法，「柬埔寨華文教育又來到另一個黃金時代」。[192]

---

[192] 楊豪，〈華文教育現狀綜述〉。《柬埔寨華文教育》。金邊：東華理事會總會，1999 年，頁 1。

和平重建後的柬埔寨華語文教育

　　要談到華語文教育的發展，必須先從華人移民史來討論。如果從移民史的角度來看柬埔寨，華人移居柬埔寨的歷史開始得很早，柬埔寨在中國記錄裡首見於《隋書》南蠻列傳中，以「真臘」稱之。早在元朝周達觀親訪柬埔寨吳哥地區所撰寫遊記《真臘風土記》[193]時即有相關記錄，當時華人被稱為「唐人」，時為十三世紀。華人在柬埔寨王朝(1431-1863 或是 1953-1970)時期，居留在柬埔寨的華人，得到皇國政府的法律承認，可以寄身於當地，以每年繳納高於當地人民 30 倍的人身稅，成為合法的居留僑民，[194]可以說華人在柬埔寨，雖然仍然有些限制，但是長期以來，一直以本地社會中自成一格的社群存在。

　　柬埔寨華人社區的結構，據目前所知，自法屬時期(1864-1953)開始即以五幫組織為基本結構，政府以華人的祖籍分屬五個幫會，各幫設有幫長，由政府指定委任，幫長負責控制移民出入境、

---

[193] 《真臘風土記》著於 1296 年周達觀出使三年返國之後，全書約八千字，體例分總敘與 40 則記錄，記載內容詳細翔實，例如對吳哥城的建築描述，經多次實地勘測，證實無誤，相當具研究參考價值。40 則內容中提及華人者為貿易(欲得唐貨)、器用、取膽、澡浴、流寓、奴婢等則，其中「流寓」則說明華人水手選擇移居柬埔寨一地的原因。

[194] 華僑志編纂委員會，《華僑志一柬埔寨》，中華民國僑務委員會編印。台北：中華民國僑務委員會，1960 年。

發給商業執照、與法國政府商議並管理城市間人民的來往。[195]每一幫會都設有自己的會館、廟宇和學校，發揮文化、宗教、教育、福利和互助等功能，是具有完整組織的社會單位。柬埔寨華人研究最主要的著作是在 1960 年代完成，描述的情況仍沿續這種組織方式。[196]

柬埔寨華人社會在長期的動亂中，最重要的特色是與其他的柬埔寨人共同經歷所有苦難，成為休戚與共的一員，因此使得柬埔寨華人被柬埔寨本地人接納，這樣的說法在柬埔寨動亂的時代大抵都是可以同意這樣的說法，大約從 1960 年代到 1990 年代都是如此，因此到了 1990 年代新的華人政策形成的時候，華人與本地人的關係就是建立在這樣的前提，這種前提和其他東南亞國家的情況大不相同。[197]柬埔寨自 1960 年代開始的動亂，無論是龍諾將軍的政變奪權，推翻統治柬埔寨的施亞努親王，或是以殘忍血腥殺害為獨裁統治手段的波布政權，直至橫山林政權及洪森政權，華人都與柬埔寨人民共同生息，處境基本上是一樣的，都是受到高壓政權的迫害。直到 1994 年在聯合國的協助下舉行民主選舉，才漸漸安定下來，柬埔寨華人也就順理成章，成為柬埔寨社

---

[195] 蕭新煌、張翰璧、張維安編，《東南亞客家組織社團的網絡》。台北：遠流，2020 年。

[196] 這個時期的代表作是 Willmott, W. E., *The Chinese in Cambodia*. Vancouver: University of British Columbia, 1967.

[197] Penny Edwards and Chan Sambath 1996, *Ethnic Chinese in Cambodia*. Phnom Penh: The Preah Sihanouk Raj Academy.

會的一員。華人社區在 1994 年之前的長達三十幾年的大動亂，曾遭嚴重破壞，不過根據筆者親身田野考查的觀察與確認，華人社區已恢復組織並發揮原有的功能。

柬埔寨的華人組織，是以「柬華理事會」為首統籌協調五幫事務，屬於經過政府核定認可的正式華人組織。理事會第一屆的理事 10 人，全部由柬國政府委任，任期 5 年。1995 年首屆理事任滿後，第二屆理事開始改由會員票選產生。可以說由法屬時期的幫長制度，漸漸改為民主社會的社團。五幫分別是 (一)潮州幫，祖籍廣東潮州和汕頭地區各縣者稱為「潮州會館」。(二)福建幫，祖籍福建漳、泉二州者稱為「福建會館」。(三)廣肇幫，祖籍廣州、肇慶及其附近各縣者稱為「廣肇會館」。(四)海南幫，祖籍海南島者稱為「海南會館」，現稱「海南同鄉會」。(五)客家幫，祖籍客家及閩、粵二省以外者稱為「客屬會館」。

相較於其他東南亞國家華人社會的社團組織，柬埔寨華人的社團結構相對單純，主要的華人組織龍頭是柬華理事會，然後如同戰前柬埔寨華人社會一般，由法國殖民政府促生成立的五大幫派，至今仍然維持相同的結構，[198]由五大幫，即潮州會館、客屬

---

[198] 雖然《東南亞客家組織社團的網絡》一書認為幫長制度在 1953 年柬埔寨獨立後瓦解，但在該書中所提及「老華客」組織的柬埔寨客屬會館，在 1993 年重新成立時，崇正學校也同時復課，與筆者的田野訪談相同，可見法屬時代的幫會制至今仍影響柬國華人社會組織。蕭新煌、張翰璧、張維安編，《東南亞客家社團組織的網絡》。台北：遠流出版社，2020 年。

會館、福建會館、廣肇會館及海南會館組成，華人分別歸屬在這些傳統會館之下。其中有趣的是，凡是無法放入既有會館的華人，就會歸屬到客屬會館，同樣情況也出現在越南的華人會館中。當然這是指傳統華人社會而論，如果是新僑或是華商則各有新的所屬團體，如柬埔寨台灣商會、柬埔寨港澳商會、柬埔寨中國商會等等。

金邊市的華文學校，主要是由柬華理事會轄下的五大幫會館來經營。如潮幫的端華學校、客幫的崇正學校、福建幫的民生學校、廣東幫的廣肇學校以及海南幫的集成公所。此外也有私立的立群學校及華明學校，有趣的是，凡是由五大幫會館來經營的學校，都以公立學校為名，接受柬華理事會管轄與協助，而不是由會館經營的華文學校，則稱為私立學校。所謂公立學校並非接受政府輔導，而是以柬華理事會轄下而稱為公立，這是柬埔寨華校在和平重建時期的特色之一。

為何金邊市的華文學校，主要是由幫派會館來經營推動？我們必須先來看看柬華理事會的成立與推動。柬華理事會是在 1990 年 12 月 26 日成立，是由當時柬埔寨政府的積極推動下成立。1992 年 5 月，柬華理事會蔡迪華、杜瑞通、林國安、鄭榮吉等理事邀請十多位柬埔寨「戰前華校」教師舉行座談，成立「金邊華校復課委員會」，開始推動華文學校復課的工作。要特別注意的是，這裡所謂的戰前華校教師，是指 1970 年開始的國內戰亂，而非 1940

年代的第二次世界大戰。[199] 由於柬華理事會是華人事務最高領導
機構,由柬華理事會帶頭來推動華文學校,自然形成由五大幫會
館來經營推動華語文教育,就成為名正言順的事情。

　　至於柬華理事會為何會來推動華語文教育?從柬華理事會所
出版的文獻中,不難看出柬華理事會一方面得到政府政策的支
持,另一方面也是華人社會的需求,因應華人社區中所提出來的
意見。早在戰爭漸漸平息之後,華人多半自行透過家庭式的華文
補習班的形式讓華人子弟學習中文,等到和平在望時,這種家庭
式的華文補習班已經不能滿足華人社區的需要,開始有了各種私
人華文學校開辦,如在金邊市的中央補校、坡隆邊學校、立坡學
校、莎麗娜學校、華群學校、培文學校等私立學校相繼開辦。當
政策上支持的情況下,柬華理事會做為華人事務的統籌機構,自
然會出現要求由柬華理事會來推動的民意。

　　柬埔寨華校的重建有個十分明顯的現象,就是多半是以復校
為名義來建立,即以過去在 1970 年代之前就存在的華校為名義來
申請復校,向政府申請收回從前柬埔寨華僑華人的公共產業,即
所謂的「贖回」。政府原則上承認過去華僑華人的公共財產,並且
同意歸回,但是如果有人居住,就要與現在住戶協商,幫助他們

---

[199] 這是在和平重建後柬埔寨的本地脈絡,與東南亞其他國家不同,這是因為從
柬埔寨華人的觀點, 1970 年開始的國內戰亂,比起 1940 年代的第二次世
界大戰要重要多了。

找到新的住所。如果是以申請復校「贖回」原來校址及校舍等建築物，是只需要有經費就可以解決的問題，因此在熱心人士的協助下，華人社會發動捐款，許多以前的學校都因此紛紛復校。

1991 年 10 月，第一所華文學校復課，是在磅針省棉末縣的啟華學校，稱為「磅針省棉末縣華僑公立啟華學校」，是在熱心華文教育的陳薯先生奔走下成立，之後華文學校復校就如雨後春筍一般，蓬勃發展競相成立。諸如馬德望省馬德望市聯華公學、嗊吥省逢咋叻市覺群學校及桔井省桔井市中山學校等，都是透過復校而重新成立。

柬埔寨的華人社團經過一段時間的休養生息，現在也恢復了信心，在跨國的華人社團聯誼活動中開始活躍起來。柬埔寨的華人社團之中，會員人數最多，規模最大者，首推潮州會館，由於一般的估計，柬埔寨的華人之中，約有八成是潮州人，因此潮州會館經常是獨佔鰲頭，各地的柬華理事會的主要幹部，也是由潮州人士擔綱，充分反應柬埔寨華人社會的基本結構。

柬埔寨華語文教育的特色分析

和平重建以後的柬埔寨華文教育，有很特殊的情況，因此可以用其他國家的華文教育互相比較的基礎上，找出許多不同的特色。以目前柬埔寨華教人士所出版的資料來看，他們認為柬埔寨

華文教育有以下四個特點：第一是華校向大都市集中，第二是半日制，與柬文學校互相配合，第三是華語是主要教學媒介語，第四是不再是僑民教育。在此將以當地華教人士的自我陳述為基礎，來討論柬埔寨華語文教育的特色。

第一個特點以華校向大都市集中來說，主要是將現在的華文教育與 1970 年代以前旳華校來比較，因為過去的華文教育，就算位處在偏遠地區，只要有相當人數的學童，就會成立華文學校，因此學校的數量比較多，如果以現在與過去相比，學校的總數約為當時的一半，主因在當時華人的分布區域比較廣，現在比較偏僻的地方，未必有華人分布，因此可以說這種情況是反映了柬國華人居住地分布的情況。由於這種集中的情況，使得潮州會館所屬的端華學校，成為號稱全世界最大的華校，學生有將近 1 萬 2 千人，就是這種集中情況所造成的。不過我們也可以用另一個角度來看，因為目前柬埔寨華人的社區結構，仍是以五大幫會館為分類組成架構，因此許多家長仍然沿續過去的分類方式，凡屬於潮籍人士就將學童送到端華學校，而潮洲人在柬埔寨華人之中佔了約八成左右，因此潮州會館成為最大的會館，端華學校成為最大的學校·即柬埔寨華人的社會結構仍舊沿用殖民地時期華民事務幫會的組織型態。

第二個特點是和柬文學校互相配合的半日制，這是由於柬埔寨戰後重建，百廢待興，政府開辦的柬文小學教室不足，因此發

展成上午及下午兩班輪流上課的情況。華校順應這種情況，也辦成半日制，使得家長可以讓子女半日讀華文，半日讀柬文，不過並不是所有的家長都採取這樣的態度，也有華裔學童只上華文，或是只上柬文，要看家長自己的心態。除了華裔學童以外，當地也有柬埔寨人因此也送他們子女來上華文班。這種特色除了柬埔寨以外，與緬甸華文教育很類似．緬甸也有不少華裔子女，上兩種不同的學校教育。所不同的地方，緬甸的華文學校課程是安排在緬文學校上課時間的前後，因此時間上拆開來。而柬埔寨是下午班與下午班，互相在時間上的配合比較容易。同時柬埔寨的華文教育是柬埔寨政府所允許的，相對而言，柬埔寨的華文教育是在比較容易互相配合的情況下發展起來。但現在這種特色受到了新的挑戰，我們在下一節來討論。

　　第三個特色是華語是主要的教學媒介語，「學校中以華語為第一語言，並作為除柬文課以外一切學科的教學媒介語，是柬埔寨華文教與東南亞其他大多數國家華文學校不同之處」，可以這樣說，至少透過華文教育，柬埔寨華人子女的華語文程度還不錯，因此可以保持華語為第一語言的地位。同時我們也可以從另一個角度來觀察，即華語文打破了過去漢語方言各據一方的局面，為了和外界更多各地來的華人溝通接觸，華語的優勢壓到了所有的漢語方言，連人數比例最高的潮州語也讓位，估計未來在柬埔寨華人中，華語將取代潮州語成為華人社會的共同語。

第四個特色是不再是僑民教育，在 1970 年以前的華文教育被稱為僑校，教育的內容則是強調做為一個中國人，現在和平重建後的華文教育不再具有中國民族主義的色彩，儘管教育中仍然強調認識中華文化的重要性，但是不再強調民族情感與血緣宗親國的關係。就這一點而言，這是中國政府的僑務政策所導致的結果，中國政府鼓勵東南亞華人認同當地，加入當地國籍，這是自 1950 年代開始的政策，已經行之有年。華文教育只是當地少數族群學習族裔語言與文化的教育，這樣的政策對於當地華人長期在當地生活比較容易被接受。由於中國與柬埔寨特殊的邦交關係，這些基本立場早已確立，而華人在柬埔寨也是普遍被接受是柬埔寨社會的成員，就華裔與當地族群的關係而論，柬埔寨華人的當地社群關係良好，因此華文教育也沒有引起當地族裔的敵意，相反地，現在有柬埔寨人也希望能有學習華文的機會，華校因此也有少數柬裔人士前來就讀。

柬埔寨華語文教育的新轉折

筆者訪問柬埔寨，探討華文教育相關問題時，已經可以感覺到和平重建後柬埔寨華文教育，固然因為近 20 年的快速發展而呈現欣欣向榮的光景，但是新的隱憂也已經出現，柬埔寨華文教育經過一段時間的發展，已經出現瓶頸。而目前也已經出現新的方

向，雖然目前只有少數學校開始朝新的方向發展，但是預估這是未來的新課題。這個新方向，用柬埔寨華文教育人士的用語，稱之為「華教改革」，目前這個新方向還眾說紛紜，本文在此也採用這種說法，並且對其發展方向加以定性，但是否應如此描述比較好，則有待未來進一步的觀察。

這個新方向的產生是因為越來越多的柬埔寨華校發現，維持過去的華校傳統已經難以符合社會需求，必須要向主流社會靠攏。華校的內容與學制必須要改弦更張，否則華校教育系統的危機將慢慢浮現。儘管目前沒有立即爆發的危險，但是趨勢已經很明顯了。柬埔寨華校人士已經意識到這個問題，因此對於少數華校做出調整與改變並沒有反對，而是以華教改革來對待，對於未來發展的新方向反而是有所期待。[200]

華教改革的轉折點成因來自多方面，但是表現出來的是過去每年成長的華校教育，現在開始慢慢萎縮，許多華教人士都陳述相同的內容，他們認為這種萎縮主要是來自經濟上的因素，由於多數的柬埔寨華人是小生意的商人，當亞洲經濟危機來臨時，就有許多經營小生意的華人家長，因為繳不起學費，而將子女由華校轉出，而轉到柬文學校就讀。多數的柬文學校是政府學校，不收學費，而華文學校卻是由華人團體興辦，經費主要是自籌，儘

---

[200] 戴志誠，〈不管路途多艱難　弘揚華教志不移〉，柬華日報特刊編委會，《柬華日報創刊 5 周年紀念特刊》。金邊：柬華理事會總會，2006 年。頁 139-140。

管華文教育人士努力協助，已經將學費降到很低，但對某些家長
而言，仍是一筆負擔，導至被迫讓子女的華文教育中斷。

　　亞洲地區在 1997 年及 2008 年接連兩次金融風暴，對於柬埔
寨的華人社會來說是一大挑戰，柬埔寨的經濟與鄰國有很強的連
動關係，尤其泰國與越南是重要的貿易管道，兩次因為金融風暴
引起的經濟危機，都有不少柬埔寨華人生計受影響，因此許多華
校因此學生人數驟減，在金邊的華校還好，但在其他省縣級的華
校，卻有不少因為學生人數減少而被迫暫時停課，在這種情況下，
各方面都有緊急的動員，包括中國大使館、柬華理事會總會的文
教基金會，以及私人的基金會(如以方僑生先生為主席的方炳禎基
金會)都設法提撥經費來扶助這些省縣級的華校。來自台灣的知風
草文教基金會，也以私人基金會的力量，協助偏遠地區的華校，
使其可以繼續生存下去。

　　經濟是必較表層的因素，仔細考察便可明白，最大的挑戰不
單是經濟上的原因，而是華文教育的定位問題。由於 2007 年開始，
政府的柬文學校開始改為全日制，原先華文學校與柬文學校因為
多半都是半日制，形成互補的關係，如果現在柬文學校改為全日
制，意味著原來是互補關係的學校就轉變成競爭關係。如果在小
學階段，問題並不大，因為多數家長仍然希望子女學習中文。問
題在於，如果單單就讀華校，那麼除了到以華語為官方語言的中

國深造一途沒有其他的管道。[201]如果家長期待子女未來留在柬埔寨發展的話，那麼早日讓其子女轉入柬文學校，當有助於其在柬埔寨發展。多數家長可能感到華文教育的用處有其侷限性，所以到了中學就轉到柬文學校。因此在多數的華文學校中，都是低年級人數比較多，而高年級人數比較少，這種現象在偏遠地區的學校更為明顯。

柬埔寨華校系統的特色之一是，仍然在相當程度上保留過去傳統華校的教育體系，而且在教育政策上，因為柬埔寨的特殊國情，華文教育基本上享有很大的自由，華文學校的經營管理與課程內容，被認為是華人社會的內部事務，在目前由柬華理事會統籌協助的情況下，並沒有受到當局太大的壓力，仍然可以自行決定華文教育的內容與方向。然而擺在眼前的情況是，如果仍然維持傳統華校的教育體系，則學生人數將會銳減，換言之，華校改革的壓力是來自社會，由家長的反應而來。

目前在柬埔寨的華校系統中，首先做出改變的是所謂的私立學校。由於私立學校沒有柬華理事會或是華人社團的管轄，調整比較容易。私立學校如聯友學校，原來是由舊的聯友學校校友蔡俊英與林煒松所發起，後來得到其他熱心人士的協助，是屬於私

---

[201] 目前在柬埔寨的華校系統與台灣的學校沒有任何正式管道的連繫，因此柬埔寨華校的學生無法到台灣來就學，由於資訊不足又缺乏接觸，也沒有來台就學的意願。

人興學的例子，雖然也服從柬華理事總會的領導，但是仍屬私立
學校性質，聯友學校一開始就以中英柬三語並重為號召，並且在
1994 年復校時，即以「聯友中柬英學校」為校名來號召。[202]然而
真正在這個方向上做出成績來的是「立群中柬英文學校」（以下簡
稱立群學校），這所私立學校的方針由謝進群校長帶頭，決定將原
來教授中文一科增加為中柬英文三科。[203]立群學校訂立這個方向
之後，經過一段時間的努力，使其畢業生參加柬文全國會考時取
得優良的成績，而使立群學校成為全柬埔寨華校中第一個取得柬
埔寨教育部承認的正規中學，目前也是唯一的一所華校，該校學
生可以直接參加柬埔寨全國大會考。[204]

這樣的發展雖然到目前為止，仍然只是少數學校的作為，其
他所謂的公立學校，仍然有待柬華理事總會的政策指示與領導。
但是筆者訪問柬華理事總會文教處蔡迪華處長時，他也同意在目
前的發展下，華校的教學內容與規劃向主流學校靠攏，確實華教

---

[202] 柬華理事總會紀念特刊編委會，〈華社春秋：聯友學校〉，柬華理事總會，《東
華理事總會成立十三周年紀念特刊》。金邊：柬華理事會總會，2004 年。頁
163。

[203] 柬華理事總會紀念特刊編委會，〈華社春秋：立群中柬英文學校〉，柬華理事
總會，《東華理事總會成立十三周年紀念特刊》。金邊：柬華理事會總會，2004
年。頁 164-165。

[204] 柬華日報特刊編委會，《柬華日報創刊 5 周年紀念特刊》。金邊：柬華日報，
2006 年。頁 169。

改革可以預見的方向。[205]筆者兩度訪問立群學校謝進群校長,謝校長也特別強調,由於學校的教育方針適應了社會的願望,滿足了家長的願望,所以學校學生人數反而逆勢成長,不減反增,學生人數從原來的幾百人,增加到兩千多人,學校也必須開設分校才能容納學生人數。[206]在這種情況下,至少可以說,已經有學校透過調整以成為符合社會期待的主流學校而走出一條路來,對於其他的華校有其參考作用。

結語

柬埔寨的華文教育自從 1990 年代重建以來,得到一個重新開始的機會,現在柬埔寨的華文教育,可說還在成長的階段。由於中國與柬埔寨的外交關係良好,中國對外漢語推廣的列車也開到柬埔寨來了,柬埔寨第一家孔子學院,柬埔寨皇家研究院孔子學院,在 2010 年 1 月 21 日正式開幕,在台灣研究團隊訪問柬埔寨的一週以前舉行了開學典禮。[207]柬埔寨皇家研究院(Royal Academy of Cambodia, RAC)是柬埔寨境內最高的學術研究機構,由皇家研

---

[205] 2010 年 2 月 3 日與柬華理事總會文教處處長蔡迪華訪談,地點在蔡迪華的公司。

[206] 2010 年 2 月 4 日與立群學校校長謝進群訪談,他同時也是柬華理事總會文教處副處長,地點在柬埔寨謝氏宗親總會。

[207] 新華社,〈柬埔寨首家孔子學院舉行開學典禮〉。《新華社通訊》,2010 年 1 月 21 日。

究院帶頭開始華語文的學習，任何熟悉柬埔寨情況的人士都會明白，這是個好的開始，開啟了很好的帶頭作用。先期培訓班的學員，主要是政府官員。雖然比較起其他國家的孔子學院，柬埔寨到 2010 年才開始第一所的孔子學院，算是發展比較晚的國家，但是相信以這種姿態出現的孔子學院，給柬埔寨社會一個明確訊息，中文是有價值的語言資產。在這種條件下，華文教育地位應該是十分穩固。

在本文中，主要討論了柬埔寨和平重建之後華文教育重新發展的情況，並且討論了柬埔寨華文教育的特性，這些特性無疑地與柬埔寨的近代史有關，也與柬埔寨華人所經歷過的歷史過程有關，使得柬埔寨成為東南亞地區少數保留傳統華校教育系統的國家。同時在本文中，特別陳述現在柬埔寨華文教育所面臨的困境，並將面對這個困境，未來可能出現的新發展方向進行討論，希望能夠增進台灣對柬埔寨華文教育現況的理解，以做為未來進行進一步研究與規劃互動交流的基礎。

參考文獻：

Penny, Edwards, "Ethnic Chinese in Cambodia", in W. Collins (Ed.) *Ethnic Groups in Cambodia*. Phnom Penh: Center for Advanced Study, Monograph : 109-175.

Penny, Edwards, and Chan Sambath, *Ethnic Chinese in Cambodia*. Phnom Penh: The Preah Sihanouk Raj Academy, 1996.

Clayton, Thomas, "Building the new Cambodia: educational destruction and construction under the Khmer Rouge, 1975-1979", *History of Educational Quarterly* , vol. 38, no. 1, pp. 1-16, 1998.

Willmott, William E., *The Chinese in Cambodia*, Vancouver: Publications Centre, University of British Columbia, 1967.

王治平，〈高棉的經濟情勢與展望〉。《今日經濟》，第 333 期，1995 年。

刑和平，《柬埔寨三朝總理洪森》，金邊：柬埔寨華商日報社，2001 年。

宋鎮照，〈柬埔寨政治變遷與發展之分析〉。《東南亞季刊》，第 2 期，1998 年。

周達觀，《真臘風土記》。夏鼐校注。中華書局，2006 年。

林志忠，〈近百年來柬埔寨華校教育發展之探討〉。《台灣東南亞學刊》，5 卷 2 期，頁 03−34，2008 年。

華僑志編纂委員會，《華僑志－柬埔寨》，中華民國僑務委員會編印，台北市，1960 年。

金榮華，〈柬埔寨華文教育之現況與瞻望〉。《海外華人研究》，第 3 期，頁 233-252，1995 年。

東華日報特刊編委會，《東華日報創刊 5 周年紀念特刊》，金邊：東華日報，2006 年。

東華理事會總會，《柬埔寨華文教育》，金邊：東華理事會總會，
　　1999年。

東華理事總會，《東華理事總會成立十三周年紀念特刊》，金邊：
　　東華理事會總會，2004年。

夏誠華，〈東南亞地區的華文教育〉。《海外華人研究中心成果
　　報告》，新竹：玄奘大學，2006年。

郭象，〈共產暴政錄(一)-紅色高棉大屠殺〉。 參見《香港獨立媒
　　體》網站。(https://www.inmediahk.net/node/1069511)

新華社，〈柬埔寨首家孔子學院舉行開學典禮〉。《新華社通訊》，
　　2010年1月21日。

楊豪，〈華文教育現狀綜述〉。《柬埔寨華文教育》，金邊：東華理
　　事會總會，1999年，頁1。

董鵬程，〈歷史的省思：海外華文教育的功能改變與前景〉，台
　　北：世界華語文教育會，2008年。

蕭新煌、張翰璧、張維安編，《東南亞客家組織社團的網絡》，台
　　北：遠流出版社，2020年。

戴志誠，〈不管路途多艱難　弘揚華教志不移〉，東華日報特刊編
　　委會，《東華日報創刊5周年紀念特刊》，金邊：東華理事會
　　總會。頁139-140，2006年。

第十一章

柬埔寨華語文教育與台灣新南向

　　目前在華語文教育方面，柬埔寨的基礎很好，華人社會都有特別強調華語文的學習，是個重要的華語文教育體系。因為台灣政府在柬國沒有設代表處或者辦事處，兩方在華語文教育過去的接觸很少，分析台灣與柬埔寨的民間交流關係，衡量與評估台灣與柬埔寨發展華語文教育的前景，以及考慮台灣如何因應這種新情況的策略。本文主張隨著東協國家的開放，台灣現在應制訂政策，積極準備發展與柬埔寨，台灣與柬埔寨在華文教育的交流應該會有很大的成長空間。同時主張，我們的政策應該分為兩個層面，一個是如何促成台灣與柬埔寨恢復關係，另一個層面是在台灣與柬埔寨尚未能互設辦事處以前，在這樣的條件下，應該用什麼策略來協助發展台灣與柬埔寨華語文教育的關係。

柬埔寨與台灣文教交流的新契機

　　柬埔寨在東南亞諸國之中比較不顯眼，是因為以基本國力來比較，無論人口或土地面積都不是排在前段的國家，因此相對而言受到的注意比較有限，有時候甚至會被忽略。筆者曾經撰文討論柬埔寨華文教育的發展，[208]認為柬埔寨在目前的東南亞華語文教育市場非常特殊，有體系完整的華語文教育系統，且是受到政府支持的華校系統，然而因為台灣與柬埔寨互相沒有設立任何正式機構，因此若要討論柬埔寨華語文市場的推展，要以這些基本情況為基礎，設定適切的目標，思考合適的策略與作法。

　　本章論文旨在分析說明台灣應該如何設定，針對台灣與柬埔寨間建立華語文教育關係應該設定什麼樣的目標，以及相關作法與步驟。回顧柬埔寨華語文教育的發展，歷史上台灣曾經與柬埔寨關係密切，台灣派遣老師到柬埔寨華校任教，柬埔寨華校的老師來台灣進修，柬埔寨華校主要使用台灣的教材，這些都是在柬埔寨發生動亂以前的情況。分析柬埔寨華語教育的新情況與新環境，柬埔寨在動亂平息以後，重建了華語文教育的體系，屬於東南亞少數保有完整體系的傳統華校系統，然而目前這個華語文教育體系與台灣幾乎沒有什麼關係，台灣相關業務單位對柬埔寨的

---

[208] 楊聰榮，〈和平重建後柬埔寨華校教育系統的建立與改革〉，『2010 海外華人與華僑教育』國際學術研討會，2010 年 10 月。

相關記錄一片空白。

如果以經貿關係來衡量兩國關係的重要性，柬埔寨可以被列入台灣與東協發展關係的下一個重要策略點。以時機來說，東南亞國協在 2016 年成為「東協經濟共同體」，建構且實施區域性單一市場與生產基地，可說是亞洲區域經濟整合長期發展到了具體收成的關鍵時刻，東協國家的主要貿易夥伴國都更加強與東協的合作關係。以地域來說，目前東協國家的成長動力最受矚目的就是北東協，在北東協的主要國家中，柬埔寨算得上是兼具發展動能及開放性的國家，是各國佈局北東協國家的重要據點。

以東協各國來說，台灣與海洋東南亞國家及東協原始會員國家，[209]向來有良好的關係及合作基礎，如泰國、印尼、馬來西亞、新加坡及菲律賓，若要推展新的關係，主要的目標會放在緬柬寮三國，這三國又以柬埔寨最為開放，因此柬埔寨應該具有策略性的利基。在實質的經貿合作關係中，柬埔寨現在得到台灣不少台商的青睞，近來開發了許多新的項目，而原來在柬埔寨長期發展的台商也加強了在柬埔寨的力道。

從戰略的角度來看柬埔寨，柬埔寨應該是台灣發展與東協國家關係中的下一個重點，過去台灣在越南、泰國的投資很多，其中泰國是長駐台商人數最多的國家，而越南是現在台商投資的重

---

[209] 海洋東南亞或稱島嶼東南亞，係與大陸東南亞對稱的名詞，指由汶萊、東帝汶、印尼、東馬來西亞、菲律賓和新加坡組成的東南亞海洋地區。

點，地理位置在越南與泰國之間的柬埔寨，與越泰兩國來往很容易，沒有理由不能發展出良好的經貿往來。如果柬埔寨也打通阻礙，這樣就可以在印支半島形成一個台商投資熱門地帶。以東南亞的人力與物力資源，柬埔寨與台灣合作的條件都有，雙方的發展前景可期。過去兩國的合作發展在兩國互設代表處的時期，其發展動能強大，應該不輸前述泰國與越南的例子。而目前主要的外交阻礙，隨著洪森政權長期在位，一般外界估計在未來將受到強烈的挑戰，台灣應該可以重新佈局，等待未來的新局面。

在兩國的文化外交關係，相對而言就顯得比貧弱。若以兩國的關係而論，台灣與柬埔寨過去有十分緊密的華語文教育的關係，柬埔寨在 1970 年代開始動亂以前，主要的華語文教育是與台灣息息相關，當地的華校主要是和台灣連繫，有不少來自台灣的老師到華校任教，或是由台灣的大專院校畢業，課程及教材的內容都是來自台灣，[210]這種關係目前老一輩的僑領還可以細數。可惜的是，柬埔寨在 1990 年代動亂結束以後，有一個特別的機會，建立一個新的華語文教育的體系，因為這正是柬埔寨華人在和平重建時期在政府的鼓勵下可以重建華文教育的機會。[211]由於過去台灣與柬埔寨在華文教育的深厚淵源，應該是有機會共同發展，

---

[210] William E. Willmott, "The Chinese in Kampuchea". *Journal of Southeast Asian Studies*, 12(1): 38-45, 1981.

[211] 關於柬埔寨在內戰結束以後，如何重建社會，參見 Elizabeth Becker, *When the War Was Over: Cambodia And The Khmer Rouge Revolution*. New York: Public Affairs, 1986.

可是這一段時期柬埔寨華語文教育的發展，台灣卻是缺席了。[212]目前柬埔寨的華語文教育已經有完整的體系，但是台灣的官方文獻中，柬埔寨的相關情況卻是一片空白。這篇論文將以對這樣的現狀為基礎，重新回顧柬埔寨華語文教育發展的歷程，並以此思考台灣未來在發展與柬埔寨在華語文教育的關係，並發展相應的長期發展策略。

柬埔寨華語文教育的現狀與問題

討論柬埔寨華語文教育的現狀，主要是建基於柬埔寨經過戰亂以後，在 1990 年代重新得到和平，才開始重新建設。一般我們討論會以 1990 年代做為分水嶺，主要是 1989 年越南撤軍，到 1993 年聯合國調解而戰爭平息，到了 1994 年巴黎和會正式簽署停火協議，柬埔寨才算慢慢脫離戰亂，少部分地區仍有不同勢力的武力駐守，過了相當一段時間才得到平息。[213]因此 1990 年代是柬埔寨由戰亂走向和平的時間，現在的情況主要是在和平以後所重建的情況，發展的時間還不是很長。[214]

---

[212] 楊聰榮，〈談柬埔寨與台灣建立華語文教育關係的前景分析〉「全球僑民教育與華語文教育學術」研討會，中原大學海外華人研究中心，
2014 年 12 月 05 日。

[213] Piere P. Lizee, "Cambodia in 1995: From Hope to Despair". *Asian Survey*, 36(1):
83-88, 1996.

[214] Evan R. Gottesman, *Cambodia After the Khmer Rouge: Inside the Politics of*

　　透過柬埔寨教育、青年和體育部發表官方最新的年度統計報告可知，2019 年的柬埔寨幼兒園到高中學程共有 13,300 公立學校，1,222 所私立學校。其中公立學校全部以高棉文為教學語言，私立學校則容許以華文、英文為教學語言，其中華文學校有 55 所，學程分佈在幼兒園到國中，高中以上沒有華文學校。有五分之三的華校位於都會區，五分之二分佈在鄉村，這樣的分佈與私校分佈的趨勢相同，都是都會區大於鄉村。

　　很可惜並沒有進一步的個別資料，政府數據只揭露私校總人數為 218,357 人，並沒有個別語種學校的詳細資料，根據柬埔寨最大的華文學校--端華學校的數據，端華正校和兩個分校共有 205 班，學生總人數超過 16,000 人。[215]在 1200 所私校中，單一學校人數佔全國私校人數的七成以上，那麼表示華校有舉足輕重的地位。雖然政府官方資料顯示私立華文學校只開設到國中的課程，不過根據端華學校相關網站資料曾提到，最早曾在 50 年代開辦過專修班(高中課程)，從 1999 年創設中柬、中英、會計專修班，但是迄今尚未正式設有高中課程。[216]

Nation Building. New Haven, CT: Yale University Press, 2004.

[215] 張億敏、夐遠，〈潮州會館公立端華學校〉。《柬埔寨頭條》，2019 年 11 月 8 日。

[216] 柬中時報，〈端華學校計畫開設高中班〉。《柬中時報》，2018 年 6 月 14 日。

表1 2018-2019 柬埔寨公私立學校各學程、教學語言和地區性質數量統計表

	高棉文公立 (人數)	私校總計 (人數)	高棉文私立	華文	穆斯林	法文	英文	越南文	其他
全學程	13,300 (3,189,172)	1,222 (218,357)	975	55	28	1	160	1	2
幼兒園 Pre-school	4,301 (217,509)	509 (48,318)	373	19	5	1	110	0	1
國小(1-6) Primary School	7,228 (2,040,257)	488 (122,886)	406	26	17	0	37	1	1
College (7-9)	1,246 (327,415)	78 (4,017)	62	10	1	0	5	0	0
Lycee (10-12)	32 (20,126)	2 (238)	2	0	0	0	0	0	0
Lycee (7-12)	493 (583,865)	145 (42,898)	132	0	5	0	8	0	0
Lower Secondary (7-9)	1,739 (610,261)	223 (28,451)	194	10	6	0	13	0	0
Upper Secondary (10-12)	525 (321,145)	147 (18,702)	134	0	5	0	8	0	0
都會區	1,422 (594,914)	994 (182,846)	829	33	6	1	122	1	2
鄉村	11,878 (2,594,258)	228 (35,511)	146	22	22	0	38	0	0

資料取自 Ministry of Education, Youth, and Sport, "Education Strategic Plan 2019-2023", Phnom Penh: Ministry of Education, Youth and Sport,2019.

　　目前柬埔寨華語文教育主要由柬華理事會來主持，這是一個由華人社團領袖所組織的機構，柬華理事會雖然還是民間機構，但是得到國家認可，一方面是華人社團的最高統合機構，另一方面柬華理事會設定目標，以扶持華文教育為宗旨。因此相對於其他國家，柬埔寨華人就有比較有組織的機制。[217]在柬埔寨華人社會，所謂的公立學校就是指接受柬華理事會指導的學校，若是沒有接受柬華理事會指導，就被稱為私立學校，這是指柬埔寨華文教育，有一個自己的體系。

　　柬埔寨的高等教育成長的幅度極大，依照柬埔寨教育、青年和體育部 2019 年的趨勢報告，2014-2018 年間高等教育院校數量從 110 所增加到 125 所，其中有 48 所公立和 77 所私立學校，分佈於首都金邊及 20 省，儘管教師與機構員工都有增加，但學生人數卻大約減少了 15%，從 249,092 人降為 211,484 人。[218]

　　除了正規的學校以外，也有為數眾多的私人補習班及語言中心，這些就不是正式的學校體制，而且語言中心是面對大眾，顧客不限於華人，任何人都可以學習華文。根據本人訪談的經驗，

---

[217] Chan, Sambath, *The Chinese Minority in Cambodia: Identity Construction and Contestation*. Masters thesis, Canada Quebec Montreal: Concordia University, 2005.

[218] Ministry of Education, Youth, and Sport, *Education Strategic Plan 2019-2023*. Phnom Penh: Ministry of Education, Youth and Sport, 2019.

在柬埔寨談到外語學習，最重要的還是英語。一般的柬埔寨人並不會熱衷學華語，這是因為柬埔寨華人仍然保有能力很好的華語能力，多數的柬埔寨華人仍然希望華人子弟可以具備華語文能力，所以柬埔寨華人將子女送到華校的比例很高。總體來說，柬埔寨到現在仍然保留較多二戰前東南亞的華校系統，華人保有華人特性仍然是相對而言比較沒有問題。

除了華校系統的發展，柬埔寨這些年致力於大學教育的發展，新的大學設立的數量很多，其中私立大學設得很多，品質良莠不齊。從其所設的科系來看，設有華語文相關科系的大學不多，顯示柬埔寨這些年受到歐美國家協助很多，最推崇的科系都是與歐美可以接軌的科目。筆者近年來有擔任顧問，帶領台灣的大專院校到柬埔寨做學術考察之旅，從清楚地感受到柬埔寨的大專院校現在正在做量的擴充，在各地成立許多新的大學，這些新興的大學都是由年輕的學者來擔任大學的領導階層，做法開明而且靈活，與台灣的大學接觸都充滿了發展雙邊關係的熱情。附表是柬埔寨私立大學及成立年份，可以看出來柬埔寨私立大學都是十分年輕的大學，從這些私立大學的發展也可以看出來柬埔寨目前對於人才培育的重視，預估與台灣的高等教育應該有很大的發展合作空間。

表一 柬埔寨私立大學及成立年份一覽表

Norton University (NU) 1996

International Institute of Cambodia (IIC) 1999

Build Bright University (BBU) 2002

Institute of Management and Economics (IME) 2000

Beltei International University 2002

Pannasastra University of Cambodia (PUC) 2002

Angkor City Institute (ACI) 2002

Setec Institute (SI) 2002

Sachak Asia Development Institute (SADI) 2002

Chamroeun University of Polytechnology (CUP) 2002

International University (IU) 2002

University of Cambodia (UC) 2003

Institute of Cambodia Education (ICE) 2003

Cambodia Mekong University (CMU) 2003

CamEd Business School 2003

Khemarak University (KU) 2004

Cambodian University for Specialties (CUS) 2004

ICS University (ICSU) 2004

Angkor University (AU) 2004

Rawlings Institute (RI) 2005

Future Bright Institute (FBI) 2005

City University (CU) 2005

Asia Europe University (AEU) 2005

Panha Cheat University (PCU) 2005

Human Resources University (HRU) 2005

Belti International Institute (BII) 2005

Management Institute of Cambodia (MIC) 2005

University of Management and Economics (UME) 2006

Institute for Business Education (IBE) 2006

Institute of Management and Development (IMD) 2006

Phnom Penh International University (PPIU) 2006

Life University (LU) 2007

Institute of Social Science and Technology (IST) 2007

Chenla University (C.L.U) 2007

Bright Hope Institute (BHI) 2007

University of Puthisastra 2007

Lim Kokwing University (L.K.U.) 2008

Angkor Khemara University (AKU) 2008

IIC University of Technology (IICUT) 2008

Bethel International Institute (BII) 2008

Khemara Sastra Institute (KSI) 2008

American Intercon Institute (AII) 2008

Khmer University of Technology and Management (KUTM) 2008

Saint Paul Institute 2009

Phnom Penh Institute of Technology 2012

American University of Phnom Penh 2013

Zaman University 2010

柬埔寨華語文教育的歷史回顧

　　柬埔寨原屬印支三邦之一，在法屬印度支那時期，法國採取對華人的政策是分而治之，即由華人來管理華人的事務，並且將華人分為五幫，五幫分別是福建幫、廣東幫、潮州幫、客家幫及海南幫，這種統治政策一直延續下來，到了柬埔寨獨立以後，由施亞努親王的君主立憲，到龍諾將軍的統治，一直到現在，基本上這個架構沒有太大的改變。在法國殖民統治時期，法國人對於教育文化事業仍是比較感興趣，建立不少法文中學，也鼓勵柬埔寨的青年人到法國去深造。但總體而言，在印支三邦仍是以現在的越南為主要發展地區，柬埔寨相對來說比較落後，教育及文化事務並不發達。[219]

　　柬埔寨獨立以後，施亞努親王帶領之下，柬埔寨開始致力建設。施亞努本人十分重視教育發展，他執政期間，主張大規模地擴充學校數量，使得柬埔寨在很短的時間，增加了很多學校。在1968 年計有將近 6000 所初級學校，180 所中學，以及 9 所大專院校，許多學生因而可以進入學校，其中有許多是技職體系的教育機構。這段時期也是華校發展成長的時代，由各個不同會館所辦的學校，是華校的主流，在這段時期比較自由的發展。華人在當

---

[219] 關於柬埔寨的民眾及其社會文化，參見 David J. Steinberg, *CAMBODIA: Its People its Society its Culture*. New Haven: HRAF Press, 1996.

時主要的社會角色是商人，在柬埔寨的民生經濟活動起了相當大的作用，華校也得到相對比較自由的發展空間。[220]

到了龍諾時期，由龍諾將軍主導政局，發動政變推翻施亞努親王。在這個局面下，施亞努親王選擇與北京合作，並且因此與紅色高棉合作。在當時還是冷戰高峰期，龍諾將軍則採取反共立場，在當時與美國合作，也同時與台灣交好。

台灣發展柬埔寨教育市場的策略建議

分析柬埔寨的華文教育市場發展策略，我們要分為兩個層面，第一個層面是能否爭取台灣與柬埔寨互設辦事處，第二個層面是在現在台灣與柬埔寨未互設辦事處的情況下，如何發展雙邊的關係。是否能與柬埔寨互設辦事處或代表處，是台灣與柬埔寨發展雙邊關係的重要里程。為什麼互設辦事處或代表處重要？因為互設辦事處或代表處對台灣而言，是等於實質外交。目前台灣在東南亞大部分有來往的國家，都是以辦事處做為正式的聯絡管道。這是在台灣的外交處境下所做的安排，但是我們的代表處，以在其他東南亞國家的情況而論，實質上相當於一個大使館，除了名稱與正式的場合以外，其他所有的大使館功能都具備。而多

---

[220] William E. Willmott, *The Chinese in Cambodia*. Vancouver: University of British Columbia, 1967.

年來台灣與其他東南亞國家的關係，有數國可說是十分友好，也是用辦事處的架構。現在東南亞國協有進一步的整合，目前台灣政府還沒有設立代表處的兩個國家，分別寮國及柬埔寨，都應該以互設代表處或辦事處為目標。

如果沒有設辦事處，等於雙方沒有正式管道，這樣台灣這邊所有需要透過正式管道的活動都會不順暢。舉例而言，簽證就成為大問題，目前雙方沒有代表處的情況下，要申請簽證就要到泰國去，這種情況對於任何的機構交流來說，都是一大阻礙。這是為什麼到目前為止台灣與柬埔寨雙邊關係一直無法開展的原因。

從第二個層面來說，在目前雙方還無法突破外交上的關係以前，即以目前的情況，即使沒有互設辦事處，雙方的民間仍然有很多來往，目前台灣與柬埔寨的關係中，主要還是以經貿外交為主要的關係，由於柬埔寨有不少台商，因此兩國之間雖然沒有直接的官方關係，民間的經濟往來仍然不少。[221]我們也要從既有的關係與往來出發，看看我們如何以此為基礎，發展新的關係。然後我們會從這個關係中，去討論與發展華語文教育的關係及策略。

以我們目前有的關係而論，柬埔寨為我們外籍配偶的重要來源，雖然早已因為雙邊的關係缺乏管道後，新的柬埔寨籍配偶的人數就少有增加，但是原來已經嫁來台灣的配偶不少，一般估計

---

[221] 宋鎮照，「我國與柬埔寨政經關係之回顧與展望」，問題與研究，第 37 卷第 7 期，1998 年，頁 1-14。

是在 5000 以上，僅次於越南、印尼、泰國、菲律賓之後。雖然柬埔寨目前的官方政策禁止柬埔寨婦女嫁到台灣，這是與台灣方面交惡之後的政策，但是在台灣的柬埔寨新住民，仍然是台灣與柬埔寨民間交流的重要橋樑。

由於有柬埔寨來的新住民，目前在台灣所建構的新住民事務，都有柬埔寨的位置。如教育部 2014 年通過的十二年國教課綱，已經將東南亞語言以母語的範圍列入，討論者論及東南亞語言，所列出來的項目，都有柬埔寨語。移民署所安排的新移民服務站，也都有安排柬埔寨語的翻譯項目。台灣目前提供的新住民多語手冊中，也會有柬埔寨語的翻譯。柬埔寨語在台灣，儘管因為人數不如越南或印尼等，但是都會因為新住民的關係，而被列入相關業務的範圍。現在甚至出現柬埔寨語的報紙及廣播節目，柬埔寨語已經成為在台灣本地生根的一種語言。

特別要說明一下的地方，在東南亞語言在台灣的情況，柬埔寨語的人才奇缺，是一個比較嚴重的現象。如果我們將所有的東南亞國家語言列出來，有些語言因為新住民人口太少，不會被列入相關事務的項目，如寮國語或馬來語。有些語言則因為當地語言有取代性，也不一定十分必要，例如菲律賓語，因為當地英語教育普及的關係，可以用英語來取代，不一定須要有菲律賓語的項目。至於緬甸語，在台灣的分佈十分不平均，主要是早年以華僑的名義入境，做為新住民的婚姻移民十分少見，在新住民的業

務中也不算重要語言。因此多數的情況下，越南語、印尼語、泰語及柬埔寨語是最常被提到的新住民業務相關語言，其中前三者都有相當多的雙語人才，相較之下，柬埔寨語就十分欠缺，很多相關業務難以找到人才來配合。從語言人才雙向交流的角度，柬埔寨語人才欠缺是未來遲早會面臨的問題。

新住民之外，另外一個重要的文化交流領域是國際志工。國際志工議題可以有兩面來討論，就以柬埔寨而論，柬埔寨境內國際志工在此工作者為數眾多。這是因為柬埔寨自從取得和平以後，世界各國的非政府組織就有很多團體進駐柬埔寨。現在在首都金邊，已經出現以服務國際人士的區域，表示柬埔寨戰亂之後，各國人士多有以國際志工的身份進入柬埔寨，使得現在柬埔寨顯得在歡迎接受外國人方面比較有經驗，甚至影響其對外國人的政策，對外國人的開放程度，在東南亞是名列前茅的國家。

從台灣的角度來看，國際志工是台灣最近這些年所提倡的，鼓勵年青人利用貢獻別人的方式來體驗國際不同社會的生活經驗。以長時期的民間社團來說，最具知名度的是知風草基金會，是長期在柬埔寨進行志工服務的非政府組織機構。筆者有多年擔任行政院青年輔導委員會的青年國際志工活動的評審委員，發現最近這些年有越來越多的國際志工服務，選擇去柬埔寨服務，如中原大學及開南大學，都有長期到柬埔寨服務的團隊。

國際志工活動的長期活動，使得台灣有更多的年青人對柬埔寨的情況比較理解，也因此產生興趣。這可以說是在缺乏官方的管道下，台灣民間社會所發展出來的方式，現在問題是如何深化這種合作關係。

柬埔寨華語文教育發展的新契機

這裡回顧柬埔寨華語文教育的過去與現在，如果以柬埔寨的戰亂做為分水嶺，在此之前柬埔寨華語文教育與台灣關係密切，有直接派老師到柬埔寨來任教，也讓柬埔寨華文教師到台灣來接受訓練。對比現在的情況正好處在另一個極端，現在柬埔寨華語文教育已經有個完整的體系，由柬華理事會帶領各華校，包括號稱全球最大規模的華校端華學校，每年有五到七萬個學生在華校體系中受教育，是東南亞少見的完整的華語文教育體系。但是此時台灣與這個華語文教育體系卻毫無關連，台灣的僑教體系從中學、先修班、華語班到大專院校，若有柬埔寨的學生都是麟毛鳳角。在目前台灣的僑教與高等教育的相關業務中，關於柬埔寨是一片空白。對比台灣現在重視新住民的教育，將東南亞語文放入教育部十二年國教課綱，在台灣新住民人口排名第五或第六的柬埔寨，相關的配套及成果如此有限，實在不相稱，因此本論文提出發展與柬埔寨華語文教育之相關策略的思考。

在討論台灣與柬埔寨的華語文教育的發展前景,最主要的阻礙因素是目前台灣與柬埔寨之間缺乏正式的管道,即雙方沒有互設代表處。自從 1997 年開始柬埔寨關閉了台灣辦事處,台灣的政府部間即努力找尋途徑重返金邊,到現在尚未有結果。2014 年外貿協會一度宣布要在金邊設辦事處,原應該已經與柬國相關當局談好了,但是後來柬埔寨總理洪森又宣布不准。由於過去柬埔寨政府關閉台灣辦事處,也是由總理洪森決定,一般的看法是,如果洪森總理在位,台灣要與柬埔寨建立正式管道的機會就很小。

然而在此時重新討論台灣與柬埔寨建立關係,並不表示局面仍然是無法改變。以現在的時間點而言,台灣與柬埔寨改進關係的機會指日可待。從東協的整體發展而言,既然台灣與其他東協國家都可以設代表處,東協整合的發展走到這一步,沒有理由柬埔寨要保持這樣的政策。從台灣與柬埔寨的實質關係而言,柬埔寨拒絕與台灣設代表處缺乏理性的基礎。台灣商人在柬埔寨的投資越來越多,設立代表處或辦事處是符合柬埔寨的國家利益。現在台灣在某些產業興起投資柬埔寨熱,缺乏正式管道的結果,只是讓中間管道的成本增加,對柬埔寨並沒有好處。未來估計台灣仍有其他方式吸引柬埔寨政府重新考量這個問題,其中引進柬埔寨勞工來分散外國勞動力的來源,算是比較明確的籌碼。

參考文獻：

Becker, Elizabeth, When the War Was Over: Cambodia And The Khmer Rouge Revolution. New York: Public Affairs, 1986.

Chan, Sambath, The Chinese Minority in Cambodia: Identity Construction and Contestation. Masters thesis, Canada Quebec Montreal: Concordia University, 2005.

Gottesman, Evan R., Cambodia After the Khmer Rouge: Inside the Politics of Nation Building. New Haven, CT: Yale University Press, 2004.

Kiernan, Ben., "Kampuchea's Ethnic Chinese Under Pol Pot: A Case of Systematic Social Discrimination." Journal of Contemporary Asia, 16:18-29; 1986, p. 18.

Lizee, Piere P., "Cambodia in 1995: From Hope to Despair". Asian Survey, 36(1): 83-88, 1996.

Ministry of Education, Youth, and Sport, Education Strategic Plan 2019-2023. Phnom Penh: Ministry of Education, Youth and Sport, 2019.

Penny, Edwards and Chan Sambath, Ethnic Chinese in Cambodia. Phnom Penh: The Preah Sihanouk Raj Academy, 1996.

Steinberg, David J., CAMBODIA: Its People its Society its Culture. New Haven: HRAF Press, 1996.

Willmott, William E., "The Chinese in Kampuchea," Journal of Southeast Asian Studies, 12(1): 38-45, 1981.

Willmott, William E., The Chinese in Cambodia. Vancouver: University of British Columbia, 1967.

宋鎮照,「我國與柬埔寨政經關係之回顧與展望」,問題與研究,第 37 卷第 7 期,1998 年,頁 1-14。

柬中時報,〈端華學校計畫開設高中班〉。《柬中時報》,2018 年 6 月 14 日。

張億敏、夐遠,〈潮州會館公立端華學校〉。《柬埔寨頭條》,2019 年 11 月 8 日。

第十二章

汶萊華語文教育的小而美

汶萊是東南亞人口最少的國家，馬來文 Negara Brunei Darussalam，意為汶萊和平之國，無論就人口或土地面積而言都屬小國。這裡討論汶萊的華語文教育，要先從汶萊這個國家的瞭解開始。本章將討論汶萊的華人社群以及華語文教育，一方面站在與東南亞各國比較的角度來看汶萊，另外一方面，我們也將討論汶萊華語文教育的特色，即使在一個相對比較沒有人注意到的情況下，仍然保持著使得一個華人社群足以維持其文化傳承及語言能力，也可視為是其他東南亞地區華語文教育的對照組，在較少的政治干預的條件下，華語文教育仍然可以達到其應該有的功能與任務。

汶萊的華人

汶萊的華人也是如此，如果從人口絕對數來看，4-5 萬人的華人人口在東南亞是很小的群體，因此在相關的討論上，很少針對

汶萊華人或是汶萊華語文教育單獨提出關注。汶萊雖然地處東南亞，是台灣的鄰邦，但與人口眾多的鄰國相較起來稍顯微不足道，經常為台灣本地的學術界所忽略，因此也較少引起台灣研究學者的注意，資料相對較少，通常是為求地區研究資料的完整性而將其資料列入，很少專門針對汶萊單獨進行研究，在學術研究上屬於低度開發地區。

但是如果從幾個方向來說，汶萊華文教育的個案是很重要的，如果從人口比例來看，汶萊華人在當地，是舉足輕重的族群。汶萊總人口占例來看，約莫 10%的華人則屬於相對高的比例，在東南亞國家中僅次於星馬。如果從東南亞的華文教育與當地民族主義情緒的衝突，汶萊華文教育所受到的衝擊較少，算是有比較可以自由發展的空間。而汶萊華人接受華文教育的比例，汶萊也是在東南亞地區最高的，這些特殊的特性是值得我們探索是在如何的條件以得以發展這樣的特性。

過去談到汶萊的華人，所知者不多，沒有特別引起關注。近年來卻有了極大的改變，多數人聽到汶萊的華人，立刻會想起吳尊。拜華文跨國娛樂圈發展之利，來自汶萊的明星歌手吳尊，成為年輕人的偶像，而其出身的汶萊，因此也廣為人知，如同金城武來自琉球一樣，由於特殊的出身背景，使得很多原來沒有注意到華人議題者因而聽聞了汶萊華人。實際上，吳尊個人的背景，正是反映了汶萊華人的某些特點，吳尊能成為台灣男子演唱組合

飛輪海的成員，進而成為跨國知名的演藝人員，可說正是因為汶萊華人社會保存華人特性的成果之一，所以我們可以用他的個人背景，當成汶萊華人社會及華文教育的開題小引。

汶萊華文教育與吳尊

1979 年出生的吳尊，本名吳吉尊(Goh Kiat Chun)，出生於汶萊，具有華人血統，其祖父為躲避戰亂，帶領家族從金門移居。吳尊的生活歷程或可反映出在汶萊成長的年輕華裔人士所經歷的類似經驗。吳尊早期在汶萊成長、工作，中學就讀汶萊中華中學，其後到澳洲唸大學，畢業於澳洲墨爾本皇家理工大學，大學畢業後開設汶萊第一間健身房，身兼健身教練。詳究其發跡的過程，是短暫到台灣兼職當模特兒時，在路上偶遇星探而進入演藝圈。台灣演藝圈常有全球各國藝能人士出現，但因為語言問題通常無法快速竄紅，吳尊之所以能成為台灣演唱天團成員，作品橫跨影視歌，除了吳尊本身優異的條件之外，他所擁有的華語文能力應該也是關鍵助力，由於汶萊的華文教育基本上能傳承華文，讓華人移民保有華語文能力及華人文化，幫助他順利成為亞洲地區廣受歡迎的跨國明星。

吳尊家族來自金門，相信這項事實會讓台灣粉絲倍感親切，也讓世人注意到金門與汶萊的關係，尤其站在金門人的角度來

看，汶萊更是必須特別挑出來單獨端詳，因為汶萊是世界上少數
由金門移民構成當地華人社會主流群體的地方，汶萊華人有八成
以上都來自金門，特別是金門烈嶼，因此對金門移民來說，汶萊
的重要性無可取代，如果金門是台灣地區少數具有較長移出歷史
的僑鄉，而汶萊則是金門移民重要的移出地，因此汶萊的華人與
華文教育特別值得我們關注。

　　金門移民是組成汶萊華人社會的主要群體，吳尊家族即自金
門烈嶼移入，在汶萊，吳家可算是巨富之家，家族成員與汶萊蘇
丹是世交，父親在汶萊經營地產公司，是當地廣為人知的地產大
亨，其伯父所開設的吳福記汽車公司是汶萊數一數二的代理公
司，每年的銷售量佔全國的三分之一，是汶萊十大富豪之一。吳
尊的家族也和其他的汶萊華人一樣，與台灣有濃厚的關係，堂哥
為金門縣立法委員吳成典。吳尊通曉多種語言，包括福建話、廣
東話、英語、馬來語和中文，這些能力其實在汶萊華人來說相當
普遍。大抵我們可以說，吳尊所具備的華文能力及其他語言能力，
是一個在汶萊出生成長的華人，在正常情況下所會擁有的能力。

從比較教育的角度看汶萊華文教育的發展

　　1984 年始正式獨立的汶萊，立國的時間很短，吳尊所就讀的
汶萊中華中學，創立於 1918 年，是汶萊歷史最長、規模最大的華

文中學，現在成為東南亞華校當中的華文教育示範學校，[222]實為相當難能可貴。因此本文擬以汶萊華文學校的長期歷史與東南亞各地華校的情況兩相比較，藉以顯示汶萊華文教育的特色。

從比較教育的角度來看汶萊華文教育的發展，可以看出汶萊華文教育確有其特色，其中最大的特點是，汶萊華文教育是東南亞國家中少數沒有受到民族主義浪潮衝擊的特殊案例，因此值得特別考察。

東南亞國家在第二次世界大戰結束，紛紛脫離殖民，爭取成立現代化國家之後，國家民族主義盛行，各國政府對於該國傳統華校，莫不視為一大威脅，印尼從 1958 年將右派華文學校關閉，在 1965 年將左派華文學校關閉，而其實要求取消華文學校的言論，自 1945 年印尼獨立開始就從沒有停過。菲律賓在 1973 年公布所謂的菲化法案，於 1976 年完全實行的國家化政策，其前早在 1956 年就開始針對華文學校進行督察，對華文教育設限的言論及政策也是在 1946 年菲律賓獨立的同時就已經出現。馬來西亞雖然獨立較晚，到 1957 年才宣布獨立，直到 1963 年才確定現有的國土範圍，但是馬來西亞的華文教育始終是族群衝突的重要議題，如果考察相關的言論與政策，早在 1946 年馬來亞聯邦(Malayan Union)爭論開始之時，華文教育的存廢與發展就是關注的焦點。

---

[222] 2009 年被中國國務院評選為首屆海外華文教育示範學校之一，首屆名單為 22 國 58 所學校。參見中國文華教育網
http://www.hwjyw.com/content/2015/02/16/31445.shtml

　　泰國雖然沒有經過殖民主義及國家獨立運動的衝擊，但是民族主義的情緒也在同一時間發展，泰國的華校系統(後稱為民校)也在第二次世界大戰開始受到壓抑，因此也應該放在同一個脈絡來看待。至於緬甸的國有化政策、越南的民族解放以及柬埔寨的戰亂，此三國的華校雖然並不是在國家獨立時就受到衝擊，但在民族主義情緒的發酵下，於政權變動的同時，都將華校系統完全消滅掉。相較於上述不利華語文教育的種種例證，汶萊華文教育的發展相當具有當地特色。

汶萊歷史人文環境

　　在此先討論汶萊的自然環境概況，特別是做為一個新興國家的條件。汶萊是東南亞的小國，土地面積為 5,765 平方公里，2019 年人口超過 45 萬 9 千人。[223]以地理位置來看，汶萊位於婆羅洲島的西北方，婆羅洲島又稱為加里曼丹島，共由三國分據此島(圖 1)，西北部是東馬來西亞的沙巴(Sabah)及砂勞越(Sarawak)兩州，中南部是印尼的加里曼丹五省。汶萊的領土被馬來西亞砂勞越州所切割、包圍，地形以丘陵地及河谷地形為多，主要是熱帶雨林，約佔汶萊領土的四分之三。與東南亞另一小國新加坡相比，相對可

---

[223] 2019 年度汶萊人口資料，請參見汶萊經濟規劃與統計部(Department of economic planning and statistics)官方網站數據 http://www.deps.gov.bn/SitePages/Population.aspx

以說是土地資源較豐富，土地面積約是新加坡的八倍大，雖然大多是雨林區，但因汶萊的人口僅為新加坡的十三分之一，相較之下，汶萊每人平均分到的平原土地已算是相當大。

　　以經濟的條件來看，由於出產石油，使得汶萊國民所得相當高，再加上社會福利的落實，因此普遍給予世人富裕國家的印象。汶萊人口的組成主要是馬來人，[224]人口數約為 30.2 萬人，[225]佔全國總人口 66%以上，華人有 4.7 萬人，約佔全國總人口 10%，原住民[226]佔 6%，其它的 18%則為其他民族，可以說是由多元族群組成的國家。語言方面以馬來文為國家語言，英文也普遍使用，至於華人過去多使用閩南語，直到近幾年華語使用者逐漸增加。

　　宗教方面伊斯蘭教是國教，汶萊馬來族多信仰伊斯蘭教，屬遜尼派。伊斯蘭教徒占人口的 63%，佛教占 12%，基督教占 9%，其他信仰有道教等。汶萊的社會政策主要是借由社會福利，減少族群間的衝突，避免族群對立的情況產生，透過政府強力控制解決了族群間的問題。汶萊的國家政策是以馬來人為主體，以伊斯蘭為國教，以馬來語為官方語言，總體而言是以馬來人為主的國家。以歷史來看，汶萊是新近獨立的新興國家，但也是具有長期

---

[224] 其中馬來人還可細分，分別是汶萊馬來人（Brunei Malay）、都東人（Tutong）、克達岩人（Kedayan）、馬來奕人（Balait）、比沙雅人（Bisaya）、姆魯人（Murut）及杜順人（Dusun）。

[225] 參見汶萊經濟規劃與統計部（Department of economic planning and statistics）官方網站 http://www.deps.gov.bn/SitePages/Population.aspx

[226] 原住民包括伊班族（Iban）、達雅族（Dayak）和格拉比族（Kelabit）。

歷史文化的國家。最早的歷史透過中國史書的記載，應該可以上溯到西元六世紀，梁書中已有相關記錄。根據現有史書記錄，汶萊是一個與中國有貿易、官方往來的王國。西元 1360 年，首位蘇丹夏胡命名汶萊，並改信伊斯蘭教，並於 1425 年定伊斯蘭教為國教，15-16 世紀王國國力強盛，勢力範圍擴及到菲律賓的蘇祿群島、民答那峨島和馬尼拉等地。17 世紀卻因內憂外患而使國力開始衰弱，到了 19 世紀時已成為歐洲殖民主義控制下的地方，西元 1839 年汶萊蘇丹引入英國力量來剷除達雅族叛變。到了 1888 年汶萊成為英國的藩屬國，把國防及外交權交由英國掌管，內政也都由英國間接但實質的進行干預。

早年汶萊的經濟情況並不突出，到 1929 年發現石油後，經濟情況產生改變，到了二次世界大戰期間，因為石油為戰略物資，成為兵家必爭之地，在 1941~1945 年間為日本所佔領。二戰結束後，汶萊與英國簽訂憲法協定，除了國防、外交、警察權由英國行使，其它的內政自主權，由汶萊自行行使，才收回了部分主權。汶萊獨立是採取漸進式，1971 年汶萊收回警察權，到了 1984 年，汶萊脫離英國統治，成為主權完全獨立的國家。

汶萊的政治體制是君主世襲制，屬於王室具有實權的君主專制國家，王室可以任命閣揆和閣員‧主導國家內政、外交和國防，具有絕對的政治力量，是世界上少數具有政治實權的王室，自獨立之初汶萊蘇丹就宣告將建立一個享有主權、民主和獨立的馬來

伊斯蘭君主制。從政府體制而言，汶萊是君主立憲國家，憲法早在 1959 年即頒佈第一部憲法。1971 年和 1984 年進行重大修改，憲法規定，蘇丹為國家元首，擁有全部最高行政權力和頒佈法律的權力，同時也是宗教領袖。宗教、樞密、內閣、立法和世襲等 5 個委員會，協助蘇丹處理政務。汶萊蘇丹在政府中同時擔任總理、國防部長、財政部長，並總攬人事任免權，此外在 2005 年開始擔任立法會議的當然議員，在 2011 年第一屆議會解散後，指定所有的國會議員，因此立法會議屬於國家的諮詢機構，並沒有監督的功能。由於政府體制屬於王權獨大的專制體制，使得汶萊政治在東南亞地區獨樹一格。

獨立後汶萊蘇丹政府大力推行馬來化、伊斯蘭化，並透過君主制政策鞏固王室統治，重點扶持馬來族等土著人的經濟，在進行現代化建設的同時嚴格維護伊斯蘭教義。汶萊的主要政黨為國家團結黨（Brunei National United Party），也是由王室政權主導，王室以良善的集權統治來安定人心，以確保社會的穩定及王權的正當性。汶萊蘇丹政府在社會生活中全面強化馬來伊斯蘭君主制，加大對販賣毒品及非法移民等犯罪活動的打擊力度，重視解決失業和福利等民生問題，以使國內政局保持穩定。從 2014 年開始將伊斯蘭律法全國化，也就是逐漸將伊斯蘭律法一體適用於不同信仰的人民身上。

政府行政區劃分區、鄉和村三級。全國劃分為 4 個區：汶萊

－穆阿拉（BruneiMuara）、馬來弈(Belail)、都東(Tutong)、淡武廊(Temburong)。區長和鄉長由政府任命，村長由村民選舉產生。民意代表方面，以前也有過部分民選的議會，33 人組成的立法議會，其中 16 人由民選產生。1962 年和 1965 年曾進行立法議會選舉，1970 年停止運作，此後全部立法議員由蘇丹任命，1984 年 2 月，蘇丹宣佈中止議會，立法由蘇丹以王室文告方式頒佈，2004 年短暫恢復後又行解散，2005 年開始的立法會議就由蘇丹指定其親信或皇族擔任議員。

由於汶萊提供公民免費教育、醫療等國家福利，因此對公民的認定比較嚴格，除了馬來人與原住民出生即是汶萊公民外，華人只有居住超過 20 年並且通過馬來文考試才能成為公民，華人在汶萊可以集會結社，但並沒有政治地位，無法成立政治組織。在汶萊的華人大約只有 2 成擁有公民身份。

汶萊的經濟結構，主要是依賴石油及天然氣，主要經濟收益來自石油開採提煉。汶萊政府為擺脫對石油的過度依賴，也大力倡導經濟多元化，鼓勵私人部門發展傢俱製造、陶器、磁磚、水泥、化學、合板、玻璃等業，希望在石油及天然氣之外發展各項工業。近年來參加區域性經濟組織如 APEC、AFTA 和 EAGA，[227] 推行商業自由化所帶來之契機，並發展石油化學工業下游部門產業，如瀝青、潤滑油、尿素、甲烷、塑膠及油漆業等。此外，汶

---

[227] EAGA 為馬、菲、印、汶等四國於 1994 年成立之東協東部成長區域。

萊也利用其在區域中心的優越位置，發展海空基礎設施與通訊網
路，促進非石油產業的發展，如轉口貿易、金融保險、倉儲運輸
及服務業，企圖減少過度依賴石油出口的產業結構，並開發森林
遊樂區，建立具有東南亞特色之觀光業。

汶萊華人的歷史

　　汶萊地處婆羅洲島，婆羅洲居民與中國的往來很早，由於汶
萊並未有遠古記載，故利用中國史籍勾勒大致樣貌，一般認為汶
萊在中國史籍的名稱為婆利、勃泥、渤泥等，最早官方記錄為西
元六世紀南朝的《梁書》，書中在海南諸國中提及「婆利」國，[228]
早在西元 507 年就已經與中國有外交關係，此後在《隋書》和新
舊《唐書》[229]中也出現相關記錄，從此即往來不絕。到了宋朝則
以「勃泥(渤泥)」之名出現，至北宋太平興國 2 年(977)起，該國與
中國進一步有朝貢往來的關係，《宋史》中有言：

　　勃泥國在西南大海中……前代未嘗朝貢，故史籍不載。

　　太平興國二年，其王向打遣使施弩…其表…以華語譯之云:勃泥國王
向打，稽首拜皇帝：萬歲萬歲萬歲。願皇帝萬歲壽，今遣使進貢。向打

---

[228] 參見《梁書‧卷第 54，列傳第 48，諸夷海南諸國東夷　西北諸戎》。
[229] 參見《隋書‧卷 82，列傳 47，南蠻》、《舊唐書‧卷 197，列傳 147，南蠻西
　　南蠻》及《新唐書‧卷 222，南蠻下》。

聞有朝廷，無路得到。[230]

　　《宋史》內容或許取材自北宋地理學家樂史(930-1007)的《太平寰宇記》和南宋地理學家趙汝适(1170-1228)的《諸蕃志》，樂史於北宋高宗太平興國 3 年(978)後開始撰寫，在卷 179 提到渤泥國，他認為「渤泥國載籍不紀，蓋異域多易舊名也」，或許這可以解釋為何在北宋之前稱婆利，至宋改稱為渤泥。

　　趙汝适撰寫《諸蕃志》時擔任泉州市舶司提舉的職務，他在宋理宗寶慶元年(1225)所著的《諸蕃志卷上》中有：

　　渤泥國在泉之東南…其國以板為城，城中居民萬餘人，所統十四洲。王居覆以貝多葉。民舍覆以草。王之服色略仿中國。……番舶抵岸三日，其王與眷屬率大人登船問勞。……商賈日以中國飲食獻其王。故舟往佛泥必挾善庖者一二輩與俱。朔望並講賀禮，幾月餘方請其王與大人論定物價。價定，然後鳴鼓以召遠近之人，聽其貿易，價未定而私貿易罰。俗重商賈，有罪抵死者，罰而不殺。船回日，其王必釀酒椎牛祖席…舶舟雖貿易迄事，必候六月望日排辦佛節，然後出港。否則，有風濤之厄。[231]

　　雖然趙汝适並未親臨各國，只詳加詢問到訪泉州的商人，但仍能顯示華商在勃泥活動的身影。元代航海家汪大淵所撰寫《島夷志略》，詳述他在 1330 到 1337 年間兩度親自造訪海外 200 多處

---

[230] 元・脫脫，《宋史・列傳，卷 248，外國五・勃泥》。台北：鼎文書局，1979 年，頁 14094。

[231] 宋・趙汝适，《諸蕃志》。台北：廣文書局，1969 年，頁 70-73。

的地理、風物，其中關於此地的描寫為「浡泥，崇奉佛像唯嚴。尤敬愛唐人，若醉則扶之歸歇處。有酋長，仍選其國能算者一人掌文簿，計其出納、收稅，無纖毫之差焉。」[232]除了顯示出華人與渤泥的互動關係良好之外，可以得知渤泥人當時的信仰是佛教，而且舉國重視貿易及商業。

根據早期的記錄來看，雖然隋唐時期官方曾有斷續的外交互動，但從北宋時期開始則有明顯官方朝貢的關係，其後民間與渤泥相關的華人主要是進行貿易的商人，自明清時代以後更有了重大的變化，華人和婆羅洲居民的連繫日漸頻繁，華人甚至開始進行移民。明朝的官方記錄顯示，[233]渤泥從明太祖洪武 3 年(1370)、8 年（1375）開始進貢，明成祖時期互動最為頻繁，從永樂 3 年（1405）、6 年（1408）、8 年（1410）、10 年（1412），13 年(1415)到明宣宗洪熙元年（1425）還有 4 次入貢，及至明世宗嘉靖 9 年（1530），在中國史書的記錄中，中國似乎一直都是渤泥的宗主國。

最值得注意的是，明成祖永樂 6 年(1408)，渤泥王攜妻眷等150 人，來訪中國到南京朝見，明成祖給予優遇，慨然賞賜許多封賞。不幸渤泥王因病死在中國，因戀慕中華文化，期盼能夠將「體魄托葬中華」，[234]其後中國還護衛繼任的渤泥王返國，可見雙方的

---

[232] 元·汪大淵，《島夷志略》。台北：商務書局，1881，頁 17。
[233] 清·張廷玉，《明史，列傳，卷 213，外國六》。
[234] 陳育崧，〈明渤泥國王墓的發現〉。《椰陰館文存》。新加坡：南洋學會出版，1983 年，頁 10。

關係極為友善。

比較特別的是,《明史》除了在《卷 325 列傳 213・外國六》提及渤泥國外,還在《卷 323 列傳 211・外國四》有婆羅國的記載,相關記載或取自成書於明萬曆 45 年(1617) 的《東西洋考》:「文萊,即婆羅國,東洋盡處,西洋所自起也。唐總章二年,王旃達缽遣使者與環王使者偕朝,自後久絕。永樂四年,遣其臣勿黎哥來朝,並貢方物。……俗傳國王為閩人,隨和征此,留鎮其地,故王府旁舊有中國碑。」[235]上述記載銜接了《新唐書・卷 222 南蠻下》的簡短記錄:「赤土西南入海,得婆羅。總章二年,其王旃達缽遣使者與環王使者偕朝。」

而《明史》根據《東西洋考》的記述,進而增添了強烈的中國色彩:「萬曆時,為王者閩人也。或言鄭和使婆羅,有閩人從之,因留居其地,其後人竟據其國而王之。邸旁有中國碑。王有金印一,篆文,上作獸形,言永樂朝所賜。民間嫁娶,必請此印印背上,以為榮。」,[236]這段記錄認為華人不但在此地落地生根,而且還成為當地的國王。後人也因此發展出下列說法:

這位傳奇性的華人,不僅在中國史籍中留名,婆羅洲的王室書系中亦有記載「第一世回教蘇丹謨罕默之獨生女,嫁給中國欽品王三品,且傳為第二世君王曰蘇丹亞默,生一女,招贅大食國名阿里者,授禪為第

---

[235] 明・張燮,《東西洋考》。台北:商務,1965 年,頁 67。
[236] 清・張廷玉,《明史》。台北:鼎文書局,1972 年。卷 323,婆羅條,頁 827。

三代君主，名蘇丹柏克。」[237]

不過，《東西洋考》中將位於馬來半島的蘭吉丹與大泥(渤泥的新名)合稱，而初次同時出現婆利、婆羅兩國名的《新唐書》，所標示的位置「婆利者，直環王東南，自交州泛海，歷赤土、丹丹諸國乃至。地大洲，多馬」及「赤土西南入海，得婆羅」可見《東西洋考》或許將位於馬來半島東北岸的北大年(Patani)，因為其異稱-佛大泥、孛大泥，而將其混同於渟泥、渤泥。[238]

依照隋朝至元代的記錄，可知中國與位於婆羅洲的婆利(渤泥)一直維持互市的密切關係，而且中國人原先相當受到尊重，就算並未如《東西洋考》所言，由閩人成為當地國王，但根據《明史》對渤泥的記述，華人在當地應該也早已定居並能人輩出，除普受肯定之外，也與統治者互動親密且深受信賴：「萬曆中，其王卒，無嗣，族人爭立。國中殺戮幾盡，乃立其女為王。漳州人張姓者，初為其國那督，華言尊官也，因亂出奔。女主立，迎還之。其女出入王宮，得心疾，妄言父有反謀。女主懼，遣人按問其家，那督自殺。國人為訟冤，女主悔，絞殺其女，授其子官。後雖不復朝貢，而商人往來不絕。」[239]

到了清代，兩者的關係更密切。如清嘉慶 25 年(1820)出版的《海錄》所載：「咕噠國尖筆闌東南行，順風約二三日，可到王居埠領導。由埠領導買小舟沿西北海，順風約一日到山狗王，為粵人貿易耕種

---

[237] 劉子政，《婆羅洲史話》。詩巫：拉讓書局，1964 年，頁 55。
[238] 陳佳榮、謝方、陸峻嶺，《古代南海地名匯釋》。北京：中華書局，1986 年。
[239] 參見《明史·卷 325，列傳 213，外國六·渟泥》。

之所。由此登陸東南行一日，到三劃又名打喇鹿，其山內多金。內山有名喇喇者、有名息邦者又有烏落及新泥黎各名，皆產金。而息邦金為佳。接咕噠所轄地吧薩國，一名南吧哇。在咕噠東南，沿海順風約日餘可到，地不產金。中華人居此者，唯以耕種維生，所轄地有名松柏港者，產沙藤極佳，亦有荷蘭鎮守。」[240]

在這裡都可以看到華商的足跡，多年以後，筆者有機會訪問南吧洼及松柏港，拜訪過當地的華人社團領袖，在文獻記錄上來看，華人移民到此，已經有上百年的歷史。華人在當時的汶萊從事兩種工作，一是採金，二是農耕。而西婆羅洲之所以可以吸引華人移入，因有黃金礦脈可以一圓淘金夢。加上西婆羅洲沒有礦脈的地方，也可以從事農耕，因此華人也願意前往此地進行開墾。

華人進入地廣人稀的內地山，自然較易獲得自治和自主權。因為對於急欲增加收益的蘇丹而言，出讓人煙罕至的山區，卻能夠坐收豐富的稅金確實是好方法，故此對於華人的要求樂見其成。以下將說明華人開礦公司的發展情況。早期蘇丹是由汶萊引入華人，隨著開採金礦的消息傳入中國，才有越來越多的華人前來此地。華人移民大多屬來自中國東南沿海的省份，因福建、廣東地區山多田少，無法餵養過剩的人口，加上西婆羅洲蘇丹釋放出歡迎華人前往開採金礦的拉力，自然吸引了許多華人離鄉背井前往婆羅洲打造新天地。

---

[240] 清・楊炳南撰，謝清高口述，《海錄》。北京：中華書局，1985 年，頁 21-22。

近代金門烈嶼居民從 19 世紀中葉陸續移出，至於何時到汶萊，根據口述歷史大約在清道光 5 年(1835)左右，由於在僑居地經營有成，因而於 1920 年代開始大量移入汶萊，到了 1960 年代開始成為華人社會的重要成員，除了成為華人意見領袖之外，也受到汶萊王室的重視，受封宮廷官銜，[241]來自烈嶼鄉上庫村的吳尊家族就是代表性家族。金門移民大多居住在首都，客家、廣府與海南籍則分佈在馬來奕縣。

汶萊的華文教育

汶萊的華文教育主要有 8 所華校，其中中學 3 所、小學 5 所(參見表 1)，全部皆創立於汶萊獨立之前，最早的汶萊中華中學已經超過百年歷史。所有的學校剛開始都只有小學課程，在第二次世界大戰期間曾因戰禍而暫停數年，1945 年陸續復課後，紛紛增設初中部與高中部，目前 8 所華校學生約有 7000 多人，汶萊中華、馬來奕中華和詩里亞中正 3 所完全中學，人數都超過千人以上，[242]但位處鄉村的那威、淡武廊、九汀等校則人數相對少，其中人數最少的那威中華學校學生人數只有 20 多人，人數差異巨大，但因

---

[241] 江柏煒，〈海外金門人的遷徙經驗：以汶萊烈嶼家族為主的考察〉，國史館館刊，2019 年，頁 122。

[242] 劉新生、潘正秀，《汶萊：和平之邦》。香港：香港城市大學出版社，2004年，頁 143。

一旦廢校後可能無法再行申請辦學，因此仍然勉強經營。這樣的情況應該跟華人居住分佈有關，近七成的華人集中在首都斯市所在的汶萊摩拉縣，只有 1,100 名居住在淡武廊縣。[243]

　　華校中規模最大、歷史最久的是汶萊中華中學，位於汶萊首都斯里巴加灣市(Bandar Seri Begawan，簡稱斯市或汶萊市)，前身是 1918 年創立的育才學校，1922 年更名為中華學校，1943 年更改為現名。[244]學制從一開始的小學課程，一路發展到現在，從幼兒園到高中完成完整的「一條龍」華文教育。

表 1　汶萊華文學校簡介[245]

校名	創立年代	所在地區	學制	備註
汶萊中華中學	1918	斯里巴加灣市	幼兒園-高中	創始者多金門移民。非華裔學生約佔 3 成。2009 年中國國務院選為首批「海外華文教育示範學校」

---

[243] Jabatan Perangkaan, Laporan Anggaran Penduduk Pertengahan Tahun 2019. Brunei Darussalam: Jabatan Perancangan Ekonomi dan Statistik, Kementerian Kewangan dan Ekonomi, Negara Brunei Darussalam, 2019.

[244] 汶萊中華中學官方網站 http://home.chunghwa.edu.bn/

[245] 馬來奕中華中學官方網站
https://template.yeshlabs.com/associationflexi/about?webID=Nzc
詩里亞中正中學 https://www.chungching.org/
2019 年新聞剪報〈家長鼓勵學中文 越來越多友族讀華校〉
https://chunghuakb.gbs2u.com/associationflexi/
press?q=NjQ2NA..&webID=Nzc.

馬來奕中華中學	1931	馬來奕縣	幼兒園-高中	戰後由中華和培正兩校合併，於 1957 年更改為現名。與彰化師範大學合作交流[246]
詩里亞中正中學	1938	馬來奕縣	幼兒園-高中	1957 年開設汶萊首間高中部。華裔學生約佔 60%
都東中華學校	1937	都東縣	幼兒園、小學	非華裔學生佔 40%以上。
那威中華學校	1946	馬來奕縣	幼兒園、小學	學生人數大約 20 多人
淡武廊培育學校	1949	淡武廊縣	幼兒園、小學	創始人多金門移民。非華裔學生佔 70%。[247]為淡武廊縣兩所私校之一
九汀中華學校	1951	都東縣	幼兒園、小學	華裔學生約占 20%
雙溪嶺中嶺學校	1953	馬來奕縣	幼兒園、小學	

　　汶萊由於開採石油經濟富裕，國家提供免費的教育和醫療服務，不過，華文學校卻需要收費以維持營運，1955 年殖民政府根

---

[246] 彰化師範大學網站 http://epage.ncue.edu.tw/files/14-1000-16196,r9-1.php
[247] 金門日報，〈汶萊、砂勞越金門鄉僑口述訪談紀實〉，金門日報，2007 年 5 月 1 日。

據《海伍德教育報告書》(Report upon financing of education and conditions of service in the teaching profession in Sarawak)[248]公告「華文中小學教育修正政策」對華校進行董事會、師資、課程設置等體制改革,其中有下列要點:(1)政府有權指派學校校董的半數(限於華人)及校董會主席。(2)課程必須經政府批准,華校課程應特別注重中華語文及文化。(3)教育部長有權規定各校班級的種類、數目、人數,學費的數額及管理,教員的任免與調動。(4)政府得派馬來文教師教授日用馬來文。(5)對拒絕修正政策條件的華校,政府不能給予津貼,接受補貼者,金額不得超過年度經費半數。[249]可見當時政府企圖透過補助款來強行介入華校的行政運作與課程教學,不過尚未改變傳統華校以華語為教學媒介語的傳統。

1957 年實施津貼制度給予華校經費補助,此一制度在 1970 年取消,所有經費都需要自行籌募,以致華校面臨經費窘境,幸得汶萊華社鼎力支持,才能渡過經營難關。[250]在 1984 年汶萊獨立之後,相對於小學到初中 9 年完全免費的公立學校,私立華校的經營壓力更為加大,除了學費收入之外還需靠社會捐助,因此募款成為常態,這從學校公開肯定社會支持,經常性進行募款活動,

---

[248] 1954 年英屬婆羅洲殖民政府曾邀請英人伍德海得(E. W. Woodhead)進行北婆三邦(砂勞越、沙巴、汶萊)教育調查,並於當年完成報告書,報告書重點在學校的管理與津貼。

[249] 教育大辭典編纂委員會編,《教育大辭典》,第 4 卷,民族教育、華僑華文教育、港澳教育。上海:上海教育出版社,1992。

[250] 參見汶萊中華中學官方網站 http://home.chunghwa.edu.bn/

並在春節定期以舞獅賀節募款可以看出華校經營的難度。[251]

　　除了經費短缺之外，政府的教育政策，特別是語言課程的限定，強烈影響汶萊華校的面貌。由於 1976 年教育委員會將馬來語設為中小學主要教學語言，1985 年政府公立學校規定以馬來語為教學媒介語，學校也開始馬來語、英語的雙語教學，因而華校在 80 年代開始調整教學內容，也將馬來語教學列入課程中。但是到了 1992 年開始，華校的華語教學被更進一步地緊縮，必須全部遵行馬來文、英文的雙語教學政策，從幼兒園到小學三年級都以馬來文為教學媒介語，至於小學四年級以上數學、電腦等課程使用英語教學，歷史、宗教知識等課程則以馬來文教學。關於華語文的教學，華校小三前每週規定有 9 節課，小四到高中每週有 8 節課。有類似情況的菲律賓華校，在菲化後一週只有 10 小時中文課，以中正學院為例，被分成華語、總和、數學三門課，導致華語文學習效果不佳，[252]這樣的情況其實也出現在汶萊華校之中。

　　2018 年汶萊教育部的官方統計結果，[253]汶萊共有 252 所學校，其中 72 所為私校，學生總人數有 108,553 人，根據學生居住地分區統計來看，就讀高等學校的學生集中居住在首都，都東縣

---

[251] 參見汶萊中華中學官方網站 http://home.chunghwa.edu.bn/，在〈汶中歷史〉的頁面歷年都有相關募款活動。

[252] 顏長城、黃端銘，〈菲律賓華文教育的演變〉。《菲律賓華文教育綜合年鑑（1995-2004）》。馬尼拉；菲律賓華教中心，頁 116-119，2008 年。

[253] Kementerian Pendidikan, Brunei Darussa l am Education Statistics 2018. Kementerian Pendidikan, Negara Brunei Darussalam, 2019.

學生只就讀到大學預科，淡武廊縣學生只有完成中學學業，對照可見汶萊教育上有很嚴重的城鄉差距。或許這樣就可以解釋何以位處斯市的汶萊中華中學，人數上會獨佔華校的近半數，因為斯市學生人數 83,890，佔全國學生總數的 77%。華人約佔汶萊總人口的 10%，表 2 所顯示中學以前的華人佔比大約 7-8%，或許可以反映華人年齡有老化的傾向，值得注意的是，就讀中學的華人學生人數與私校就讀人數比例高達近五成，或許可推論華人在完成小學基礎華文教語後，選擇繼續就讀私立的華校。

從相關統計資料可見，公民華人的就學比例較非公民華人為高，人數僅占華人總數 1/4 的公民華人，各級學校就讀人數都高於非公民華人，很可能因為非公民華人的就學人口較少，也可能因為公民華人的經濟力與社會融合程度較好之故。總體觀察，華人的就學情況比原住民、其他民族來得踴躍，尤其是非公民華人，教育程度越高，就讀率相對就越高，從大學先修班和高等教育兩項可以看出，就讀高等教育的比例甚至比馬來人高。

表 2 2018 年汶萊公民和非公民就學統計表（C:公民;NC:非公民）

教育程度	種族 人口百分比								
	總計 100%	馬來人 66%		原住民 6%		華人 10%		其他民族 18%	
	CNC	C	NC	C	NC	C	NC	C	NC
幼兒園	13839	10921	311	285	38	672	533	128	951
小學	39404	32103	744	1053	122	1675	1083	489	2135
中學	34247	27932	767	1031	265	1555	1116	412	1169
大學先修班	4575	3527	79	74	3	351	287	40	214
專職技術教育	5,082	4511	30	276	24	114	42	57	28
高等教育	11406	3089	27	305	4	449	214	129	249

資料取自 Kementerian Pendidikan, Brunei DarussalamEducation Statistics 2018. Kementerian Pendidikan, Negara Brunei Darussalam, 2019.

此外，華人接受技職教育的比例非常低，只有 3%，在都東縣、淡武廊縣無人就讀。但是大學預科的華人就讀的全國比例達到 14%，高等教育就讀比例則只有 5.8%，這樣的情況或許可以反映出華人的就學情況:偏遠鄉村華人最多只完成高中學業，在都會區的華人會繼續升學，但較少接受技術職業教育，反而在接受大學先修班教育之後，前往國外就讀大學，這樣的趨勢反映出住在都會區的華人，在接受教育上，非但能夠兼顧華人文化傳承，也能與友族比肩，除了就讀汶萊大學外，也能遠赴國外留學，國人所

熟悉的吳尊便是一例。

表 2　2018 年汶萊各級學生與華人學生人數對照表

學制	全國總人數	私校總人數	華人人數	華人/全國(私校)百分比
小學(含幼兒園)	53,243	26859	3,963	7.4(14.8)
中學(初中、高中)	34,247	5382	2,671	7.8(49.6)
大學先修班	4,575	451	638	14
技職教育	5,082	990	156	3
高等教育	11,406	1530	663	5.8
總　　計	108,553	35,212	8,091	7.5

資料取自 Kementerian Pendidikan, Brunei DarussalamEducation Statistics, 2018. Kementerian Pendidikan, Negara Brunei Darussalam, 2019.

汶萊中華中學是斯市 37 所私立學校之一，目前佔地約 8 英畝，教室 60 間，教職員工近 200 人，設有 101 個班級，擁有 3500 名學生，是汶萊規模最大的華語學校。除教授華文外，還教授馬來文和英文，三種語言並重。學校的教學設備齊全，設有科學室、音樂室、圖書館、電腦室、多媒體語言室、網絡中心、空調體育館和室外體育場等，這些現代化教學設施由校友與校方多方募款進而購置。推行系統「汶中」的教育水準，不但得到當地華人的認可，也得到汶萊政府的重視。現任蘇丹曾有一次在事前完全沒

有通知下「突擊」參觀該校，發覺該校運作井井有條，制度完善，深感滿意，事後多次責成政府教育部門組織政府學校教職員到「汶中」參觀學習，經過積極經營，目前已成為汶萊最大的私立學校。除了辦學用心成功之外，或許也跟歷任學校行政要職的金門籍鄉賢與汶萊官方關係極為友好有關，[254]這從蘇丹數次到校訪視以即教育部部長、副部長親臨主持校方典禮可見一斑。

汶萊中華中學在汶萊華語文教育上非常具有影響力，在汶萊獨立之後，汶中甚至開辦過大學先修班來延長華校教育，可惜在1989年因為政府升學語言規定而停止。1992年政府推動語言時數規定時，曾要求將華語時數排除在正常課程之外，汶中立即提出要求，隨後也被獲准將華語教學安排在學校課程中，甚至曾在政府事先未知會直接派任校長時，董事會斷然予以拒絕。

除了自籌經費的困難外，從1970年代開始，政府即用行政命令與升學規範間接迫使華校轉型，例如大學先修班學生要求馬來文 GCE O-Level（General Certificate of Education: Ordinary Level）普通水準課程認證考試需要優等，因此造成汶中先修班停辦。此外，政府嚴格執行學生證制度，非國籍學生需領取學生准證，導致身為多源流學校的華校，學生來源即受到影響。[255]汶萊華校最

---

[254] 例如創始人甲必丹王文邦、復校後歷任董事長丕顯拿督甲政林德甫、洪瑞泉、丕顯甲必丹方文汀等。

[255] 汶萊總人口四十多萬人中，具有公民和永久居留身分者大約只有一半，其餘則持有短期移民局准證，因此會造成就學影響。

令人在意的困難在於華語文教學上，華校華語教師多屬兼職，師資培訓依靠華校自行處理，相當耗費資源，8所華校分散各地，不易集中培訓。學生人數 800 多人的馬來奕詩里亞中學，其非會考班的中學生上課時間只在上午時段，在短暫的上課時數中要兼顧三語教學，實為不易，這應該也可以反映出汶萊華校的教學困難。

另一個很有意思的特點是，汶萊的華校出現多元的學生來源。這種情況在鄉村的華校尤為突出，如淡武廊的培育學校華人子弟只占 30%。友族的學生是伊班人、姆律人和馬來人。華人學生更少的九汀學校，也有不少杜順、伊班和馬來籍學生。汶萊中華中學學生中本地人和外國僑民各佔一半。本地學生中，華人佔80%，馬來族人佔 14%，其他族群佔 5%。而在外國僑民中，有華人、印度人、菲律賓人和斯里蘭卡人。不可諱言，友族就讀華校的情況，在中國經濟崛起後，有更加明顯的趨勢，但也因華校確實能夠滿足國民教育的需求而致。

汶萊華文教育的特色

汶萊的華文教育，是東南亞國家中少數沒有受到民族主義及冷戰衝擊的華文教育，雖然規模不大，但是卻保有傳統華校的特性，不過在經歷汶萊政府教學語言、宗教課程等行政規定影響後，需要自籌全部經費的華校，依靠著自身的調適、奮發，再加上該

國華人社群的鼎力支持，一步步艱辛的發展。

　　汶萊當局為要鞏固政教合一的君主專制政權與伊斯蘭教神聖性，因此會透過管制來達到目的，例如禁止公開慶祝聖誕節、華人農曆春節的舞獅活動需要提出申請並經核准後才能進行，[256]也會透過公民、非公民**身份**進行篩選與資源分配，許多久居的華人仍然是持用短簽「綠登記」的外籍人士，[257]在法律、資源不均的社會環境中進行華語文教育和文化傳承，實在並非易事。

　　雖然汶萊政府並未因國族主義而禁止華文，但在官方語言馬來文和國際強勢語言英文的壓縮、推引之下，華校課程已經逐漸汶萊在地化，三語教學成為華校的特色和生存之道，面對學生的多元化，學習華語文不僅僅在於傳承中華歷史文化，也是增加學生面對未來生活的能力與憑藉，雖然未必能造成體制變革，但卻可能讓汶萊華人的處境有所改善。8 所汶萊華校從 20 世紀上半葉創校以來，至今屹立不搖，百年期間的開展、變革和隨著時代演進而發展的痕跡，其特色可以清楚標示，實可做為華文教育比較研究中的特例。

　　1967 年成立的汶萊留台同學會是海外僑生在台校友聯誼會中

256　星洲日報，〈窺探汶萊伊刑法第二篇：春節舞獅處處限制 汶萊伊刑法衝擊非穆斯林〉，星洲日報，2016 年 9 月 26 日。

257　各種身分別依照所證件顏色而分為公民（黃登記）、永久居留（紅登記）和和短期外籍移工（綠登記），不同身分會影響就醫、就學和房產等權益。彭政添，〈汶萊、金門、星馬、台灣-交織的人生，洪崇凱樂於享受邊緣的挑戰〉，參見移人網站 https://mpark.news/2017/11/11/3551/

最早成立者，一直協助推動汶萊學生到台灣研習、留學，也持續提供政府駐汶萊辦事處諸多協助，不僅連繫台灣和汶萊，也經由世界留台校友聯誼會等組織，透過留學台灣的中介關係連繫彼此。該同學會特別的是對汶萊華文創作的支持與推動，「汶萊留台同學會寫作組」是同學會下的附屬單位，1989 年成立時只有 40 位成員，但活動力十足，曾在各日報借版刊登創作，[258]也定期舉辦華文文藝營，對汶萊華文創作與華文教育有諸多貢獻，《汶萊國王的寶藏》就是台灣創作者應留台同學會之邀，前往汶萊八所華校進行巡迴，指導學生閱讀技巧及創作後的教學歷程和成果發表。

　　基於汶萊華人多來自金門，雖然先前因為政治氛圍而有所疏離，但基於僑鄉與僑民自然且深切的羈絆，台灣可以自身華文教學的優勢，義無反顧地提供課程設計或師資培訓的協助，讓汶萊華人在血濃於水的宗族連繫之外，更因文化傳承與教學應用的支援與台灣有更深一層的連結，更何況像留台同學會這樣的在地組織已經深耕數十年，相信汶萊華文語教育應該可以有更深刻且豐富多元的發展。

---

[258] 汶萊留台同學會寫作組成員係留台校友，1964 年曾在台灣創立的《婆羅乃青年》。王昭英，〈汶萊華文文學初探〉。《香港文學》月刊，第一六三期，1998 年。

參考文獻：

Jabatan Perangkaan, Laporan Anggaran Penduduk Pertengahan Tahun 2019. Brunei Darussalam: Jabatan Perancangan Ekonomi dan Statistik, Kementerian Kewangan dan Ekonomi, Negara Brunei Darussalam, 2019.

Kementerian Pendidikan, Brunei Darussa 1 am Education Statistics 2018. Kementerian Pendidikan, Negara Brunei Darussalam, 2019.

元・汪大淵，《島夷志略》。台北：商務書局，1881，頁 17。

元・脫脫，《宋史・列傳，卷 248，外國五・勃泥》。台北：鼎文書局，1979 年，頁 14094。

王昭英，〈汶萊華文文學初探〉。《香港文學》月刊，第一六三期，1998 年。

江柏煒，〈海外金門人的遷徙經驗：以汶萊烈嶼家族為主的考察〉，國史館館刊，2019 年。

宋・趙汝适，《諸蕃志》。台北：廣文書局，1969 年，頁 70-73。

明・張燮，《東西洋考》。台北：商務，1965 年，頁 67。

金門日報，〈汶萊、砂勞越金門鄉僑口述訪談紀實〉，金門日報，2007 年 5 月 1 日。

星洲日報，〈窺探汶萊伊刑法第二篇：春節舞獅處處限制 汶萊伊刑法衝擊非穆斯林〉，星洲日報，2016 年 9 月 26 日。

教育大辭典編纂委員會編，《教育大辭典》，第 4 卷，民族教育、
　　華僑華文教育、港澳教育。上海：上海教育出版社，1992。

清・張廷玉，《明史》。台北：鼎文書局，1972 年。卷 323，婆羅
　　條，頁 827。

清・楊炳南撰，謝清高口述，《海錄》。北京：中華書局，1985 年，
　　頁 21-22。

陳育崧，〈明渤泥國王墓的發現〉。《椰陰館文存》。新加坡：南洋
　　學會出版，1983 年。

陳佳榮、謝方、陸峻嶺，《古代南海地名匯釋》。北京：中華書局，
　　1986 年。

彭政添，〈汶萊、金門、星馬、台灣-交織的人生，洪崇凱樂於享
　　受邊緣的挑戰〉。《關鍵評論》，2017 年 11 月 22 日。

劉子政，《婆羅洲史話》。詩巫：拉讓書局，1964 年。

劉新生、潘正秀，《汶萊：和平之邦》。香港：香港城市大學出版
　　社，2004 年。

顏長城、黃端銘，〈菲律賓華文教育的演變〉。《菲律賓華文教育綜
　　合年鑑(1995-2004)》。馬尼拉；菲律賓華教中心，頁 116-119，
　　2008 年。

第十三章

邁向華人文化的僑務與僑教

　　海外華人居住世界各地是個特殊的族裔現象，因此出現各地都有華人但是國籍、認同、語言能力及文化傳統各自不同的現象。這種華裔散居並非單一現象，有越來越多的各種族裔發生散居世界各地的現象發生，我們無法再用民族國家的角度去理解這些現象，也不能用簡單的國家與族群的關係來處理實際的問題。本章基於海外華人的結構改變，認為可以發展僑務工作的新任務，即以語文學習與文化學習為核心的工作，使得散居各地的華裔人士可以將台灣當成是文化資源中心，協助各地華裔人士因應各地情況發展適合各地情況的華人文化實作，這項工作稱之為發揚華裔文化的新任務。這是基於本人長期在華語文教學科系的教授各國語言政策研究，以及「華人社會與文化」等科目，也接觸各地年輕的華裔子弟來台灣學習接觸中華文化，因此認為目前海外華人的結構已經改變，第一代華人移民的人數銳減，取而代之的是為數龐大的華裔子弟，他們的主要需求是語文學習與文化學習，新時代的僑務工作應該發展服務各地華裔人士，以語文學習與文化學習為核心發展僑務工作的新任務。

從公民身份與移民現象談華人社會

我們主要從公民身份與移民現象的發展，來討論華人社會的新發展，然後推演我國僑務政策的新思惟。我國的僑務政策固然有其發展的歷史脈絡，有其特殊性，論者多以我國特殊的僑務情況來討論，但是從僑務政策形成至今，時代的改變很大，海外華人社會的結構改變很大，第一代的華人移民代代相傳，現在海外華人的人口，主要以華裔為主體。我們考察這些現象的變化，並且主張我國的僑務政策可以因應變化，做出調整，發展一個以華裔文化為中心的僑務政策，這樣正好可以與華語文教育與華裔文化的發展互相配合，也符合海外華人社會的需求。

首先討論公民政治與公民身份的發展，這兩者的發展在國際公民社會來說有許多新的變化，從這個角度來看這些年來我國僑務工作的變化，可以有不同方向的理解。首先何謂公民政治？公民政治就是一個國家對於公民事務的安排，以及這種安排的政治考慮。現代公民政治要處理的問題，分別是公民身份制、法律地位、權利義務、以及公民參與的問題（membership, legal status, rights, and participation）。[259]由於現在全球化的發展，移民變得越來越普遍，每一個國家都面臨如何對待移民的問題，而移民是指

---

[259] Kristian Stokke, "Politics of Citizenship: Towards an Analytical Framework". *Norsk Geografisk Tidsskrift-Norwegian Journal of Geography*, 71 (4):193-207, 2013.

不是出身本地的公民,如何安排移民的公民事務,成為各國普遍會面臨的問題。如何安排移民事務,成為現代國家公民事務的重要議題。公民政治的發展有幾個清楚的方向,大部分現代國家對於公民身份都採取身份制,也就是誰取得某國的公民身份,都有清楚的記錄。同時公民身份也可以因為一定的條件而取得,例如出生、婚姻、投資或技術移民,甚至是難民而取得現代國家的公民身份。因此現代國家的公民身份有比較多元的來源,檢視現在世界各國的情況,很少國家沒有新移民的出現。伴隨這種公民政治型態的是移民政治,也就是移民議題構成政治決策的重要考慮議題。要如何將外來移民吸納到本國人民的生活秩序中,成為世界各國移民政治中的重要課題。

這種公民政治的發展,一段時間曾經構成我國僑務政策的困擾。為數眾多的東南亞國家,或是其他新興的民族國家,希望其國家的華裔人士也是當地社會的公民,應盡如其他公民一樣效忠當地國家,而與原移出國的連繫,應該保持一定的分際。而我國早期的僑務工作,因為有「華僑為革命之母」的傳統,也希望海外僑胞對於我國,能協助國內政事,每每造成海外華人的困擾。華人移民變成有雙重效忠的問題。

對於移民的公民政策的發展,原來就是很早存在的問題,在國際的發展上,先是有移民國家的成立,如同美國是第一個在法律上建立認同移民具有充足的公民權利的移民國家,後來的加拿

大、澳洲、紐西蘭等，都是認可移民的權利，並且對於其國家在歷史上曾經排斥了特定的移民族群而進行正式的道歉。第二個階段是人權公約的簽署。目前幾個國際人權公約都是在第二次世界大戰後得到各國的認同，其中都認可了人民有遷徙的自由，也因此要求各國保障移民的權利。因此保障合法移民具有完整的公民權是普世價值，早已經得到各國的認可。第三個階段是大規模的移民實踐，近年來由於各國推出以投資移民與技術移民的方案，移民到了二十一世紀成為十分普遍的現象，再加上大規模的難民潮，移民的實踐使得移民問題成為歐美國家日常政治要辯論的課題，成為日常政治的一部分。[260]各國移民政治的發展，使得人們去爭辯移民的數額是否再開放或是緊縮，但是移民成為世界各國的普遍現象也是不爭的事實，現在幾乎所有的國家都有移民。華裔移民現象只不過是這個大環結中的小環結，未來移民現象應該還會再擴大。

現在由於海外華人的社會結構已經產生了很大的變化，海外華人社會已經發展了很多代，以華人人數眾多的東南亞為例，華人移民的高峰期是在十九世紀末到二十世紀初，現在主要的人口已經是早期移民的第三代、第四代，甚或是第五代移民，很多人其實已經和原鄉沒有任何連繫了。由於華人移民的多樣性，國際

---

[260] Rainer Bauböck, *Migration and Citizenship: Legal Status, Rights and Political Participation*. Amsterdam: Amsterdam University Press, 2006.

間已經都用 Chinese Diaspora (華裔離散族裔)來描述這種現象。[261]
與猶太裔離散族裔(Jewish Diaspora)或是非洲裔離散族裔(African Diaspora)並稱，如果不是用這樣的觀念，我們很容易會用刻板印象來理解複雜紛亂而多元的華裔離散現象。

以華裔文化為核心的僑務工作

我們的僑務工作也應該與時俱進，現在應該到了做出調整的時候。過去強調移民與原來國家的連帶關係，然而人的身份是會變動的，人的身份會因遷移而有所改變。現在的華人社會其實是以華裔人士為主力，如果還要和他們強調過去的關係，會很難得到共鳴。當你在一個地區生活久了，就會受到當地環境莫大的影響。例如在中國東北的日本移民後裔，雖然原來是日本孤兒，但是現在長時期在東北成長，外貌長得像東北人，也是一口普通話。足見人的身份會改變，文化身份會隨遷移而改變。如果僑務工作能將華裔人士做為主要的服務對象，那麼僑務工作的重點必然要做出調整來。

---

[261] Academy for Cultural Diplomacy, "Chinese Diaspora Across the World: A General Overview". Berlin: Center for Cultural Diplomacy, 2021.

　　當我們說華人是一種文化身份，這種文化身份的內涵並不是一成不變的，各國的華人都會在長期間的發展中，加入當地的特色，漸漸發展出一些本地特色。這些本地特色，有其共同的部分，那是各地華人社會都有保留的部分，也有不同的地方。當今我們的僑務工作，應該以認知各地華人文化的變化，而提供一個較為寬廣而富有彈性的文化平台，讓各地華人可以在此吸收其文化養分，進而可以使其發展其特色。

　　為了因應新時代的僑務工作，我們在此提出，應該將僑務工作以配合「華裔文化」的發展，使得台灣成為各地華人吸收文化養分的平台，而非強調文化的根源。如果要強調文化的根源，很容易只以傳統文化為代表，而傳統文化固然重要，但如果只強調傳統文化，容易造成文化的疏離感。而台灣在文化事務的強項，不只是具有傳統文化，而是將傳統文化轉化為現代文化。協助各地華人，發展其「華裔文化」，應該可以是因應時代變化的做法，又同時可以發揮台灣的文化特色。

　　海外華人社會目前的發展，是同時具有共同認同的文化核心，同時也有各自發展出來的文化特色。若要發展現代僑務的新思維，我們應該考慮以下的課題：如何使華人的互相連結擺脫政治的糾結，發展華人文化的多元主體性，一方面使得這個連結有更廣的基礎，但又要同時尊重及顧及文化多元性，這樣的僑務工作才能接觸更多的人，有更廣泛的基礎，而不致於造成負擔。

海外華人社會的共通性是明顯的，世界各地的華人社會因為其移民歷史不同，各地華人社會的風貌變化多端，但是也很容易有共通性。由於認知的不同，海外華人現今仍有許多不同的稱呼。民族的稱呼可能會以其歷史上強盛的時代來命名，例如唐人、漢人等，海外華人仍然想保持共同的歷史傳統與光榮。傳統文化當然還是華人文化的核心，但是傳統文化不應該是讓華裔人士學習的主要內容。筆者擔任「華人社會與文化」的授課老師及命題老師多年時間，看到很多仍然以文史哲的知識做為核心知識，這些知識對本國人而言都是困難而陌生的，何況是在外國長大的華裔子弟呢？

早期華人一統的知識來源

從政權角度來看，「普天之下皆為皇土」，清初頒布海禁，跑到海外的移民則為棄民。清初對華僑的採取藐視的態度，將華僑視為賤民。康熙到雍正年間甚至公佈過禁止渡航南洋令，此令除了禁止渡航，還禁止華僑返國。[262]直到光緒年間此令才廢除。而清末開始，政府對華僑的政策和態度才轉趨於積極，如設置領事館、調查海外華僑人數……等等。海外華人社會才有比較明顯的輪

---

[262] 丁新，〈明代海禁及其對中國政治經濟的影響〉。《歷史學習》，7，頁4-5，2004年。

廓。很明顯，海外華人社會的實際情況，向來下的工夫不深，沒有基於實際華人社會的需求而發展的僑務工作，將無法與日俱增。

華人該名詞是近代才出現，在清末出現的名詞是「華僑」。「華僑」一詞在文獻上的使用最初見於清末光緒 24 年，橫濱的華商為了子弟教育所建立的「華僑學校」。而在此之前，清末文獻記載應該稱華僑處皆使用華民、華人、華商、華工等詞。在此之後，華僑一詞的使用逐漸普遍。到目前為止，華僑一詞仍然是我國僑務工作中最普遍的核心名詞。

早期的華人強調華僑的身份，有個人的因素，也有系統性的因素。早期的華人為了要安排生老病死，以及婚姻及祖先崇拜等人生大事，都必須要回到故鄉，因此即使是長年居住在海外，也必須依賴華人的組織與網絡。現在這些因素已經慢慢不存在了，各地的華人社會經過長時期的發展，都有自給自足的系統建立，人生的意義也不必須要落葉歸根才能安頓。[263]

早期的華人移民他地，其心態也與現在差別很大。以往華人的地域觀念極重，一個華人就算長期旅居他鄉，到了老年時期也會想回到故鄉。所以，一般華僑自居的老一輩，很多都期望當把錢賺夠了，或祖國穩定了，就想回到故鄉。有一句成語—落葉歸根，很能表達此歸鄉之情結。其實移民也是造就各種族群概念的

---

[263] 樹爾門（Franz Schurmann），〈海外華人的落葉歸根和落地生根〉。《二十一世紀》雙月刊，第 39 期，頁 152-158。

來源，各種族群名稱，例如客家人、閩南人等甚至是原住民，皆是由移民而來。很多對僑務工作的設計，都是基於早期華僑的模式所設計的，有些也會變得不合時宜。如果我們能以移民觀念來衡量，則古今中外的移民現象，很多事物的原理可以理解，也可以相通。

移居造成了族群現象，如客家人、閩南人、新移民，但若翻開族譜來對照，他們的祖籍可能都在同一個地方。人們移居到別的地方之後，開始培養在地認同，後代子孫也說起當地的語言來了。如果我們在本地，經過本土化的洗禮，應該對於本土化的發展有所體會。設身處地，也不難理解，其實所有的海外華人社會，在漫長的時光流轉之中，也有很多地方經歷當地本土化的歷程。這種情況下，如果要發展新時代的僑務工作，一定要能夠照顧到這種本地認同的發展方向。

從華僑到華人

我們從目前語言使用的紛歧性可以看出這種公民政治的變化，早年稱海外華人為「華僑」，未有太多問題。現在某些國家的華人已經不太能接受「華僑」的稱謂。因此研究者也慢慢以較中性的「華人」取而代之。其實如果我們用移民研究的詞彙，可以將這個問題看得更清楚。「華人」這名詞概念，其實是在東南亞地

區部分國家的華人抗議使用「華僑」，所以有「華人」的概念。「華僑」的政治性比較高，特別是在革命到抗戰時期，「華僑」扮演了重要的角色。[264]相較之下，「華人」則比較強調文化身份，「華人」乃是移居者在移居地所產生的一種文化身份的認同。

筆者在大學教書，經常建議台灣的大學生，將華人視為一種文化身份，也就是說多數人在台灣，並不稱自己為華人，但是如果同一個人，從台灣到了台灣以外的地區，則多半被當地社會稱為華人。由於台灣欠缺「移民認同」的觀念，在台灣本地，多半不會以華人身份自居。但在離開台灣後，不論自己的認同為何，一旦到了國際社會，很容易會被他人認定為華人。換一個角度來說，如果我們將華人區分為台灣人、香港人或是新加坡人，這是政治身份的不同。如果我們都以華人身份視之，主要還是文化身份。華人身份是移民者的眾多身份認同之一。現今因國際間人才大量流動的影響，使得海外華人的比例日益趨增。

移居是相對的，過去移民是比較困難的，兩地的隔離造成很多問題產生，現在廣義的移民是普遍的情況，人們經常有機會與不同地區來的人共同相處。「華人」是一種文化身份，而這樣的文化身份，在自己的社會，本身不容易察覺，而人們在海外地區較容易彰顯文化身份。

---

[264] 麥禮謙，《從華僑到華人--二十世紀美國華人社會發展史》。香港：三聯書店，1992年。

　　因此我們設身處地，對待海外華人應該可有更寬廣的態度。過去的僑務政策會比較強調政治的態度，未來如果能夠將重心放到文化上，相對的困難會減少。這個想法與各國的移民政治發展相輔相成，過去美國強調單一文化的民族大熔爐，強調身為美國人的文化優位性，現在轉變成尊重各民族發展的多元文化社會，如果將僑務施政的重點，放在文化上，正好與各國的移民政治的發展可以互相配合。

　　我們可以進一步來討論，「華人」的現代涵義。在中國社會科學院語言研究所編著的《現代漢語詞典》，對於「華人」一詞的解釋有以下兩義：一是指中國人。二是指取得所在國國籍的中國血統的外國公民。[265]在這個解釋中，可以知道「華人」在中華人民共和國的解釋略有不同，主要是以國籍的角度來界定，雖然也有第一義的解釋，但是第一義是為了解釋第二義而必要存在，而其第二義是以外國公民為其要件。因此在中華人民共和國的架構中，根據這個釋義，「華人」既指中國人，也指那些原為「華僑」但取得僑居國國籍的人。因此在中華人民共和國的架構，經常有「華僑華人」並用的詞彙，主要就是以是否取得僑居國國籍為劃分，如果未取得僑居國國籍，則為「華僑」，已經取得僑居國國籍，則為「華人」。

---

[265] 中國社會科學院語言研究所詞典編輯室編，《現代漢語詞典》，頁 541，商務印書館，1996 年。

另外,《辭海》也有類似的釋義。其對「華人」一詞的解釋如下:「中國人的簡稱。亦指已加入或取得了所在國國籍的中國血統的外國公民」。[266]根據這個釋義,「華人」是指中國人以及原爲華僑但取得僑居國國籍者,也是強調取得當地國的國籍。值得注意的是,這裡的說法,也都將「華人」當成為「中國人」的代稱或簡稱,只是「華人」在字面上,並不強調國家的色彩,相對來說是比較中性。換句話說,「華人」一詞在其用法上,以國籍來界定,但用在海外華人之上比較妥貼,因為「華人」也可以是「中國人」的代稱或簡稱,但不具有國家特色,也不必和中國有直接的聯想,最適合用來稱呼海外華人。

由這個角度來看,海峽兩岸雖然對「華人」一詞的界定有很大的差別,台灣著重在文化身份,大陸強調國籍的區分,但是隨著僑居地的華人社會的變化,這樣的差別慢慢減少,因為第一代沒有當地國身份的老華僑越來越少,「華人」一詞是用來描述當地華僑社會的群體,是比較合適的詞彙。

其實以「華人」來做為 Chinese 的稱呼是自古有之,《漢語大詞典》有記錄,「華人」漢族古稱爲華。現亦爲中國人的簡稱。所附上的例子有南朝宋謝靈運《辨宗論問答附》:「良由華人悟理無漸而誣道無學,夷人悟理有學而誣道有漸,是故權實雖同,其用各異」。唐許渾《破北虜太和公主歸宮闕》詩:「恩沾殘類從歸去,

---

[266] 夏征農主編,《辭海》。上海辭書出版社,頁 123,1979 年。

莫使華人雜犬戎」。明沈德符《野獲編佞幸滇南異産》：「夷人珍之，不令華人得售」。《恨海》第七回：「定睛看時，五個是洋人，兩個是華人」。[267]

根據這個釋義，「華人」有古今兩義，古義是指漢族，今義是指中國人。《中文大辭典》對「華人」一詞的解釋，外國人稱我國人爲華人。其例為《周禮政要礦政》西人之論，咸謂華人采法不精」。[268]根據這個釋義，「華人」是外國人對中國人的稱法，中國人自己並不自稱華人。在《國語活用辭典》中，「華人」的解釋如下：「中國人」的簡稱。在華僑習慣中稱取得僑居國國籍或公民權的人。[269]根據這個釋義，「華人」是「中國人」的簡稱，這裏用的是加了引號的中國人，應該是指廣義的中國人。同時也指原爲華僑但取得僑居國國籍者。

「華人」在現代漢語中的詞義，是東南亞華人尤其是新馬華人在 20 世紀中葉後，順應本區域風起雲湧的反殖反帝獨立運動，在「華人是中國人的簡稱」這個近代義的基礎上改造而成的。換言之，在現代漢語中，「華人」已經不再是「中國人的簡稱」，而是專指在各國的華人。

---

[267] 漢語大詞典編輯委員會編，《漢語大詞典》，卷九，頁 398，香港：三聯書店，漢語大詞典出版社聯合出版，1993 年。

[268] 中國文化研究所，《中文大辭典》，卷 28，頁 251，中國文化研究所，1968 年。

[269] 周何主編，《國語活用辭典》。台北：五南圖書出版公司，頁 1526，1987 年。

　　這些年來，各地華人到台灣就讀的人數增加，我們的政府體制中，仍然保有大量的機會，以「華僑」來稱呼。然而「華僑」一詞存在著許多的政治意涵，目前到台就學的許多僑生，如果來自東南亞地區，如星加坡或馬來西亞，對這個名詞「華僑」有較強烈的違和感。所以，最近這幾年，一些旅台的學生，也有對此提出異議的聲音出來。為了要維持僑務工作與僑界新生代的調和，我們應該在語彙上儘量保持一定的彈性，放寬官式的標準，以當事人熟悉的方式來溝通，必可收到事半功倍的效果。

　　根據筆者的經驗，建議我們應該可以將我們的僑務工作重點，放到華裔人士身上，開展一個以華裔人士為主題的新僑務工作。我們不妨以此來理解，過去對於文化與身份認同，可以有以下的幾個層次，即中國、中華、華僑、華人、華裔等層次，越往前越正統，越往後越疏離。過去我們強調前者，而容易產生比較大的緊張關係。筆者建議我們要發展僑務工作的新任務，不妨採取後者的語彙。過去強調我們要教正統的中國文化，筆者建議我們用發展華裔文化的語彙來描述我們的僑務新任務。華裔文化而言，自然是以華裔人士為對象，協助華裔人士發展自己的文化風格。這樣的思惟方式就倒轉了傳統僑務工作的關係了。

　　這一類的問題和下列問題，「國語、普通話、華語，有何不同？」，也有類似的關係。就語言的指涉而言，是同一種語言，但是我們用不同的詞彙時，其強調就會出現差別，久而久之，原來

同指相同的事物，就會分化出不同的意義。現在使用「普通話」
一詞，知道是在中華人民共和國的架構，因為強調民族平等，將
漢族的共同語，變成全中國的共同語，因此與中華人民共和國的
體制互相結合。而「國語」是中華民國的架構中，強調這是國家
的全國共同語。至於「華語」，不會有強調國家架構的意涵，可以
是世界各國的華人共同語，也是比較中性的說法。

我們建議，應該用中性的詞彙來安排處理僑務，才能夠涵蓋
較為寬廣的範圍，建議台灣有關單位，應該以華裔文化為各國華
人互相連帶的基礎，而以華語的學習做為台灣可以提供服務的主
要業務，以中性的角度，讓台灣成為各國華人要學習華語的資源
中心。用這樣的角度，才能使得台灣在文化服務的領域中，得到
更廣泛性的支持，這樣的文化內容，才具有普遍性與合理性，符
合國際發展的潮流。

全球移民現象的新理解

全世界的海外華人，因為移民歷史經過好幾代，已經發展出
來許多不同的方向。以台灣來說，在早年從台灣移民出去的人十
分稀少，但是現在台灣也可成重要的僑鄉，成為許多地區新興移
民的主要來源。有一個很有趣的現象，台灣雖小，可是留學人士
與中國大陸，日韓相比，比例上而言，是高出許多的。以後，我

們對待台灣與海外華人社會的關係，應該用雙向的角度來對待。

海外華人社會的變化也很大。過去漢民族似乎特重家鄉觀念，不論年輕時在外頭到處闖蕩多輝煌，抑或是在外地住了許多年，到了老時，仍然想要回到家鄉，老家養老。在傳統觀念的薰陶下，華人一般有「安土重遷」的觀念，並因此衍生出「落葉歸根」這一觀念。所以無論在外多久，華人一般會試圖返鄉，即使是「少小離家老大回」還是「衣錦還鄉」皆然。所以古代官員年老了都會向皇上「乞骸骨」以返鄉養老；近現代海外華人都會設法返故里走走。這種現象，現在已經不復存在，海外華人在各地開枝散葉，已經使得各個地區的華人社會，各有不同的風貌。

對自己的家鄉有強烈的感情，往往也會影響到對當地國的認同。在東南亞地區的華人，開始改變思想，發展本地認同，應該可以用馬來亞的變化來說明。馬來西亞的馬來人長期以來視華人為「非土著」，也是基於這個文化上的理由所致。不過有趣的是，隨著老一代華裔的凋零，新一代華裔的興起，這個「祖國情結」將會逐漸淡化。當年馬來西亞華教界領袖林連玉先生呼籲在馬華人積極申請公民權以爭取政治權益時曾被批評，就是與這個道理有關。這是馬來西亞華人本土化的重要洗禮。[270]現在各國華人社

---

[270] 林水檺，〈獨立前華文教育〉，林水檺，何啟良，何國忠，賴觀福合編，《馬來西亞華人史新編》，第二冊。吉隆坡：馬來西亞中華大會堂總會，頁223，1998 年。

群多半已經本土化，必須以當地族群來看待。

這個「祖國」意識也會漸漸的轉變，不僅是東南亞，其他地區亦然。本地化的發展，在東南亞各地因為民族主義意識的發展，也有其本身的動力。東南亞華人社會有句話流傳很廣，「三代成峇」，是指華人大致上經過三代就會與本地人同化，其文化、風俗大致與本地人無異。「三代成峇」帶有一點歧視的味道，卻因為時代變化的力量，成為各地移民的宿命。其實我們換一個角度來想，這裡所描述的就是當地的本土化歷程。在多元而雙向的文化接觸中，我們不能再將本土化用歧視性的語彙來理解了。

在這種條件下，台灣本地的僑務工作，就是個非常特別的政策，成立了一個僑務系統，長期支持華人在台升學，在世界上很少國家會類似台灣成立一個僑務系統。這個系統的存在，是有一些歷史的偶然，至少在 1949 年以前的台灣，並沒有條件也可能沒有意願，成為世界各地華人的連繫中心。至少從台灣的早年移民史來看，台灣並不是對外移民很多的地方。早期的移民就是全球化的先行，有效幫助現在全球化的發展。筆者建議，保持這個僑務系統的基本架構，只要將服務的重心，由傳統老僑社聯絡，轉為服務不特定的華裔人士即可。

同一個時間，其他族裔也慢慢發展出跨國群體來，因此有各種離散族裔(Diaspora)意識的發展。跨國族裔不再是華人的專利，

而有各種族裔形成。[271]例如非洲移民(African diaspora)，非裔移民分布世界各地，像美國前總統歐巴馬的父親是移民自肯亞。又如印度移民(Indian diaspora)，分布的範圍也很廣，在斐濟有大量的印度裔族群，常與斐濟裔發生民族衝突，甚至引發成政變。而猶太族裔(Jewish diaspora)也是分布世界各國，猶太人為了維持他們的宗教信仰，在每個移民地都會自成一個社區。愛爾蘭族裔(Irish diaspora)也是分布很廣，目前在海外的族裔人數已經遠超過本土，前美國總統柯林頓即為愛爾蘭裔。華裔(Chinese diaspora)也是遍佈全球，華人族裔遍及全球，華裔與印度裔的人才輩出，許多於矽谷擔任高科技產業工程師。在這樣的發展中，華裔人士的興起是這個全球化現象的一環，我們應該在僑務工作上，增加對於族裔發展的認識。

華人移民到世界各地，現在的台灣也成為其他族裔移民的移民地點，尤其台北，可能是因為通婚的關係，或是工作等，野友不同國家的人移居甚至定居於此。像中山北路上的晴光市場就成了東南亞外籍勞工假日休閒的去處，也有所謂的緬甸街，一些因為全球化所引起的現象。一般人以為印尼人移民台灣是近幾年的事，其實早在 1970 年代，美濃、新竹、苗栗等地的客家農村就已經有印尼新娘的存在了，而這些印尼新娘似乎都來自某個特定地

---

[271] 李明歡，〈Diaspora：定義、分化、聚合與重構〉。《世界民族》，第 5 期，2010 年。

方。追溯到更早，國民政府遷台時，已有一批印尼華人來台，當時 1949 年國民政府遷到台灣，很希望仍然扮演海外僑胞向心力的核心，於是積極辦理海外華僑的向心活動，當年第一個宣佈支持這個政策的就是印尼的僑團，並且宣布立刻組代表團來訪問台灣。這些歷史的過往，讓現在的台灣成為許多海外華人的第二故鄉，雖然無意中所促成，但是也使得台灣目前有能量發展成為海外華人的連繫中心。

台灣在移民事務中，有移入有移出，可以制定更積極的移民政策。雙向移民是現代國家所有的普遍現象，沒有一個國家沒有移民，移民是一種很正常的現象。移民身上具有不同的文化背景，因為是移民，所以可能會有著不同的視野，對移民背景有所認識，有助於增進國際觀。俱備「多文化、多語言、多地方生活經驗」的能力，是全球化時代最重要的人格條件，而「移民」則是促成此條件的重要途徑之一。我們因此對華裔人士，也應該是以此心態來與之互動。

國家與移民不能畫上等號。如不是所有的日本人都住在日本，夏威夷也沒有絕對多數族群。沒有國家是純種的，移民是正常現象，只有程度差異而已。新加坡至今仍接受移民，他們視移民為可利用資源。在香港，每個工作團隊至少都有一個西方人，藉此和不同文化交流激盪，展示其國際化。移民身上具有不同的文化背景，在過去，移民兩邊不討好，但是現在一個人具有不同

文化的情形越來越普遍，也開始正面肯定此價值。將僑務工作，以移民為理解架構，可能比較容易進行，也比較容易得到效果。

　　移民也使得都市中的異質空間產生，如韓國街，位於永和市中興街，因街上有十餘家服飾批發商，貨源多來自韓國，再加上店家的老闆多是早年歷經戰亂而輾轉來台的韓國人，或韓國華僑，因而有此稱呼。街上除了服飾店外，還有一些販售日常用品的商行，韓式泡麵、辣椒醬都是店內人氣頗旺的商品，種類豐富而多樣，吸引眾多哈韓族慕名而來。除了韓國街，緬甸街也是有代表性的地方，位於台北縣中和市，有「台灣小緬甸」之稱的華新街，是全台最大的緬甸華僑聚居地。短短 500 公尺街道上，華新街承載了緬泰食物獨特的酸辣氣味，有中文緬文並列的商店招牌，有特殊的泥金佛像，以及不知道自己是台灣人還是緬甸人的「緬僑」故事。台灣的僑務工作，要能設身處地，以雙向交流來進行。

　　移民的原因有很多，大致上有婚姻移民、經濟移民、政治移民等等。婚姻移民：通過婚姻，伴侶到外地生活。經濟移民:通過到外地工作，發展當地經濟，而到外地生活。政治移民：受殖民地的影響，到外地生活。例子:韓國曾經是日本的殖民地，受殖民的影響，所以當時有很多韓國人到日本居住。香港和澳門也是，由於受英國跟葡萄牙的殖民影響，在回歸中國之前，也曾出現移民的熱潮。工作移民：因工作需要而移民當地，目前最主要的移

民原因。此外，戰爭、政治變動也會造成大量的移民。如:1949 年國軍撤台、越戰後更有大批越南人移居世界各地。其實台灣是個有移民經驗的國度，只要用心培養，必能很容易理解，華裔人士在當地國可能面向。

以族裔文化代替政治認同

海外華人居住世界各地，是個特殊的族裔現象，但是也有越來越多的族裔發生散居世界各地的現象發生，因此興起了族裔研究的熱潮。本論文基於海外華人的結構改變，認為可以發展僑務工作的新任務，即以語文學習與文化學習為核心的工作，使得散居各地的華裔人士可以將台灣當成是文化資源中心，協助各地華裔人士因應各地情況發展適合各地情況的華人文化實作，這項工作稱之為發揚華裔文化的新任務。這是基於本人長期在華語文教學科系的教授「華人社會與文化」科目，也接觸各地年輕的華裔子弟來台灣學習接觸中華文化，因此認為目前海外華人的結構已經改變第一代華人移民的人數銳減取而代之的是為數龐大的華裔子弟，他們的主要需求是語文學習與文化學習，新時代的僑務工作應該發展服務各地華裔人士，以語文學習與文化學習為核心發展僑務工作的新任務。

參考文獻：

Academy for Cultural Diplomacy, "Chinese Diaspora Across the World: A General Overview". Berlin: Center for Cultural Diplomacy, 2021.

Bauböck, Rainer, Migration and Citizenship: Legal Status, Rights and Political Participation. Amsterdam: Amsterdam University Press, 2006.

Stokke, Kristian, "Politics of Citizenship: Towards an Analytical Framework". *Norsk Geografisk Tidsskrift-Norwegian Journal of Geography*, 71 (4):193-207, 2013.

丁新，〈明代海禁及其對中國政治經濟的影響〉。《歷史學習》，7，頁 4-5，2004 年。

中國文化研究所編，《中文大辭典》，卷 28，頁 251，中國文化研究所，1968 年。

中國社會科學院語言研究所詞典編輯室編，《現代漢語詞典》，頁 541，商務印書館，1996 年。

中國社會科學院語言研究所詞典編輯室編著，《現代漢語詞典》（修訂本），頁 541，商務印書館，1996 年 7 月修訂第三版。

李明歡，〈Diaspora：定義、分化、聚合與重構〉。《世界民族》，第 5 期，2010 年。

周何主編，《國語活用辭典》。台北：五南圖書出版公司，頁 1526，1987 年。

林水檺，〈獨立前華文教育〉，林水檺, 何啟良, 何國忠, 賴觀福合
　　編，《馬來西亞華人史新編》，第二冊。吉隆坡：馬來西亞中
　　華大會堂總會，頁 223，1998 年。

夏征農主編，《辭海》，上海辭書出版社，頁 123，1979 年。

麥禮謙，《從華僑到華人--二十世紀美國華人社會發展史》。香港：
　　三聯書店，1992 年。

漢語大詞典編輯委員會編，《漢語大詞典》，卷九，頁 398，香港：
　　三聯書店，漢語大詞典出版社聯合出版，1993 年。

樹爾門（Franz Schurmann），〈海外華人的落葉歸根和落地生根〉。
　　《二十一世紀》雙月刊，第 39 期，頁 152-158。